I0828724

LE
FÉDERALISTE.

Tome II.

LE FÉDÉRALISTE,

OU

Collection de quelques Écrits en faveur de la Constitution proposée aux États-Unis de l'Amérique, par la Convention convoquée en 1787;

Publiés dans les États-Unis de l'Amérique par MM. HAMILTON, MADISSON et GAY, Citoyens de l'État de New-York.

TOME SECOND.

A PARIS,

Chez BUISSON, Libraire, rue Hautefeuille, n°. 20.

1792.

LE FÉDÉRALISTE.

CHAPITRE XXXVII.

Des difficultés qu'a dû éprouver la Convention nouvelle, pour faire une Constitution raisonnable.

En passant en revue les défauts de la Confédération existante, en montrant qu'un Gouvernement moins énergique ne sauroit la remplacer, plusieurs principes importans viennent de suite s'offrir à l'examen. Mais le but de ce journal étant de déterminer d'une maniere précise & claire l'avantage de cette Constitution & les moyens de la mettre en usage, notre objet ne peut être rempli si nous ne jettons un coup-d'œil exact & sévère sur l'ouvrage entier, si nous ne l'examinons sous tous ses points de vue, si nous ne le comparons sous tous ses rapports, enfin si nous ne calculons tous ses effets. Pour arriver à des résultats simples & précis, quelques réflexions dictées par l'amour du vrai, nous seront peut-être permises.

C'est un malheur inséparable des ouvrages des

hommes, & ſur-tout de ceux qui concernent les meſures publiques, que le défaut de modération. Sans elle cependant il eſt impoſſible de juger du degré d'utilité dont elles doivent être au bien général, & toutes les occaſions qui ſemblent exiger le plus cette diſpoſition de l'eſprit, tendent encore à le diminuer plutôt qu'à l'étendre.

Ceux à qui cette obſervation ne ſera point nouvelle, ſeront donc moins ſurpris en voyant cette Convention, qui preſcrit tant de changemens & d'innovations, qui peut être conſidérée ſous tant de rapports, qui touche de ſi près toutes les paſſions & tous les intérêts, en la voyant exciter chez les uns des diſpoſitions peu favorables, & trouver chez les autres des juges ſevères & prévenus. Les ouvrages publiés à ce ſujet, prouvent trop que leurs auteurs dans l'examen de la Convention, ont été guidés, non-ſeulement, par une prévention défavorable, mais encore par une volonté déterminée de tout condamner, tandis que le langage des autres trahit en eux un penchant déſapprobateur qui doit diminuer de la confiance en leurs jugemens.

Je ne prétends pas cependant confondre les uns avec les autres, & appréciant les opinions reſpectives par rapport au caractère des auteurs, condamner également la pureté de leur intention.

Notre ſituation n'offre que trop de fondemens à la plainte & la critique, elle néceſſite des efforts & des recherches qui tendent à l'améliorer. Ces motifs ſeuls peuvent avoir déterminé quelques-uns des oppoſans, & leurs intentions peuvent n'être pas coupables, comme le ſont certainement celles des adverſaires malveillans. Ce journal au reſte n'eſt point adreſſé à ces derniers, il ſollicite ſeulement l'attention des perſonnes qui réuniſſent à un zèle ſincère pour le bien de la Patrie, un jugement ſain & un caractère propre à faire arriver à ce but.

Ces perſonnes examineront donc le plan propoſé par la Convention, non-ſeulement ſans deſirer d'y trouver ou d'y créer des défauts, mais encore, en réfléchiſſant qu'on ne peut eſpérer un projet abſolument parfait; elles pardonneront des erreurs dans un ouvrage fait par des hommes & ſe ſouviendront qu'en jugeant des fautes, elles, auſſi, peuvent faillir.

J'ajoute encore que non-ſeulement la juſtice, mais encore l'indulgence eſt néceſſaire pour juger un travail accompagné d'autant de difficultés. La nouveauté de l'entrepriſe eſt ce qui frappe d'abord. On a vu dans les journaux précédens que cette Confédération actuelle eſt fondée ſur des principes mauvais en eux-mêmes, qu'ainſi il a fallu changer les fondations & l'édifice qu'elles soutiennent; on a vu que parmi les Confédérations anciennes, celles qu'on pouvoit consulter, étoient elles-mêmes viciées par les mêmes erreurs & n'offroient d'autre secours, que celui que donne un fanal, posé près de l'écueil qu'il faut éviter, mais qui laisse incertain sur la route qu'il faut suivre.

Tout ce qu'on pouvoit donc attendre de la Convention étoit, qu'elle se garantît des erreurs reconnues par l'usage des autres pays & du nôtre, & qu'elle se préparât un mode de rectifier les siennes propres, à mesure que l'expérience les découvriroit.

Parmi toutes les difficultés qui devoient accompagner ce travail, une des plus importantes étoit celle de concilier en même temps la stabilité & l'énergie nécessaire dans le Gouvernement, avec le respect inviolable pour la liberté & la forme républicaine. Sans cette condition nécessaire, l'entreprise étoit imparfaite, & le Peuple trompé dans son attente. Nul ne peut sans trahir une profonde ignorance, disconvenir de l'extrême difficulté de cette partie de la Convention. L'énergie du Gouvernement peut seule nous rassurer contre les troubles intérieurs & extérieurs, elle seule peut donner aux loix leur salutaire & prompte exécution, ſans laquelle il n'eſt point de Gouvernement. La ſtabilité eſt néceſſaire au caractère national, d'elle ſeule peut naître la confiance du Peuple, l'un des principaux moyens de la proſpérité publique, car une adminiſtration irrégulière & mobile, eſt auſſi odieuſe au Peuple que pernicieuſe en elle-même, & l'on peut aſſurer que les habitans de cette contrée, éclairés comme ils le ſont & fortement intéreſſés aux effets d'un bon Gouvernement, ne ſeront ſatisfaits que lorſqu'on aura remédié à l'incertitude de l'état actuel. Ces données importantes devoient donc être combinées avec les grands principes de la liberté. D'une autre part le génie republicain ſemble exiger que non-ſeulement tout pouvoir dérive du Peuple, mais encore que ceux à qui le pouvoir eſt délégué, reſtent dans ſa dépendance par le peu de durée de leurs charges, & que même pendant ce peu de durée, le dépôt ſoit confié aux mains de pluſieurs.

Ainſi de nouveaux Electeurs choiſiront de nouveaux hommes, & de nouveaux hommes ameneront de nouvelles meſures, tandis qu'au contraire la ſtabilité & l'énergie du Gouvernement exigent la prolongation du pouvoir & ſa réunion dans la même perſonne. Quel a été le ſuccès de la Convention à cet égard ? L'examen nous le fera voir : ce que nous venons de dire, ſuffit pour montrer combien cette partie étoit embarrassante.

Une tâche non moins pénible, (& qui sera jugée telle par tout homme accoutumé à réfléchir,) étoit celle de la démarcation des pouvoirs. Les facultés de la pensée ne sont point encore définies, malgré les efforts de la métaphysique & de la philosophie; sensation, perception, volonté, jugement, desir, imagination, tout cela se confond ou n'est séparé que par des lignes si légères, qu'elles ont échappé aux plus habiles recherches, & demeurent encore une source féconde à la controverse & à la méditation. Les différens regnes de la nature, leurs subdivisions offrent également dans l'incertitude de leurs limites, des preuves de la foiblesse de l'esprit humain.

Si de la contemplation de la nature, dont la foiblesse de nos yeux ne nous permet pas de saisir le grand ensemble, nous passons aux institutions humaines, l'imperfection de nos organes & celle de l'objet nous laissent dans une double incertitude, & nous démontrent toujours davantage combien peu nous devons espérer des efforts de l'humaine sagesse. Jusqu'ici la science du Gouvernement n'a pu résoudre la question de la division des trois pouvoirs, ni même celle des différentes branches du Pouvoir législatif; questions toujours obscures & qui prouvent par les difficultés qu'elles font naître habituellement, combien cette matière eſt peu approfondie. C'eſt ainſi que les travaux éclairés & continuels des plus ſavans Légiſlateurs ſont reſtés infructueux & n'ont point encore déterminé les objets & les limites des différens Codes & des différens Tribunaux. L'exacte étendue du Droit commun, des Statuts, des Loix maritimes, eccléſiaſtiques, des Loix des Corporations, de toutes les autres Loix & Coutumes locales, tout cela reſte encore à éclaircir dans la Grande-Bretagne, où cependant ces matières ſont traitées avec plus de talens & de ſuite que dans aucun lieu du monde. Il n'eſt pas de Loi nouvelle qui, précédée d'une mûre délibération, expoſée dans les termes les plus précis, ne puiſſe prêter à l'indéciſion & à l'équivoque, juſqu'à ce qu'une ſérie de diſcuſſions particulières l'ait déterminée. Enfin outre les cauſes d'obſcurité données par la difficulté des ſujets, outre l'imperfection des facultés humaines, les ſignes à l'aide deſquels les hommes ſe communiquent leurs conceptions différentes, apportent de nouveaux obſtacles; car la clarté exige, que les idées ſoient diſtinctes & entières, mais auſſi qu'elles ſoient exprimées par des mots diſtincts, & qui leur ſoient propres. Or il n'exiſte pas de langue aſſez riche pour offrir un terme à chaque idée abſtraite, ni aſſez correcte pour prévenir toutes les équivoques. Ainſi donc avec quelqu'exactitude qu'un objet ſoit diſcuté, ſa définition peut être rendue inexacte par l'imperfection des termes qui la tranſmettent, & cette imperfection doit devenir plus ſenſible par l'abſtraction & la nouveauté des objets. Lorſque le Tout-Puiſſant lui-même daigne communiquer avec les hommes dans leur propre langage, ſa volonté ſemble incertaine & douteuſe, obſcurcie par le voile dont elle s'enveloppe. Nous voyons donc trois cauſes d'incorrection: indéciſion dans les objets, imperfection dans les organes de la penſée, inſuffiſance dans la langue qui doit ſervir au dévelopement des idées, & ces entraves ont entouré le travail de la Convention. Obſervons maintenant les obſtacles qu'ont fait naître les différentes prétentions des grands & petits Etats. On peut aiſement ſuppoſer que les premiers reclamoient dans la formation du Gouvernement, une influence proportionnée à leurs richeſſes & à leur importance, & que les derniers étoient non moins attachés à conſerver leurs droits & leur égalité. On peut croire encore que les uns & les autres ne voulant point céder, n'ont pu terminer que par des tranſactions. Il eſt auſſi probable que ces mêmes tranſactions ont apporté de nouveaux embarras, lorſqu'au partage des droits à la repréſentation, les parties ont voulu faire céder le Gouvernement, & le forcer à leur conſerver les avantages qu'elles avoient obtenus. On apperçoit trop dans la Convention les veſtiges qui prouvent la vérité de ces ſuppoſitions, & dans combien d'occaſions il a fallu ſacrifier les principes à des conſidérations étrangères.

Ce n'étoit pas ſeulement les différences de l'étendue des Etats, qui devoient les armer entre eux ; des combinaiſons particulières réſultantes d'intérêts divers & de ſituations différentes produiſoient de nouveaux obſtacles. Les Etats-Unis ſont pareils aux Etats particuliers, diviſés en Diſtricts, & dont les Citoyens ſont placés dans des claſſes ſéparées.

Ils ſe diſtinguent les uns des autres par des circonſtances locales, & leur diviſion produit ſur un théâtre plus vaſte les mêmes effets de jalouſie & de contentions inteſtines. Si, comme nous l'avons vu précédemment, cette variété d'intérêts peut avoir une influence ſalutaire ſur l'adminiſtration d'un Gouvernement tout formé, il eſt évident que cette influence ſe fait ſentir d'une maniere contraire, lorſqu'il s'agit de le créer entièrement. Doit-on donc s'étonner qu'au milieu de ces difficultés innombrables, la Convention ait été forcée de s'écarter quelquefois de cette perfection qu'une méditation profonde peut faire concevoir au Théoriste ingénieux renfermé dans son cabinet. Ce qui étonne vraiment, c'est que les difficultés aient été surmontées & avec une unanimité qu'on ne pouvoit espérer. Tout homme de bonne foi doit partager ici notre étonnement, tout homme pieux doit y reconnoître la main toute-puissante qui, si souvent & si visiblement a signalé sa présence dans les momens critiques de notre Révolution. Nous avons vu dans un chapitre précédent les effets infructueux qu'a faits la Hollande pour réformer la Constitution ; l'histoire de presque toutes les assemblées délibérantes, convoquées pour réunir les opinions, effacer les motifs de jalousie, concilier les intérêts divers, n'offre qu'un tissu de fraudes, de factions, de tromperies, & doit être rangée au nombre des plus affligeantes peintures de l'avilissement, & de la foiblesse de l'humanité. Quelques exemples épars nous offrent-ils une plus riante image ? le contraste est d'autant plus frappant ; & si nous observons les causes de ce petit nombre d'exceptions en les appliquant à nous-mêmes, nous sommes conduits à deux conclusions importantes. La premiere est, que la Convention a échappé d'une manière miraculeuse à la funeste influence de l'esprit d'animosité & de parti, maladie commune à tous les Corps délibératifs & qui les corrompt néceſſairement. La ſeconde eſt, que la conviction profonde qu'il faut ſacrifier au bien général ſes intérêts & ſes opinions particulières, & que chaque délai rendoit cette néceſſité plus preſſante, a dû concilier enfin tous les députés qui compoſoient la Convention.

CHAPITRE XXXVIII.

Continuation du même Sujet ; inconſéquence des objections faites contre le plan de la Convention démontrée.

IL eſt digne de remarque que dans tous les exemples rapportés par l'hiſtoire, où nous voyons un Gouvernement établi par la délibération & le conſentement général, le ſoin de le former n'a jamais été confié à une aſſemblée nombreuſe, mais à un Citoyen, connu par ſa ſageſſe & ſon intégrité. Minos fut le fondateur du Gouvernement de Crete, comme Zaleucus, de celui des Locriens. Theſée, & après lui Dracon & Solon inſtituèrent le Gouvernement d'Athènes. Lycurgue fut le Legiſlateur de Sparte ; Rome dut ſes premières Loix à Romulus, & choiſit enſuite dans Numa & Tullius Hoſtilius ſes ſucceſſeurs & ceux qui devoient achever ſon ouvrage. Lors de l'abolition de la Royauté, Brutus lui ſubſtitua l'administration Consulaire, & s'appuya du nom de Servius Tullius pour effectuer cette réforme, obtenant ainsi par son adresse, le consentement du Sénat & du Peuple.

Les Confédérations anciennes nous offrent les mêmes faits. Amphiction fut, dit-on, l'auteur de celle qui porte son nom. La ligue Achéene dut sa formation à Achéus, & après lui, à Aratus. Jusqu'où s'étendoit la puissance de ces Législateurs, & jusqu'à quel point étoient-ils revêtus de l'autorité légitime donnée par le Peuple ? C'est ce qui ne peut être connu précisément; cependant nous voyons que la plupart procédoient avec régularité. Dracon fut pourvu par le Peuple d'Athènes, d'un pouvoir indéfini pour la réforme de ses Loix. Solon, suivant Plutarque, fut en quelque sorte appelé par le suffrage universel de ses Concitoyens & forcé de revêtir un absolu pouvoir, pour tracer le modèle d'une nouvelle Constitution. Les moyens dont se servit Licurgue, furent moins réguliers, mais les hommes les plus rigoureusement attachés aux regles établies, ne virent que les utiles & sages efforts de ce Citoyen, & ne cherchèrent point à devoir leur réforme à l'intervention d'une Assemblée délibérative. Qui porta les Grecs, ce Peuple si jaloux de sa liberté, à l'abandon de toutes ses précautions & de toutes ses méfiances jusqu'au point de remettre ſa deſtinée entière aux mains d'un ſeul homme ? Qui fit, que les Athéniens dont l'armée ne pouvoit être commandée par moins de dix Généraux, qui regardoient comme une atteinte à la liberté, le trop grand mérite d'un de leurs Concitoyens ? Qui les porta à conſidérer un individu comme un dépoſitaire de leur fortune & de celle de leur poſtérité, plus ſûr qu'une aſſemblée d'hommes choiſis dont les délibérations devoient faire eſpérer plus de ſageſſe & de maturité ?

Comment réſoudre ces queſtions, ſi ce n'eſt en ſuppoſant que la crainte de la déſunion entre les différens membres l'emportât ſur celle de la trahiſon & de l'incapacité d'un ſeul homme.

L'hiſtoire nous apprend encore quels obſtacles ces Légiſlateurs eurent à vaincre, & quels moyens ils furent forcés d'employer. Solon qui ſemble avoir adopté une politique peu rigoureuſe, avoua qu'il avoit donné à ſa patrie, non le Gouvernement le plus propre à aſſurer ſon bonheur, mais celui qui pouvoit le mieux s'accorder avec ſes préjugés.

Licurgue plus fidèle à ſes principes, connut la néceſſité d'employer la violence & la ſuperſtition & n'aſſura l'effet de ſes travaux qu'en renonçant à ſa Patrie & enſuite à la vie.

Si ces exemples nous apprenent à ſentir combien l'Amérique a perfectionné le mode de former un Gouvernement, ils nous avertissent aussi des hasards & des difficultés qui suivent une telle entreprise, & de l'extrême imprudence qu'il y auroit à les multiplier sans nécessité. Seroit-il déraisonnable de conjecturer que les erreurs qui peuvent exister dans la Convention, étant causées, non par le défaut de soins & de vigilance, mais par l'inexpérience qui existe sur cette matière délicate & nouvelle, ne peuvent être parfaitement déterminées que lorsque l'usage les aura fait connoître : Plusieurs considérations générales & quelques faits particuliers rendent cette conjecture infiniment probable. Par exemple entre les nombreux amendemens proposés par les différens Etats, au moment où les articles ont été envoyés pour être soumis à l'examen & ratifiés ensuite, il n'en est pas un seul qui n'ait rapport à une grande & principale erreur découverte à l'occasion d'un fait actuel & isolé. Et si nous en exceptons la nouvelle Jersey dont les observations tiennent plutôt à sa situation locale, qu'à sa manière de voir particulière, on peut douter si une seule des objections proposées peut autoriser la révision du système général. Il est aisé de croire aussi que, quelque peu fondées que fussent ces objections, chaque Etat les auroit soutenues avec une opiniâtreté dangereuse, si le sentiment de ſa propre conſervation n'eût été plus puiſſant que celui des intérêts particuliers ou de l'attachement à ſon opinion. Nous nous rappelons encore qu'un des Etats perſiſta pendant pluſieurs années à refuſer l'alliance générale, quoique les ennemis fuſſent aux portes & preſque dans le ſein de la Patrie, & que lorſqu'il céda, ce ne fut que lorſqu'il craignit d'avoir à répondre des malheurs publics en mettant en danger le ſuccès de l'événement. Un malade qui ſent chaque jour ſon état empirer, qui voit que les remedes efficaces ne peuvent être plus long-temps différés, après avoir réfléchi à ſa ſituation, au caractère des différens médecins, appelle ceux qui ont le plus de droit à ſa confiance & qu'il juge capables de lui donner du ſoulagement. Les médecins examinent attentivement le malade, & décident unanimement que les ſymptômes ſont effrayans, mais que la maladie loin d'être déſeſpérée, peut au contraire avec de prompts ſecours amener une criſe heureuſe dans la conſtitution du malade, de concert ils preſcrivent les remèdes qui doivent produire cet heureux effet. Auſſi-tôt arrive un grand nombre de perſonnes qui avouant qu'en effet le danger eſt réel, aſſurent le malade que tout ce qu'on lui preſcrit, eſt un poiſon funeſte & lui défendent d'en faire uſage ſous peine d'une mort prochaine. Le malade n'auroit-il pas quelques droits à demander, avant de suivre leurs conseils, que les donneurs d'avis convinssent entr'eux d'un remède qu'on pût substituer à celui qu'ils défendent. Et s'ils différoient entr'eux pour le moins autant qu'ils diffèrent avec les médecins, ne seroit-il pas prudent d'essayer du moyen recommandé, par ces derniers au lieu de s'en rapporter à ceux qui ne peuvent ni désavouer la nécessité d'un prompt secours, ni se réunir pour en proposer un seul ? L'Amérique est ce malade, & telle est sa situation ; elle a connu son danger, elle a recueilli l'avis unanime des hommes qu'elle avoit elle-même choisis, & sous peine des plus funestes conséquences, on l'avertit de se garder de le suivre. Les opposans nient-ils la réalité du danger ? Non. Nient-ils la nécessité des plus prompts remèdes ? Non. Se réunissent-ils ensemble, deux seulement se réunissent-ils dans leurs objections contre le plan proposé ? Laissez-les parler eux-mêmes.

L'un nous dit que la Constitution doit être rejettée, parce qu'elle n'établit pas une Confédération entre les Etats, mais un Gouvernement dont l'effet porte immédiatement sur les individus. Un autre admet le Gouvernement individuel jusqu'à un certain point, mais en lui donnant moins d'étendue que n'en a celui qu'on propose. Les objections

objections d'un troisième ne portent ni sur cette forme de Gouvernement, ni sur son extension, mais sur le défaut d'une déclaration des droits. Un quatrième appuie la nécessité de la déclaration, & soutient qu'elle doit avoir pour objet, non les droits des individus, mais ceux des Etats considérés comme des Corps politiques indépendans. Un cinquième avance qu'une déclaration des droits, quelle qu'elle fût, seroit inutile ou déplacée, & qu'on ne peut rien reprocher au plan proposé, que le funeste pouvoir de choisir le temps & le lieu des élections. L'habitant d'un grand Etat déclame contre l'égalité de la représentation; l'habitant d'un Etat plus petit parle aussi fortement contre l'inégalité. Dans un endroit, nous voyons de grandes allarmes sur la dépense d'une administration trop nombreuse; dans un autre, ou quelquefois dans le même, on nous dit que le Congrès ne sera qu'un simulacre de représentation, & que pour prévenir toute objection, il ne faut que doubler le nombre & la dépense de l'administration. L'habitant d'une Province sans commerce croit qu'on ne peut répondre à ses plaintes sur le pouvoir d'établir des impôts directs. Son adversaire au milieu d'une Province qui fait de grandes exportations, ne voit pas avec moins de peine le fardeau des impositions porter en entier sur les consommateurs. Ce politique découvre dans la Constitution une tendance directe & irrésistible à la Monarchie. Il est également certain que nous arriverons à l'aristocratie. Un autre vient, il ne peut s'empêcher de dire qu'à la vérité il ignore laquelle des deux routes nous suivrons, mais qu'infailliblement ce sera l'une ou l'autre. Un autre ne manque pas de nous assurer avec confiance que la Constitution est si loin de cette espèce de danger, qu'à peine pourra-t-elle être retenue dans sa chûte vers l'autre extrêmité. D'autres adversaires nous parlent des Pouvoirs législatif, exécutif & judiciaire ; ils disent qu'ils contredisent dans leur organisation toutes les idées qu'on se forme d'un Gouvernement régulier & propre à assurer la conservation de la liberté.

Toutes ces objections vaguement exprimées, circulent & entraînent après elles le plus grand nombre ; & cependant laissez chacun expliquer sa manière particulière de les entendre, deux à peine pourront s'accorder. Aux yeux de l'un, la réunion du Sénat au président, dans la fonction de donner les offices, au lieu de laisser cette partie du Pouvoir exécutif au Pouvoir exécutif seul, est le grand vice de notre organisation. L'exclusion du droit de représentation paroît une grande absurdité aux yeux de ceux qui croient que le grand nombre seulement peut nous rassurer contre la corruption & la partialité. Pour celui-ci, l'admission du président au partage d'un pouvoir, quel qu'il soit, est une arme dangereuse donnée au magistrat chargé de l'exécution, & une violation inexcusable des principes jaloux du républicanisme.

Suivant quelques-uns, il n'est aucune partie du plan de la Convention qui ne soit plus tolérable que celle qui laisse au Sénat le jugement des impeachment qui appartient si évidemment au pouvoir judiciaire, & non au Corps qui fait alternativement partie du Pouvoir exécutif & du Pouvoir législatif. Nous adhérons entièrement, dit-on de nouveau, à cette objection contre le plan proposé, mais nous ne pouvons adopter l'amendement qui réfère le jugement des impeachment au Corps judiciaire, tandis que nous avons à nous plaindre du trop d'étendue des pouvoirs conférés à ce corps. Ceux mêmes qui desirent un Conseil des Etats, different dans le mode suivant lequel il faudroit le constituer. L'un veut que peu de membres composent le Conseil, & qu'ils soient élus par la Législature; l'autre demande que ce même Conseil soit nombreux, & regardent comme un principe fondamental qu'il soit *composé* par le président.

Nous sommes loin de vouloir offenser les auteurs qui ont écrit contre la Convention ; mais supposons un moment que ceux qui croient qu'elle n'a point rempli son objet & qu'on peut lui en substituer une infiniment meilleure, supposons-les, dis-je, également distingués par leur zèle & par leurs connoissances. Ajoutons, que les Etats convaincus de l'imperfection du plan proposé, & du mérite de ces Messieurs, les choisissent & leur confient le pouvoir & la tâche bien précis, de tout refondre & de tout corriger. Allons en avant, & voyons les moyens & les essais. Je laisse à penser d'après la multitude & la différence des opinions que j'ai rapportées, si les nouveaux Législateurs, quelqu'éloignés qu'ils veuillent se tenir des traces de leurs prédécesseurs, sauront assez profiter de l'expérience pour écarter la discorde & la chaleur de toutes les délibérations, & si, (comme autrefois Licurgue par son exil & sa mort, assura la durée du Gouvernement de Sparte qu'il prescrivoit devoir ne changer qu'à son retour,) notre Constitution n'auroit pas quelqu'espérance d'atteindre à l'immortalité, en ne mettant de bornes à sa durée, que le moment où nous aurions, non une Constitution meilleure, mais seulement une autre Constitution. Nous avons droit de nous plaindre & de nous étonner de ce que ceux qui forment tant d'objections contre cette nouvelle Constitution, ne prévoyent jamais les inconvéniens de celle qu'ils voudroient y substituer. Que celle-ci soit imparfaite, soit; mais les autres ne le seront-elles pas davantage? L'or parce qu'il contient quel alliage, baisse-t-il de valeur jusqu'au-dessous de celle du cuivre? Un homme préférera-t-il sa chaumière tombante & ruinée, à la maison solide & commode qui peut-être n'a pas de péristile, ou dont les planchers sont trop élevés ou trop bas? Mais laissons tout autre exemple; n'est-il pas évident que les torts reprochés à la Convention projettée existent tous & dix fois plus encore dans la Confédération existante? Le pouvoir de lever de l'argent semble-t-il dangereux? Le Congrès peut en demander autant qu'il lui plaît: les Etats sont constitutionnellement obligés à lui en fournir. Il peut émettre des bills de crédit aussi long-temps que le papier a cours, & emprunter au-dedans & au-dehors jusqu'au dernier shilling qu'on lui voudra prêter. Le droit de lever des troupes paroît-il devoir être à craindre? La Confédération a donné ce droit au Congrès qui déjà a commencé d'en faire usage. Est-il imprudent de confondre les différens pouvoirs & de les réunir dans un seul Corps? Le Congrès qui ne forme qu'un seul corps, est le ſeul dépoſitaire de tous les pouvoirs *fédératifs*. Doit-on craindre de voir les clefs du tréſor & le commandement des Armées confiés aux mêmes mains ? La Confédération les confie au Congrès. Une déclaration des droits eſt-elle eſſentielle pour aſſurer la liberté ? Il n'en exiſte pas dans l'ordre actuel. Reproche-t-on à la nouvelle Conſtitution la part qu'elle donne au Sénat dans le Pouvoir exécutif, en lui laiſſant le droit de faire des traités qui deviendront loix du pays ? Le Congrès a fait des traités que l'on a déclaré devoir avoir force de loi, & que pluſieurs Etats ont reconnus comme tels. Rappelle-t-on que la nouvelle Conſtitution permet l'importation des eſclaves d'ici à vingt ans ? L'ancienne la permet pour toujours. J'ai entendu quelques perſonnes me dire que quelque dangereux que pût ſembler en théorie ce mêlange des pouvoirs, il n'eſt cependant point à craindre, puiſque le Congrès dépend ſans ceſſe des Etats pour l'exercice & le maintien de ces pouvoirs ; que quelqu'impoſante que paroiſſe la maſſe de ſes forces, ce n'eſt cependant qu'une force inactive. Ils diſent enſuite que la Confédération eſt coupable de la plus étrange abſurdité, en déclarant certains pouvoirs abſolument néceſſaires dans un Gouvernement fédératif & en les rendant preſque entièrement illuſoires ; qu'enfin ſi l'Union ſubſiſte, & ſi l'on ne forme pas un Gouvernement meilleur, le Congrès exiſtant doit ſe reſſaiſir de toutes les forces effectives, ou qu'elles lui doivent être rendues; dans l'un ou l'autre deſquels cas, le contrat qui vient d'être fait doit être maintenu: mais ce n'eſt pas tout. On nous a montré une maſſe inactive dont les pouvoirs trop étendus peuvent cauſer de grands dangers dans une mauvaiſe organiſation du Gouvernement. On nous indique maintenant un objet de caculs & d'eſpérance dans les Provinces occidentales. Elles doivent devenir pour les Etats-Unis une ſource féconde de richeſſes; & quoique, à la vérité d'ici à quelque temps encore, on ne puiſſe eſpérer, vu leur état de pauvreté, de les faire contribuer aux dépenſes publiques, on peut prévoir, en employant des moyens convenables, qu'elles concourront un jour au ſoulagement des dettes & fourniront pendant un certain temps des ſecours extraordinaires au tréſor public. Déjà des Etats particuliers ont fait des ſoumiſſions pour une grande partie de ces fonds, & ſans doute les autres Provinces ne ſe refuſeront point à ſuivre cet équitable & généreux exemple. Nous voyons donc cette vaſte contrée qui n'eſt pas habitée, devenir un pays riche & fertile & la ſource des richeſſes nationales. Le Congrès a pris l'adminiſtration de ces terres, & veut les rendre productives ; il entreprend davantage, il veut créer de nouveaux Etats, établir des administrations temporaires, désigner les administrateurs & prescrire les conditions auxquelles les nouveaux Etats seront admis dans la Confédération. Tout cela a été fait sans qu'on ait conservé la plus légère apparence des formes contistutionnelles ; pas une plainte, & pas un murmure ne s'est fait entendre. Une masse de fonds *considérable* & *indépendante* est entre les mains *d'un Corps* qui peut l'employer *à lever des troupes* jusqu'à un *nombre indéterminé* & pendant un *temps indéfini* ; & des Citoyens non-seulement sont restés tranquilles spectateurs de tous ces faits, mais ils se sont faits les défenseurs du système dont ils dérivent.

Ne seroit-il pas bien plus conséquent de chercher par l'établissement d'un nouveau Gouvernement, à préserver l'Union des dangers dont elle est menacée, autant par les ressources & le pouvoir du Congrès actuel, que par la foiblesse de cette assemblée. Nous n'avons prétendu cependant jetter aucun blâme sur les mesures qu'a suivies le Congrès ; la nécessité, l'intérêt général le forçoit à passer les limites de son pouvoir. Mais cela même ne devient-il pas une preuve allarmante des dangers qui résultent d'un Gouvernement dont les pouvoirs ne sont ni réguliers ni appropriés à leur objet ? Usurpation ou dissolution, telle est la dangereuse alternative à laquelle nous sommes continuellement exposés.

CHAPITRE XXXIX.

Conformité du plan proposé, au principe républicain. Examen d'une objection faite contre la Convention.

DANS le chapitre précédent, nous avons rassemblé toutes les observations qu'il étoit nécessaire de présenter pour préparer à l'examen impartial du plan du Gouvernement proposé par la Convention. Nous allons maintenant nous livrer à cet examen. La premiere question qui s'offre à nous, est celle-ci, la forme du Gouvernement proposé est-elle fondée sur des principes républicains ? Il est évident que toute autre forme seroit inconciliable avec le génie du Peuple d'Amérique, avec les principes fondamentaux de la révolution, avec cette honorable détermination qui anime tous les amis de la liberté. Laissant donc à part toutes les expériences politiques puisées chez les Peuples de la terre, si la Convention n'a pas tous les caractères du Gouvernement républicain, ses partisans doivent abandonner une caufe qu'ils ne peuvent plus défendre. Quels font les caractères diftincts du mode républicain ? Si nous cherchons à réfoudre cette queftion, non en recourant aux principes, mais en appliquant les termes dont fe font fervis les divers auteurs dans l'examen de chaque Conftitution, nous n'arriverons jamais à une folution fatisfaifante. La Hollande où le Peuple ne poffède, ni ne confie la moindre partie de l'autorité, eft appelée une république. Le même nom eft donné au Gouvernement de Venife, où quelques nobles héréditaires exercent fur la claffe nombreufe du Peuple le plus abfolu pouvoir. La Pologne honorée du même titre, offre la réunion de l'ariftocratie & de la monarchie dans la plus effrayante de toutes les formes. L'Angleterre qui poffède une feule des bafes républicaines, combinées avec l'ariftocratie & la monarchie héréditaire, eft tout auffi improprement placée dans la claffe des républiques. Ces Peuples auffi différens entr'eux qu'ils le font du véritable génie républicain, prouvent l'extrême inexactitude des termes employés dans les difcuffions politiques.

Recourons-nous pour affurer notre jugement, aux principes d'après lefquels ont été formés les différens Gouvernemens? Nous dirons qu'une république eft, ou du moins qu'on nomme ainfi, un

Gouvernement dont tous les pouvoirs dérivent du Peuple, dont les administrateurs ne conservent leurs charges que pendant un temps limité & ne les doivent qu'à leur bonne conduite & au choix de leurs Concitoyens. Il est essentiel que la plus nombreuse classe de la société ait part à un tel Gouvernement, & non pas seulement une classe favorisée, car un Corps puissant de nobles exerçant une autorité oppressive, réclameroit en vain pour son Gouvernement le nom de république.

Il faut encore que les fonctionnaires soient nommés pour un temps limité par le Peuple, ou par ceux qu'il a commis à cet office. Sans cela tous les Gouverneurs des Etats-Unis, comme ceux de quelque partie du monde que ce soit, perdront en peu de temps & malgré la meilleure organisation possible, tous les caractères républicains.

Dans plusieurs de nos Etats, quelques-uns des fonctionnaires, dans la plupart, le président lui-même, sont indirectement nommés par le Peuple. Il en est un chez qui le mode d'élection s'étend jusqu'à l'une des branches de la Législature. Enfin dans toutes les Constitutions, les offices sont conférés pour un temps déterminé, & souvent même dans les fonctions exécutives ou législatives, ils n'ont que la durée d'un an; suivant les statuts de quelques-uns, & d'après la plus sage & la plus respectable opinion, les Membres du Corps judiciaire conservent leurs places aussi long-temps qu'ils s'en rendent dignes par une conduite *honorable & soutenue*.

Si nous comparons avec les bases que nous avons tracées, la Constitution proposée par la Convention, nous appercevons entr'elles une entière conformité. La chambre des Représentans qui correspond à chacune des branches de la Législature, est élue immédiatement par le Peuple. Le Sénat, ainsi que le Congrès actuel & le Sénat de Maryland, est indirectement nommé par lui, & d'après l'exemple de la plupart des Etats, le président ne doit sa nomination qu'au vœu indirect de tous les Citoyens. Il en est ainsi des juges mêmes, & de tous les fonctionnaires de l'Union. La durée des offices est également conforme aux principes & à la Constitution des Etats : la chambre des Représentans est élective, ainsi qu'elle l'est dans chaque Province; elle doit être renouvelée tous les deux ans, comme dans la Caroline méridionale. Le Sénat est électif, & son période est de six ans, ce qui n'est qu'une année de plus qu'en *Maryland*, & deux de plus qu'en Virginie & New-York. Le président doit conserver sa place pendant quatre ans. En Delaware & New-York le premier Magiſtrat garde la ſienne trois ans, & deux dans la Caroline méridionale. Dans les autres Etats, cette place eſt annuelle; mais chez aucun d'eux on ne trouve de loi relative à l'accuſation & au jugement du premier Magiſtrat; en Delaware même & en Virginie, il eſt inviolable pendant toute la durée de ſa magiſtrature; le préſident des Etats-Unis ne l'eſt dans aucun moment.

Le temps pendant lequel les juges conſervent leur office, n'eſt déterminé que par leur manière de ſe conduire. Quant aux offices miniſtériels, il doit être ſtatué légalement & en conciliant la raiſon & la Conſtitution des Etats, ſur la durée de ces places.

N'y eut-il pas d'autres preuves pour s'aſſurer que la Convention porte tous les caractères républicains, celle-ci ſuffiroit ſeule, que tous titres & toute nobleſſe ſont abſolument prohibés, ſoit dans le Gouvernement fédératif, ſoit dans celui qui a rapport à chaque Etat particulier. Mais ce n'eſt pas aſſez, diſent les adverſaires, que la Convention aſſure cette forme républicaine, il faut qu'elle conſerve encore les formes fédératives qui peuvent ſeules conſtituer l'Union en confédération d'Etats ſouverains. Au lieu qu'en établiſſant un Gouvernement national, les Etats ſemblent ne s'être réunis que pour ſe conſolider mutuellement. Et de quels droits, continuent-ils, a-t-on osé faire une aussi importante innovation ? Cette objection a fait des traces trop profondes pour n'être pas réfutée avec le plus grand détail.

Sans examiner jusqu'à quel point la distinction est exacte, il est nécessaire, pour juger de la force de l'arguement, de déterminer, premièrement le caractère réel du Gouvernement en question, secondement jusqu'où la Convention étoit autorisée à le proposer, troisièmement jusqu'à quel point l'intérêt de la Nation pouvoit suppléer au défaut d'autorité & de légalité. Pour déterminer les véritables caractères d'un Gouvernement, il faut le considérer relativement aux sources de ses pouvoirs, au but & à l'étendue de ces mêmes pouvoirs, aux moyens par lesquels on prévoit que seront amenés les changemens futurs.

Sous le premier rapport, il paroît que la Constitution est fondée sur l'assentiment & la ratification du Peuple Américain, énoncés par l'organe de mandataires élus pour cet objet. Mais cet assentiment est donné par le Peuple considéré, non comme un Corps d'individus composant une seule Nation, mais comme un assemblage de Citoyens de plusieurs Etats bien distincts & séparés; donc l'acte qui crée la Convention, n'est point national, il est fédératif. Et de quelque manière que les adversaires veuillent entendre les termes, actes *fédératif & national*, il est si évident que c'est au Peuple composant des Etats *fédérés*, & non au Peuple réuni en une seule Nation qui forme la majorité, que la décision n'est que le résultat de la majorité des Etats eux-mêmes. Il peut arriver que quelques-unes des républiques fédérées different par la forme seulement dans l'émission de leurs vœux, & qu'au lieu de l'exprimer par l'organe du Corps législatif, ce soit le Peuple de cette république qui le donne lui-même : mais ici, si l'on nous considéroit comme une seule Nation, la majorité du Peuple entier de l'Amérique devroit nécessairement lier la minorité, ainsi que cela se fait dans chaque Etat particulier ; & le cacul des voix individuelles, ou la pluralité relative des Etats, décideroit du sort & de la volonté de tous les Etats-Unis. Ce n'est aucune de ces régles qui ont été suivies. Chaque Etat, en adoptant la Constitution, est considéré comme un Corps souverain, indépendant de tous les autres, & lié par son seul & volontaire contrat. Donc sous ce rapport encore la Constitution est fédérative & non Nationale. Il nous reste à considérer la source d'où dérivent les pouvoirs. La chambre des Représentans tient les siens du Peuple Américain, & le Peuple est représenté dans une proportion égale à celle où il l'eſt dans la Légiſlature de chaque Etat particulier. Ici la Conſtitution adopte quelques traits du Gouvernement national, mais d'un autre côté, le Sénat reçoit ſes pouvoirs des Etats formant des ſociétés égales & politiques, & ils y ſont également repréſentés comme dans le Congrès actuel. Nous revenons donc aux principes fédératifs. Le Pouvoir exécutif doit tirer ſon origine d'une ſource composée ; ainſi l'élection immédiate du préſident eſt le réſultat du vœu des Etats conſidérés comme des Corps politiques indépendans. Leur mode d'élection eſt compoſé ; ils votent en partie comme des ſociétés égales & indépendantes, & en partie comme membres inégaux d'une même ſociété. Si perſonne n'a réuni la majorité abſolue, l'élection entre les ſix perſonnes qui auront eu le plus de voix, ſera faite par la chambre des Repréſentans, où dans ce cas particulier, les voix ſeront comptées par Etats, & la députation de chaque Etat aura une voix. Sous ce point de vue, le Gouvernement eſt mixte.

La différence entre un Gouvernement fédéral & un Gouvernement national conſiſte, ſuivant les adverſaires du plan propoſé, en ce que dans le premier, l'influence du pouvoir s'étend ſeulement juſqu'aux Corps fédérés dans leur exiſtence politique, & que dans le ſecond, elle atteint

chaque

chaque Citoyen dans son existence individuelle. En jugeant la Constitution d'après ce principe, elle est nationale & non fédérale; mais cette forme ne lui est cependant pas si complettement assurée qu'on semble le croire. Dans plusieurs cas, & particulièrement dans celui du jugement d'une discussion où les Etats seroient parties, ils seront envisagés comme des corps politiques indépendans. Quant aux opérations du Gouvernement dans ses rapports ordinaires avec le Peuple, il est certain, d'après le sens des opposans, qu'il est national.

Mais en le reconnoissant tel dans l'usage de ses pouvoirs, nous le voyons changer d'aspect, si nous considérons l'étendue de ces mêmes pouvoirs. L'idée d'un Gouvernement national renferme non-seulement celle de l'autorité sur les individus, mais encore celle d'une puissance absolue sur toutes les personnes, & sur toutes les choses soumises à la loi. Chez un Peuple composant une seule Nation cette puissance se réunit dans la Législature nationale. Dans un Confédération de sociétés réunies pour des objets particuliers, elle se partage entre les Législatures municipales & la Législature générale. Dans le premier exemple, toutes les autorités locales sont subordonnées à l'autorité suprême, & peuvent être contrariées dans leur marche, dirigées, ou abolies, suivant sa volonté. Dans le ſecond, les autorités municipales ou locales forment des parties indépendantes & diſtinctes du ſouverain, & ne ſont pas plus ſoumiſes dans leur étendue à l'autorité ſuprême, que celle-ci ne l'eſt de chacune d'elles. Ainſi donc le Gouvernement ne peut être appelé national, puiſque ſa juriſdiction ne s'étend qu'à un certain nombre d'objets déterminés & laiſſe aux différens Etats une ſouveraineté inviolable ſur tous les autres points. Il eſt vrai que dans les diſcuſſions relatives aux limites entre deux juriſdictions, le tribunal qui doit juger définitivement, eſt pris dans l'adminiſtration générale ; mais ceci ne change rien au principe, la déciſion doit être impartiale & conforme aux loix de la Conſtitution, & les précautions les plus efficaces & les plus multipliées ſont priſes pour aſſurer cette impartialité. Un tel tribunal eſt bien ſouvent néceſſaire pour prévenir l'emploi de la force ou la diſſolution du pacte. Il doit être pris dans l'adminiſtration générale plutôt que dans une adminiſtration particulière, ou pour mieux dire, il ne peut être pris que là, puiſque c'eſt là ſeulement qu'il eſt vraiſemblable que la déciſion ſera ſûre & reſpectée. Si nous appliquons à la Conſtitution le principe d'après lequel les objections ont été faites, nous trouverons, que réellement elle n'eſt entièrement ni nationale ni fédérative. Si elle étoit nationale, la suprême autorité résideroit dans la majorité du Peuple, & cette autorité auroit dans tous les temps le droit d'abolir ou de changer le Gouvernement établi. Si elle étoit fédérative, le concours de chaque Etat deviendroit nécessaire à l'occasion de chaque innovation, & ils s'enchaîneroient mutuellement. Le mode adopté dans la Constitution ne porte sur l'un ni l'autre de ces principes. En demandant au-delà de la majorité, & sur-tout en calculant les proportions d'après le nombre des Etats & non d'après celui des individus, il semble adopter le caractère fédératif; en n'exigeant pas le concours entier des Etats, il reprend quelques traits du Gouvernement national.

Ainsi la Constitution proposée, en adoptant même les principes posés par ses antagonistes, n'est véritablement ni fédérative, ni nationale, elle est un composé des deux; dans ses bases, elle est fédérative; dans l'origine de ses pouvoirs, elle est mixte & participe du caractère des deux Gouvernemens. Dans l'étendue de ses pouvoirs, elle est fédérative, ainsi que dans leur effet. Enfin dans les moyens qu'elle s'est préparés pour opérer des changemens & des réformes, elle n'est ni tout-à-fait fédérative, ni tout-à-fait nationale.

CHAPITRE XL.

Nouvel examen de la même objection.

LA Convention étoit-elle autorisée à faire & à proposer cette Constitution mixte ? Tel est le second point de la question.

Les pouvoirs de la Convention doivent être déterminés par l'examen des mandats que ses membres ont reçus de leurs constituans. Comme ils se réfèrent tous à la recommandarion de l'assemblée tenue à Annapolis en septembre 1786, ou à celle du Congrès de février 1787, il sera suffisant de recourir à ces deux actes.

L'acte d'Annapolis recommande la nomination de commissaires à l'effet de prendre en considération la situation des Etats-Unis, d'indiquer les dispositions nouvelles qui paroîtront nécessaires pour rendre le Gouvernement fédéral suffisant aux besoins de l'Union, & rédiger à cet effet un acte qui, d'après l'approbation du Congrès assemblé, & la confirmation subséquente de la Législature de chaque Etat, acquerra force de loi.

L'acte de recommandation du Congrès est dans ces termes : attendu qu'une disposition contenue dans les articles de la Confédération & perpétuelle Union, permet des changemens opérés par le consentement du Congrès des Etats-Unis & des Législatures des Etats : attendu que l'expérience a fait reconnoître des défauts dans la Confédération actuelle, & que pour y remédier, quelques-uns des Etats & particulièrement celui de New-York, ont par des instructions expresses à leurs députés, demandé une Convention pour les objets exprimés dans la résolution suivante ; enfin comme cette Convention paroît être le plus sûr moyen d'assurer aux Etats-Unis un Gouvernement national énergique :

Il est résolu que suivant l'opinion du Congrès il doit être convoqué à Philadelphie une Convention composée de députés nommés par les Etats chargés de l'unique & spéciale fonction de revoir les articles de la Confédération, & d'y faire les changemens & d'y ajouter les dispositions qui paroîtront nécessaires pour que la Constitution fédérale réponde aux besoins du Gouvernement & assure le maintien de l'Union, lesquels changemens avec le consentement du Congrès confirmé par les Etats, acquerront force de loi.

On voit dans ces deux actes que l'objet de la Convention est d'établir dans les Etats-Unis, *un Gouvernement national énergique, revêtu d'une autorité équivalente à ses besoins & qui assure le maintien de l'Union*; & que les moyens qu'elle doit avoir pour y parvenir sont, suivant l'acte du Congrès, *des changemens & des dispositions nouvelles dans les articles de la Confédération*, suivant l'acte d'Annapolis, *toutes les dispositions nouvelles qui paroîtront necessaires*; enfin tous les deux s'accordent à décider que ces changemens & dispositions seront soumis au Congrès & aux Etats, pour être approuvés par le premier, reçus par les derniers.

C'est par la comparaison & l'interprétation de ces différentes expressions, que l'on doit déterminer l'autorité de la Convention.

Il est deux règles d'interprétation fondées sur les principes de la raison, aussi bien que sur des axiômes de droit. Premièrement toutes les parties d'une expression doivent avoir un sens déterminé & tendre à un but commun.

En second lieu, si ces différentes parties ne peuvent s'accorder entr'elles, la moins importante doit céder à celle qui l'est davantage; les moyens doivent être sacrifiés à la fin, plutôt que la fin aux moyens.

D'après cela, supposons que les expressions qui déterminent l'autorité de la Convention, soient en contradiction & ne puissent s'accorder : qu'un *Gouvernement national* & *suffisant* ne puisse au jugement de la Convention, être établi par des *changemens & des dispositions nouvelles* dans *les articles de la Confédération*; quelle partie de la phrase faudroit-il admettre ou rejetter? Quelle partie seroit la plus ou la moins importante? Enfin, quelle seroit la fin, quels seroient les moyens? La conservation des articles de la Confédération est-elle la fin pour laquelle on veut introduire une réforme dans le Gouvernement? Ou bien ces articles ne sont-ils pas eux-mêmes les moyens employés dans l'origine pour parvenir à l'établissement d'un Gouvernement qui assure la prospérité de l'Amérique? & ne doivent-ils pas être rejettés, aujourd'hui qu'ils sont reconnus insuffisans?

Mais pourquoi faire cette supposition? Par des changemens & des dispositions nouvelles, des articles de la Confédération, n'a-t-il pas pu résulter un Gouvernement national & suffisant, tel enfin que celui qui est proposé par la Convention?

Le titre n'est pas d'une assez haute importance pour que son changement puisse jamais paroître une usurpation: ainsi la Convention avoit le pouvoir de changer le titre, d'insérer dans le corps de l'acte des dispositions nouvelles, de changer les anciennes. Pourra-t-on dire qu'elle ait outrepassé les pouvoirs, tant qu'elle aura laissé subsister quelque chose des anciens articles ? Ceux qui soutiennent l'affirmative, doivent du moins nous tracer les bornes qui distinguent suivant eux l'usurpation & l'exercice de l'autorité légitime de la Convention, les changemens compris dans l'expression *de changemens & de dispositions nouvelles*, & ceux qui constituent une véritable transformation du Gouvernement. Diront-ils que les changemens ne devoient pas affecter la substance même de la Confédération ? Mais si l'intention des Etats n'eût pas été de la réformer dans sa substance, auroient-ils convoqué une Convention avec autant de solemnité ? Prétendra-t-on que les principes fondamentaux de la Confédération étoient hors de l'atteinte des pouvoirs de la Convention & ne pouvoient être changés par elle ? Je demanderai quels sont ces principes. Exigent-ils que par la Constitution, les Etats soient considérés comme des Souverains distincts & indépendans ? La Constitution proposée ne laisse rien à désirer à cet égard. Veulent-ils que les membres du Gouvernement soient nommés par les Législatures & non par le Peuple des Etats ? L'une des chambres du nouveau Congrès sera nommée par les Législatures, & d'après la Confédération actuelle, les députés au Congrès peuvent être tous nommés immédiatement par le Peuple, & le sont en effet par lui dans deux Etats. Faut-il que les pouvoirs du Gouvernement portent ſur les Etats & ne puiſſent être exercés immédiatement ſur les individus ? Dans pluſieurs circonſtances, les pouvoirs du Gouvernement n'agiront, comme je l'ai démontré, que ſur les Etats conſidérés comme des corps politiques. Il eſt des cas où les pouvoirs du Gouvernement aujourd'hui exiſtant portent immédiatement ſur les individus lorſqu'il s'agit de capture, de piraterie, de poſtes, de monnoie, de poids & meſures, du commerce avec les Indiens, de réclamations fondées ſur des conceſſions de terres faites par des différens Etats, particulièrement dans les jugemens rendus par des cours martiales dans l'armée ou la flotte qui peuvent prononcer la peine de mort ſans l'intervention d'un Jury ou même d'un Magiſtrat civil; dans tous ces cas, les pouvoirs de la Confédération portent directement ſur les intérêts & les perſonnes des individus. Ces principes fondamentaux défendent-ils de lever aucun impôt ſans l'entremiſe des Etats? La Confédération elle même autoriſe une taxe directe juſqu'à une certaine ſomme ſur les poſtes. Le pouvoir de battre monnoie a fourni au Congrès un impôt immédiatement perçu. En outre, la Convention n'avoit-elle pas en partie pour objet, & le vœu univerſel ne demandoit-il pas d'autoriſer le Gouvernement national à établir par lui-même des impôts sur le commerce ? Le Congrès n'avoit-il pas plusieurs fois recommandé cette opération comme compatible avec les principes fondamentaux de la Confédération ? Tous les Etats à la réserve d'un seul, New - York en particulier, ne s'accordoient - ils pas avec le Congrès pour reconnoître le principe sur lequel est fondé ce changement ? Ces principes exigent-ils enfin que les pouvoirs du Gouvernement général soient illimités, & qu'au-delà des bornes qui lui sont prescrites, les Etats conservent leur souveraineté & leur indépendance ? Le nouveau Gouvernement d'accord avec l'ancien sur cet article, les leur assure dans toute leur étendue.

Le fait est que les principes généraux de la Constitution proposée par la Convention, ne sont que le développement de ceux que l'on trouve dans les articles de la Confédération ; mais ils y ont si peu de force & d'étendue, que le Gouvernement qui en résulte est sans vigueur, & qu'il a fallu les étendre & les développer au point que le nouveau systême paroît entièrement différent de l'ancien.

Il est un point sur lequel la Convention s'est écartée des termes de son mandat ; au lieu d'avoir besoin du consentement de tous les Etats, le plan qu'elle a tracé, doit acquérir force de loi d'après le vœu de neuf d'entr'eux. L'objection si plausible qu'on pouvoit faire à cet égard, a été précisément celle dont on a fait le moins d'usage. C'est qu'on a senti l'absurdité de soumettre le sort de douze Etats à la perversité ou à la corruption d'un treizième; c'est qu'on se souvient de l'insurmontable obstacle opposé par la majorité d'un soixantième du Peuple de l'Amérique, à une mesure approuvée, invoquée par douze Etats qui en formoient les cinquante-neuf soixantièmes, & que cet exemple d'une funeste opiniâtreté éveille encore l'indignation de tous les Citoyens qui ont été sensibles aux atteintes portées à l'honneur & à la prospérité de leur pays. Ainsi, comme cette objection a été écartée par les plus sévères ennemis des pouvoirs de la Convention, je ne m'y arrêterai pas davantage.

La troisième question est de savoir jusqu'à quel point des considérations relatives aux circonstances ont pu suppléer au défaut d'une autorité régulière.

Dans les réflexions qu'on vient de lire, les pouvoirs de la Convention ont été examinés avec la même rigueur, & d'après les mêmes regles que si elle avoit eu le droit d'établir & de fixer définitivement la Constitution des Etat-Unis. Nous avons vu comme elles ont supporté l'examen, même dans cette ſuppoſition. Rappelons-nous à préſent qu'elle n'avoit d'autre pouvoir que celui de conſeiller & de recommander ; que telle étoit l'intention des Etats dont elle ne s'eſt pas écartée, & qu'en conſéquence elle a fait & propoſé une Conſtitution qui n'a pas plus de valeur que le papier ſur lequel elle eſt écrite, juſqu'à ce qu'elle ait été marquée du ſceau de l'approbation de ceux à qui elle eſt propoſée. Cette réflexion fera envisager la queſtion ſous un nouveau jour & nous mettra à portée de bien juger de la marche ſuivie par la Convention.

Examinons la ſituation où elle étoit placée. Il eſt aiſé de voir que ſes membres tous fortement frappés de la criſe qui a mené leur pays à tenter unanimement une ſingulière & ſolemnelle épreuve pour corriger les erreurs du ſyſtême qui a produit cette criſe, ont cru ne pouvoir remplir le but de leur nomination que par une réforme telle que celle qu'ils ont propoſée. Ils ont vu les eſpérances & les craintes avec leſquelles le plus grand nombre des Citoyens attendoit le réſultat de leurs délibérations, & ont dû penſer que des craintes & des eſpérances contraires agitoient nos ennemis au-dedans & au-dehors. Ils ont été témoins de l'empreſſement avec lequel une propoſition faite par un ſeul Etat (la Virginie), pour un amendement particulier dans la Confédération, a été appuyée & étendue. Ils ont vu la recommandation hasardée par quelques députés d'un petit nombre des Etats, sur un objet délicat, important & étranger à leur mission, non-seulement justifiée par l'opinion publique, mais mise à exécution par douze Etats sur treize. Ils ont pu voir plusieurs fois le Congrès s'attribuer le pouvoir non-seulement de recommander, mais d'agir, soutenu dans l'opinion publique, par des occasions & des motifs moins pressans que ceux par lesquels ils étoient maîtrisés. Ils ont dû songer que dans les changemens importans qu'éprouvent les Gouvernemens établis, la forme doit céder au fond, qu'en s'attachant trop rigoureusement à la première, on rendroit illusoire le droit suprême & imprescriptible du Peuple, « d'abolir ou de changer son » Gouvernement comme il le juge à propos pour » sa sûreté & son bonheur » *, puisqu'il lui est impossible de tendre vers le même objet par un mouvement spontané &universel. Il est donc nécessaire que de tels changemens soient préparés par une proposition qui ne soit ni revêtue de la forme légale, ni appuyée sur une autorité légale, mais faite simplement par quelque Citoyen zélé & respectable ou

* Déclaration d'indépendance.

par un certain nombre de Citoyens. Ils ont dû se souvenir que c'est par cette forme irrégulière & jusqu'alors inusitée de proposer au Peuple des plans pour sa sûreté & son bonheur, que les Etats s'unirent pour résister aux dangers dont ils étoient menacés par leur ancien Gouvernement. C'est ainsi qu'il fut formé des Comités & des Congrès pour concentrer leurs efforts & défendre leurs droits ; & qu'il fut convoqué dans les différens Etats des Conventions qui rédigèrent les Constitutions par lesquelles ils sont aujourd'hui gouvernés. Ils n'ont pas dû oublier qu'on ne vit alors ni scrupules déplacés, ni attachemens aux anciennes formes, qu'aux secrets ennemis de la liberté qui cachoient sous ce masque leurs intentions coupables. Ils ont songé sans doute que le plan qu'ils alloient tracer devoit être soumis au jugement du Peuple, & que la désapprobation de cette autorité suprême le détruiroit pour jamais, ou que son approbation effaceroit tous les défauts de formes & toutes les irrégularités antérieures ; enfin que si par foiblesse, ils ne se fussent pas déterminés à proposer une mesure essentielle aux besoins de la Nation, la malveillance eût trouvé encore mille moyens de les attaquer, ou pour n'avoir pas fait usage des pouvoirs qui leur étoient confiés ou pour les avoir outre-passés.

Si dans ces dispositions, & entourés de ces considérations, au lieu de témoigner à leurs Concitoyens cette noble confiance qui les a tellement honorés, & de leur indiquer un systême qui pût assurer leur bonheur, ils eussent pris de sang froid la résolution de tromper nos plus chères espérances, de sacrifier le soin de notre bonheur à de vaines formalités, & d'abandonner les intérêts de leur pays à l'incertitude inséparable des délais, au hasard des événemens, quel jugement le monde impartial, les amis du genre humain & tous les Citoyens vertueux eussent-ils porté sur le caractère de cette Assemblée? Enfin s'il est des hommes en qui le desir de blâmer ne puisse reconnoître de bornes, je leur demanderois quel jugement ils réservent aux douze états qui ont usurpé le pouvoir d'envoyer des Députés à la Convention, Corps politique que leurs Constitutions ne reconnoissent pas; au Congrsès qui a recommandé la nomination de ce Corps dont les articles de la Confédération ne parlent pas; enfin à l'état de New-York, qui le premier a sollicité & reconnu cette innovation? Mais pour ôter toute arme & tout prétexte aux adversaires de la Convention, j'accorde, pour un moment, qu'elle n'a été autorisée, ni par son mandat, ni par les circonstances à proposer une Constitution à son pays: s'ensuit-il que par cette raiſon ſeule il faille rejetter la Conſtitution ? S'il eſt honorable & ſage de recevoir un bon avis, même d'un ennemi, ne ſeroit-il pas extravagant & honteux de refuſer celui qui nous eſt donné par des amis ? Dans tous les cas la raiſon ordonne de chercher à ſavoir, non de qui vient un avis qui nous eſt donné, mais ſi l'avis eſt bon.

Le réſultat de ces propoſitions, que je regarde comme inconteſtablement prouvées, eſt que la Convention ne peut être juſtement accuſée d'avoir outre-paſſé ſes pouvoirs, ſi ce n'eſt en un point ſur lequel ſes antagoniſtes ne ſe ſont point arrêtés ; que ſi les membres de cette Aſſemblée ont outre-paſſé leurs pouvoirs, ils y étoient non-ſeulement autoriſés, mais obligés pour répondre à la confiance dont leur pays les avoit honorés ; enfin que s'ils ont excédé les bornes de leur autorité & trahi leurs devoirs en propoſant la Conſtitution, il faut encore l'adopter ſi elle doit aſſurer le bonheur de l'Amérique. C'eſt ce qui reſte à examiner.

CHAPITRE XLI.

Coup-d'œil général sur les pouvoirs que la Constitution accorde à l'Union.

LA Constitution proposée par la Convention peut être considérée sous deux points de vue généraux. Premièrement quant à la somme ou à la quantité de pouvoir qu'elle confere au Gouvernement & qu'elle ôte aux Etats. En second lieu, quant à l'organisation du Gouvernement & à la distribution de ce pouvoir dans ses différentes branches.

Relativement au premier point, il se présente deux questions importantes. 1°. Est-il quelque partie des pouvoirs conférés au Gouvernement général, qui soit inutile ou qui ait des inconvéniens? 2°. La masse totale de ces pouvoirs peut-elle mettre les Etats en danger de voir usurper la portion d'autorité qui leur est laissée?

Le pouvoir du Gouvernement général est-il trop étendu? Telle est la première question.

Ceux qui attaquent l'étendue des pouvoirs accordés au Gouvernement, sans considérer si ces pouvoirs n'étoient pas des moyens indispensables pour arriver à une fin néceſſaire, ont préféré de s'appeſantir ſur les inconvéniens & les abus inſéparables des plus utiles inſtitutions politiques. Cette manière de préſenter la queſtion favorable à l'adreſſe, au talent ou à la déclamation d'un écrivain, faite pour agir avec ſuccès ſur les paſſions & les préjugés, ne peut égarer le bon ſens du Peuple de l'Amérique. Les hommes impartiaux & ſincères ſongeront qu'il n'eſt pas pour les hommes, de biens ſans mêlange; qu'il faut toujours choiſir, ſinon le moindre mal, du moins le plus grand bien qu'on puiſſe atteindre, ſans prétendre à une perfection imaginaire; que dans tous les Gouvernemens le pouvoir néceſſaire pour opérer la proſpérité publique, peut être mal employé & donner lieu à des abus. Ils ſauront donc que dans tous les cas où un pouvoir eſt conféré, il faut d'abord examiner s'il eſt néceſſaire au bien public; & ſi la queſtion eſt décidée à l'affirmative, ne plus ſonger qu'à prévenir les inconvéniens contraires à l'intérêt général qu'il pourroit entraîner.

Pour éclairer notre jugement à cet égard, il ſera bon d'examiner les différens pouvoirs conférés à l'Union, & de les claſſer ſuivant les objets auxquels ils ſe rapportent. 1°. Prévenir les dangers extérieurs; 2°. regler le commerce avec les nations étrangères; 3°. maintenir l'harmonie & les rapports convenables entre les Etats; 4°. pourvoir à différens objets d'un intérêt général; 5°. prévenir certains excès auxquels les états pourroient se porter; 6°. faire les loix nécessaires pour donner à tous ces pouvoirs l'efficacité qu'ils doivent avoir : telles sont les fonctions du Gouvernement national.

Un des premiers objets de l'établissement des sociétés civiles, est la nécessité de se défendre des dangers extérieurs; c'est un objet essentiel & avoué de l'Union américaine. Les pouvoirs nécessaires pour parvenir à cette fin, doivent être confiés au Gouvernement fédéral.

Le pouvoir de déclarer la guerre, est si évidemment indispensable, qu'il seroit superflu d'en démontrer la nécessité. La Confédération actuellement existante l'établit dans sa plénitude.

Le pouvoir de lever des troupes & d'équiper des vaisseaux en est une conséquence nécessaire; il est une conséquence du pouvoir de se défendre.

Mais étoit-il nécessaire de donner un pouvoir illimité de lever des troupes & d'équiper des vaisseaux & de les entretenir en paix aussi bien qu'en guerre?

La réponse à ces questions si facile & si décisive, a déjà été faite dans un autre chapitre. Comment pourroit-on limiter la force défensive, quand on ne peut limiter la force offensive? Si une nation par sa

Constitution fédérale, pouvoit enchaîner l'ambition ou circonscrire les efforts de toutes les autres Nations, elle pourroit aussi sans imprudence enchaîner l'autorité de son Gouvernement & circonscrire les efforts nécessaires pour sa propre sûreté.

Comment défendrions-nous au Gouvernement d'être préparé à la guerre en temps de paix, si nous ne pouvons défendre aux Nations ennemies d'avoir des apprêts & des établissemens militaires? Les moyens de défense ne peuvent être réglés que par les moyens & les dangers d'attaque; ils seront toujours déterminés par ces regles & jamais par d'autres. C'est en vain qu'on oppose des barrières constitutionnelles aux besoins de la sûreté personnelle, non-seulement elles sont inutiles, elles sont dangereuses: elles font résulter de la Constitution même, des usurpations de pouvoirs nécessaires, dont l'exemple est ensuite répété & multiplié sans nécessité. Si une Nation entretient constamment une Armée disciplinée prête à servir son ambition ou sa vengeance, elle oblige les Nations les plus pacifiques, sur qui ses entreprises pourroient s'étendre, à des précautions semblables. Le quinzième siècle fut la fatale époque des établissemens Militaires en temps de paix. L'usage en fut introduit par Charles VII, Roi de France, toute l'Europe suivit volontairement ou par nécessité cet exemple.

S'il n'eut été adopté par les autres Nations, toute l'Europe eut bientôt gémi sous les liens d'une Monarchie universelle. Si toutes les Nations licencioient leurs Troupes en temps de paix, & que la France conservât les siennes, nous verrions bientôt arriver le même événement. Les légions de vétérans que conserva Rome, triomphèrent du courage indiscipliné des autres Nations & la rendirent maîtresse du monde.

Il est également vrai que si l'Europe a dû le degré de liberté dont elle jouit, à ses institutions militaires, Rome vit la sienne anéantie par ses triomphes militaires. L'établissement des troupes réglées est donc une précaution aussi dangereuse que nécessaire. Trop foibles, elles entraîneroient des inconvéniens nombreux; trop fortes, elles exposeroient à de grands dangers; dans un juste milieu, elles sont une précaution utile. Une Nation sage doit combiner toutes ces considérations, & sans s'interdire aucune des ressources qui pourroient devenir essentielles à sa sûreté, elle doit employer sa prudence à éloigner la nécessité & à diminuer le danger de recourir à celle qui pourroit être contraire aux intérêts de sa liberté.

La Constitution proposée s'est conformée à ce principe. L'Union dont elle affermit & perpétue les liens, détruit tout prétexte pour aucun établiſſement militaire, qui pût devenir dangereux. L'Amérique unie, avec une poignée d'hommes, ou même ſans un ſeul ſoldat, oppoſe à l'ambition étrangere une contenance plus ferme & plus redoutable, que l'Amérique diviſée avec cent mille vétérans préparés au combat. L'Angleterre a dû ſa liberté à ſa poſition & à ſes forces maritimes. Inattaquable aux Armées des puiſſances voiſines; ceux qui l'ont gouvernée, n'ont jamais pu réuſſir par la conſidération d'un danger réel ou imaginaire, à perſuader au Peuple de ſouffrir un établiſſement militaire conſidérable en temps de paix. La diſtance où les Etats-Unis ſont des grandes puiſſances du monde, leur donne une auſſi heureuſe ſécurité, éloigne tout prétexte pour un établiſſement militaire dangereux. Mais s'ils oublient qu'ils ne doivent cet avantage qu'à leur union, le moment de leur diviſion ſera l'époque d'un nouvel ordre de choſes. Les craintes d'un des Etats ou d'une des Confédérations les plus foibles, ou l'ambition d'une plus puiſſante renouvellera ici l'exemple que Charles VII a donné à l'ancien monde. Les mêmes motifs qui firent ſuivre cet exemple aux autres Nations, produiront auſſi parmi nous une imitation univerſelle. Loin que notre ſituation nous offre alors les mêmes avantages que l'Angleterre doit à la ſienne, l'Amérique présentera le même spectacle que le continent de l'Europe; on y verra la liberté partout anéantie sous le poids des établissemens militaires & des impôts perpétuels. Mais le sort de l'Amérique, il faut l'avouer, sera bien plus malheureux que celui de l'Europe. Dans celle-ci les causes du mal sont concentrées dans ses limites. On ne voit point d'une autre partie du globe, des puissances supérieures intriguer parmi ses Nations rivales, attiser le feu de leurs animosités réciproques & en faire les instrumens de l'ambition, de la jalousie ou de la vengeance étrangère. En Amérique, les rivalités, les dissentions, les guerres intérieures ne seront qu'une partie de ses calamités. Une abondante source de maux s'ouvrira dans l'influence que l'Europe exerce sur cette partie du monde, & qu'aucune autre partie du monde n'exerce sur l'Europe. Ce tableau des effets de la désunion ne peut être peint de trop fortes couleurs, ou trop souvent retracé. Tout homme qui aime la paix, sa patrie, la liberté, doit être toujours occupé des avantages attachés à l'Union de l'Amérique & des moyens de la maintenir.

Après la solidité assurée à l'existence de l'Union, la plus sûre précaution possible contre le danger des troupes réglées, est la limitation du terme pendant lequel les revenus publics pourront être appliqués à leur entretien. La Conſtitution a ſagement ajouté cette précaution ; je ne répéterai pas à cet égard des obſervations qui, je l'eſpère, ont déjà ſuffiſamment éclairci la queſtion ; mais il ne ſera pas inutile de parler d'une objection contre cette partie de la Conſtitution, tirée de l'exemple de l'Angleterre. On a dit que dans ce Royaume, l'entretien de l'Armée exige un vœu annuel de la Légiſlature, tandis que la Conſtitution américaine prolonge ce terme juſqu'à deux ans. Mais la Conſtitution angloiſe limite-t-elle le pouvoir du parlement à un an ? ou la nôtre étend-elle celui du Congrès juſqu'à deux ans ? Les auteurs mêmes de l'objection, n'ignorent pas que la première donne à cet égard au parlement un pouvoir illimité, tandis que la ſeconde reſtreint le pouvoir de la Légiſlature à deux ans, comme le plus long terme poſſible.

Si le raiſonnement tiré de l'exemple de l'Angleterre eût été préſenté avec vérité, tel en eut été le réſultat : le terme des impôts accordés pour l'entretien de l'Armée, quoiqu'illimité par la Conſtitution angloiſe, a cependant toujours dans le fait, été limité à deux ans, par le pouvoir du parlement. D'après cela, ſi dans l'Angleterre où les Membres de la Chambre des Communes ſont élus pour ſept ans; où un ſi grand nombre de repréſentans eſt élu par une ſi petite portion du Peuple; où les Electeurs ſont ſi ſouvent corrompus par les Repréſentans, & les Repréſentans par le Roi, le Corps légiſlatif a le pouvoir d'autoriſer l'emploi des fonds publics à l'entretien de l'Armée pour un terme indéfini, ſans déſirer ou oſer jamais étendre ce terme au-delà de deux ans; la défiance même ne doit-elle pas rougir de prétendre que les Repréſentans des Etats-Unis librement élus par la totalité du Peuple, tous les deux ans, ne peuvent être ſans danger revêtus du même pouvoir, lorſqu'il eſt limité à un eſpace de deux ans?

Une mauvaiſe cauſe ne manque preſque jamais de ſe trahir elle-même. La conduite des oppoſans à l'établiſſement du Gouvernement fédéral, nous a ſans ceſſe fourni de nouvelles preuves de cette vérité. Parmi les bévues qui leur ſont échappées, il n'en eſt pas de plus frappante que la tentative qu'ils ont faite pour profiter de la ſage crainte que le Peuple conſerve au ſujet des établiſſemens militaires. Leur tentative n'a produit d'autre effet que d'affoiblir l'attention publique ſur cet important ſujet, & de mener à des recherches dont le réſultat a été, que non-ſeulement la Conſtitution prévient tout danger à cet égard, mais qu'une

Conſtitution qui aſſure la défenſe nationale & le maintien de l'Union, eſt le ſeul moyen de ſauver l'Amérique du danger de voir autant d'Armées ſur pied, qu'il ſe formeroit d'Etats ou de Confédérations des débris de ſa Confédération générale ; qu'il en réſulteroit une augmentation d'établiſſemens militaires auſſi onéreuſe pour la propriété, que dangereuſe pour la liberté du Peuple, & que quelqu'établiſſement du même genre qui pût devenir néceſſaire ſous un Gouvernement unique & puiſſant, il entraîneroit moins de frais, & n'expoſeroit pas aux mêmes dangers.

La néceſſité évidente de former & d'entretenir une Marine a défendu cette partie de la Conſtitution de l'eſprit de cenſure, qui dans tout le reſte ne l'a pas épargnée. C'eſt un des plus grands biens de l'Amérique de devoir ſa ſûreté extérieure à ſon Union qui eſt la ſeule ſource de ſa force navale. A cet égard encore, nous partageons les avantages que la ſituation de l'Angleterre lui aſſure. Les armes les plus formidables que nous ayons à oppoſer aux attaques des puiſſances étrangères, ne peuvent jamais être tournées contre notre liberté par un Gouvernement perfide.

Les habitans des Côtes de l'Océan ſont les plus intéreſſés à l'entretien de la force navale : ſi juſqu'ici leurs nuits ont été tranquilles, ſi leurs propriétés ont été ſauvées du pillage, ſi leurs villes maritimes n'ont pas été obligées de ſe racheter de l'incendie en ſe ſoumettant aux exactions des Pirates, ils ne doivent point ce bonheur à la protection d'un Gouvernement ſans force pour les défendre, mais à des cauſes ſecrettes & fortuites. En exceptant peut-être la Virginie & Maryland, dont les frontières ſeptentrionales ſont les plus expoſées aux attaques, il n'eſt aucune partie de l'Amérique-Unie qui doivent éprouver à cet égard plus d'inquiétudes que New-York. Ses côtes maritimes ſont étendues. Le plus important de ſes Diſtricts eſt une île. L'intérieur du pays eſt traverſé d'une grande rivière navigable dans un eſpace de plus de cinquante lieues. Le chef-lieu de ſon commerce, le principal réſervoir de ſa richeſſe, eſt toujours à la merci des événemens & eſt, pour ainſi dire, un otage qui l'oblige à une ſoumiſſion humiliante aux volontés d'un ennemi étranger, ou même aux demandes & à l'inſatiable avidité des Pirates & des Flibuſtiers. Si l'état précaire des affaires de l'Europe y cauſoit la guerre, & que la mer en fût le théâtre, il faudroit un miracle pour défendre nos vaiſſeaux ou nos côtes maritimes des inſultes & du pillage. Dans la ſituation actuelle de l'Amérique, les Etats les plus immédiatement expoſés à ces calamités, n'ont rien à eſpérer du phantôme de Gouvernement général qui exiſte aujourd'hui ; & s'ils étoient en état de réſiſter par leurs propres forces, ce qu'il leur en coûteroit pour leur défenſe, excéderoit la valeur de ce qu'ils ont à défendre.

Le pouvoir de régler & de requérir la Milice, a déjà été juſtifié par des raiſonnemens aſſez étendus.

Le pouvoir d'impoſer & d'emprunter étant véritablement le nerf de la guerre & de la défenſe nationale, a été placé dans la même claſſe. Ce pouvoir a déjà auſſi été examiné avec beaucoup d'attention, & je crois avoir démontré qu'il doit avoir la forme & l'étendue que la Conſtitution lui donne. Je n'adreſſerai qu'une réflexion nouvelle à ceux qui prétendent que ce pouvoir devroit être réduit aux impôts extérieurs, c'eſt-à-dire, aux taxes ſur les objets importés des autres pays. On ne peut douter que ce ne ſoit toujours une branche de revenus précieux, elle ſera long-temps la principale reſſource du Gouvernement auquel elle eſt aujourd'hui abſolument eſſentielle ; mais il ne faut pas oublier que la ſomme des impoſitions qu'on pourra tirer du commerce étranger, variera avec les changemens dans la nature & l'étendue des importations, & que ces changemens ne feront pas dans la proportion des progrès de la population qui eſt la meſure générale des beſoins publics. Tant que l'agriculture ſera notre unique occupation, l'importation des objets manufacturés s'accroîtra avec le nombre des conſommateurs ; mais dès qu'elle abandonnera quelques bras aux travaux des manufactures, l'importation de ces mêmes objets décroîtra en proportion de l'accroiſſement de la population. A une époque plus éloignée, les importations conſiſteront en grande partie en matières brutes qui, manufacturées chez nous, deviendront des objets d'exportation, & il faudra les encourager par des primes, plutôt que les rallentir par des droits conſidérables. Un ſyſtême de Gouvernement fait pour réſiſter à l'épreuve du temps, doit prévoir ces révolutions & pouvoir s'y adapter.

Quelques perſonnes, ſans nier la néceſſité du pouvoir d'impoſer, ont fondé une terrible attaque contre la Conſtitution, ſur les termes par leſquels ce pouvoir eſt exprimé. On a dit, on a répété que le pouvoir, « d'établir & de percevoir des taxes, des droits, des impôts & exciſes, & de pourvoir à la défenſe commune & à la proſpérité générale des Etats-Unis », a la valeur d'une commiſſion illimitée pour exercer tout pouvoir qu'on pourra ſuppoſer néceſſaire à la défenſe commune & à la proſpérité générale.

Cette objection auroit du moins un prétexte, si la Constitution ne contenoit aucune autre énumération ou fixation des pouvoirs du Congrès que l'expression générale qui vient d'être citée. Il seroit cependant difficile de concevoir le motif d'une semblable forme pour conférer un pouvoir législatif universel. Il seroit bien singulier d'exprimer le pouvoir de détruire la liberté de la presse, le jugement par jurés, de régler l'ordre des successions ou la forme des donations par ces termes, « lever des impôts pour la prospérité générale ».

Mais quel prétexte reste-t-il à l'objection dont il s'agit, lorsque l'énumération des objets désignés par ces termes généraux, les suit immédiatement & n'en est séparée que par un point & une virgule? A quel propos faire une énumération de pouvoirs particuliers, s'ils se trouvoient, ainsi que tous les autres, compris dans le pouvoir général précédemment énoncé. Rien n'est plus naturel & plus commun que d'employer une phrase générale & ensuite d'en expliquer & d'en modifier le sens par une énonciation de détail. Mais l'idée d'entrer dans des détails qui n'expliquent ni ne modifient le sens général, & ne peuvent servir qu'à troubler & à égarer, est une absurdité qu'il faut attribuer aux auteurs de la Constitution ou à ceux de l'objection ; dans cette alternative nous prendrons la liberté de la laisser aux derniers.

Cette objection est d'autant plus extraordinaire, que les termes dont s'est servie la Convention, sont copiés d'après les articles de la Confédération. Les objets de l'Union des Etats, tels qu'ils sont désignés dans l'article 3, sont, « leur défense commune, le maintien de leur liberté, & leur prospérité générale ». Les termes de l'article 8 ont encore plus de ressemblance avec ceux de la Convention : « Toutes les charges de la guerre, & autres dépenses nécessaires pour la défense commune ou la prospérité générale, & accordées par les Etats-Unis en Congrès, seront acquittées par le trésor public ». On trouve les mêmes expressions encore dans l'article 9. Interprétez l'un ou l'autre de ces articles par les mêmes régles qui justifieroient l'interprétation faite des articles de la nouvelle Constitution, & vous trouverez qu'elles conferent au Congrès aujourd'hui existant, un pouvoir législatif illimité. Mais qu'auroit-on pensé de cette assemblée, si s'attachant à ces expressions générales, & oubliant les détails qui en déterminent & en limitent le sens, elle eut exercé un pouvoir illimité pour la défense commune & la prospérité générale ? Je le demande aux auteurs de l'objection eux-mêmes, auroient-ils dans ce cas employé pour justifier le Congrès, le même langage dont ils se servent pour accuser la Convention ? Combien il est difficile à l'erreur d'échapper à sa condamnation ?

CHAPITRE XLII.

Continuation du même Sujet.

LA seconde classe des pouvoirs conférés au Gouvernement général, comprend celui de régler les rapports avec les Nations étrangères, par exemple, de faire des traités, d'envoyer & de recevoir des Ambassadeurs, autres *Ministres publics* & Consuls, de déterminer & de punir les *pirateries* & *félonies* commises sur la mer, & les délits contre le droit des gens ; de régler le commerce étranger, ce qui comprend le pouvoir d'empêcher après l'année 1808, l'importation des esclaves, & jusqu'à cette époque d'assujettir ce trafic à un droit de dix dollars par tête, afin de décourager ceux qui pourroient s'y livrer.

Cette classe de pouvoirs forme une partie naturelle & essentielle de l'administration fédérale. Si nous devons former une Nation à quelqu'égard, c'est certainement dans nos rapports avec les Nations étrangères.

La

La néceſſité du pouvoir de faire des traités, d'envoyer & de recevoir des Ambaſſadeurs, parle d'elle-même. Ces deux droits ſont compris dans les articles de la Confédération, avec la ſeule différence, que la Convention a débarraſſé le ſecond d'une exception au moyen de laquelle les diſpoſitions des traités pouvoient être éludés par des réglemens des Etats, & qu'à la diſpoſition relative aux Ambaſſadeurs, elle a ajouté expreſſément & avec raiſon le droit de nommer & de recevoir d'autres Miniſtres publics & des Conſuls. Le terme d'Ambaſſadeur dans ſa plus ſtricte ſignification, tel qu'il ſemble devoir être enviſagé dans le ſecond article de la Confédération, ne comprend que le grade le plus élevé des *Miniſtres publics*, & exclut les grades que préféreront vraiſemblablement toujours les Etats-Unis lorſqu'ils ſeront obligés d'envoyer des Ambaſſadeurs. Il n'eſt aucun genre d'interprétation qui puiſſe faire comprendre dans cette expreſſion les Conſuls; & cependant l'uſage approuvé & ſuivi par le Congrès, a été juſqu'ici d'employer les grades inférieurs de *Miniſtres publics*, & d'envoyer & de recevoir des Conſuls. Il eſt vrai que lorſque les articles d'un traité de commerce portent la nomination reſpective de Conſuls, l'admiſſion des Conſuls étrangers tombe dans le pouvoir de faire des traités de commerce, & que lorſqu'il n'en exiſte pas, la miſſion des Conſuls de l'Amérique dans les pays étrangers, eſt peut-être autoriſée par l'article 9 de la Confédération qui donne le droit de nommer tous les Officiers civils qui pourront être néceſſaires pour traiter les affaires des Etats-Unis. Mais on n'a pourvu par aucune diſpoſition à l'admiſſion des Conſuls étrangers dans les Etats-Unis. La Convention a ſuppléé à cette omiſſion, & c'eſt ſans doute le moindre objet ſur lequel elle ait ſurpaſſé ſon modèle. Mais les moindres diſpoſitions deviennent importantes quand elles tendent à prévenir la néceſſité ou le prétexte d'uſurpations graduelles & inapperçues. Ceux qui n'ont pas obſervé avec une attention ſuffiſante la marche de notre Gouvernement, ſeroient bien ſurpris de la multitude de cas où le Congrès a été entraîné & contraint à enfreindre l'acte qui établit ſon autorité, & ce doit être un nouveau motif d'admettre la nouvelle Conſtitution qui ne remédie pas moins aux moindres qu'aux plus groſſiers & aux plus frappans défauts de la Confédération.

Le pouvoir de déterminer & de punir les pirateries & félonies en mer & les délits contre le droit des gens, doit également appartenir au Gouvernement général.

La Conſtitution corrige à cet égard les articles

de la Confédération qui ne contiennent aucune disposition relative aux délits contre le droit des gens, laissent ainsi à l'imprudence d'un des membres de la Confédération, la possibilité de la brouiller avec les Nations étrangères.

La disposition relative aux pirateries & félonies ne s'étend qu'à l'établissement de tribunaux pour juger ces sortes de délits. La définition des pirateries peut être, sans inconvénient, considérée comme du ressort du droit des gens, quoiqu'on en trouve des définitions légales dans plusieurs de nos codes particuliers. Une définition des félonies commises en mer est évidemment nécessaire. Le mot de félonie a une signification bien générale dans le droit commun de l'Angleterre, & les statuts de ce Royaume lui attribuent plusieurs sens différens. Quoi qu'il en soit, nous ne devons nous régler sur le droit commun ou les statuts d'aucune Nation, avant de nous les être appropriés en les adoptant. Il seroit impossible d'adopter le sens attribué à ce mot par les codes des différens Etats; il n'y en a pas deux où il soit précisément le même, & il varie dans tous les Etats lors de la révision de leurs loix criminelles. Ainsi pour avoir des décisions constantes & uniformes, le pouvoir de définir la félonie est utile & nécessaire.

Le droit de régler le commerce étranger a été suffisamment examiné.

Il eut été à souhaiter, sans doute, que le pouvoir de défendre l'exportation des esclaves n'eût pas été différé jusqu'à l'année 1808, & que nous en eussions vu dès aujourd'hui l'heureux effet. Mais il n'est pas difficile de pénétrer les causes de cette restriction du pouvoir du Gouvernement général, & de la manière dont l'article est exprimé. C'est un grand avantage en faveur de l'humanité, que d'avoir pu fixer à un terme de vingt ans, la destruction d'un trafic qui a si long-temps & si hautement accusé la cruauté de la politique moderne; d'ici à cette époque, il sera considérablement découragé par le Gouvernement fédéral, peut-être totalement aboli par la généreuse émulation du petit nombre d'Etats qui continuent encore à faire ce commerce & qui s'empresseront peut-être de suivre l'exemple de la grande majorité des Etats-Unis par laquelle il a été proscrit. Heureux les habitans de l'Afrique, s'ils pouvoient espérer d'être aussi promptement délivrés de l'oppression de leurs frères Européens!

On a attaqué cette clause en la représentant, d'un côté comme une coupable complaisance pour un usage contraire aux loix de la nature, d'un autre comme faite pour prévenir des émigrations volontaires & utiles d'Europe en Amérique. Je ne rapporte pas ces erreurs dans le dessein d'y répondre, car elles ne méritent point de réponse, mais pour donner une idée de l'esprit qui a dirigé la conduite des opposans.

Les pouvoirs compris dans la troisième classe, sont ceux dont l'effet doit être de maintenir l'harmonie & les rapports qui doivent exister entre les Etats.

Dans cette classe sont les restrictions à l'autorité des Etats & une partie du pouvoir judiciaire: le premier objet est réservé pour une discussion particulière; le second sera l'objet de notre examen, quand nous arriverons à la structure & à l'organisation du Gouvernement. Je me bornerai à un examen peu approfondi des autres pouvoirs compris dans cette classe, par exemple, de régler le commerce entre les différens Etats & les Nations indiennes; de battre monnoie d'en régler la valeur, ainsi que celle de la monnoie étrangère; de pourvoir à la punition de ceux qui auroient contrefait la monnoie courante ou les effets publics des Etats-Unis; de fixer l'étalon des poids & mesures; d'établir des loix uniformes sur la naturalisation & sur les banqueroutes; de prescrire la forme des actes publics, registres & des procédures judiciaires dans chaque Etat, & l'effet qu'ils doivent avoir dans les autres Etats; enfin d'établir des bureaux de postes & d'entretenir les grandes routes.

Dans la Confédération actuelle, il n'existe point de pouvoir pour régler le commerce entre les membres qui la composent, & c'est un des défauts clairement démontrés par l'expérience. Aux preuves & aux remarques déjà présentées à cet égard, on peut ajouter que sans cette nouvelle disposition, l'important & essentiel pouvoir de régler le commerce étranger seroit incomplet & sans effet. Un des principaux objets de ce pouvoir, seroit d'affranchir les Etats qui, pour leurs importations ou leurs exportations, sont obligés de traverser d'autres Etats, des droits excessifs auxquels ces derniers pourroient les assujettir. Si on les laissoit régler à leur gré le commerce d'Etat à Etats, on peut prévoir qu'ils trouveroient moyen de charger les articles d'importations & d'exportations qui traverseroient leur territoire, de droits dont tout le poids retomberoit sur les ouvriers & les consommateurs : notre expérience personnelle ne nous permet pas de douter que cela n'arrivât, & elle s'unit à la connoissance générale des hommes, pour nous démontrer qu'il en résulteroit d'éternelles animosités, qui pourroient porter de dangereuses atteintes à la tranquillité publique.

Ceux qni ne ſont pas aveuglés par la paſſion ou l'intérêt trouveront qu'il eſt auſſi impolitique que peu généreux à certains Etats de ſoumettre leurs voiſins à des droits exceſſifs ; puiſque l'effet naturel de cette conduite doit être de les engager à chercher d'autres routes pour leur commerce étranger. Mais la voix paiſible de la raiſon qui parle pour un intérêt général & conſtant, eſt trop ſouvent étouffée dans les réſolutions des Corps politiques auſſi bien que des individus, par les clameurs d'une impatiente avidité pour un gain actuel & immodéré.

La néceſſité d'une autorité qui ſurveille le commerce reſpectif des Etats confédérés, a été démontrée par d'autres exemples que le nôtre. Dans la Suiſſe dont l'Union eſt formée par de ſi foibles liens, chaque Canton eſt obligé de donner paſſage aux marchandiſes importées dans un autre Canton ſans augmentation de droits. En Allemagne, une loi de l'Empire défend aux princes & Etats d'établir des droits ou péages ſur les ponts, rivières ou paſſages, ſans le conſentement de l'Empereur & de la Diéte ; il eſt vrai que dans ce cas comme dans beaucoup d'autres, les loix de la Confédération y ont été ſouvent enfreintes, & il en eſt réſulté des malheurs que préviendra parmi nous la Conſtitution nouvelle. La Confédération des

Pays-Bas-Unis défend à ses membres d'établir des impôts désavantageux à leurs voisins sans sa permission générale.

Le pouvoir relatif au commerce avec les Indiens a été avec raison dégagé de deux limitations établies par les articles de sa Confédération & qui rendoient la disposition qui les contenoit, obscure & contradictoire. Ce pouvoir étoit restreint aux Indiens qui n'étoient membres d'aucun Etat, & ne devoit violer ou enfreindre les droits législatifs d'aucuns des Etats, dans les bornes de son territoire. On n'a point encore fixé quels sont les Indiens qui doivent être regardés comme membres d'un Etat, & cette question a été dans les Assemblées fédérales, une source inépuisable d'incertitudes & de querelles : & l'on ne peut comprendre comment le commerce avec des Indiens non membres d'un Etat, quoique résidant dans les limites de sa jurisdiction, pourroit être réglé par une autorité extérieure, sans empiéter sur le pouvoir législatif intérieur de cet Etat. Ce n'est pas le seul cas où par les articles de la Confédération on ait cherché à réaliser des choses impraticables, à accorder une souveraineté partielle dans l'Union, avec une souveraineté absolue dans les Etats, enfin, au mépris d'une regle de mathématique, à ôter une partie & laisser subsister le tout.

Il suffit d'observer, au sujet du pouvoir de battre monnoie, d'en régler la valeur, ainsi que celle de la monnoie étrangère, que par cette dernière clause la Constitution a remédié à une importante omission des articles de la Confédération qui ne donnent au Congrès actuel que le droit de fixer la valeur de la monnoie frappée par lui ou par les Etats. Il est évident que l'uniformité proposée dans la valeur de la monnoie courante, seroit détruite si celle de la monnoie étrangère étoit soumise aux différens réglemens des différens Etats.

La punition des contrefacteurs des effets publics, comme de la monnoie courante, doit dépendre de l'autorité qui en fixe la valeur.

Le pouvoir de déterminer les poids & mesures étoit établi par les articles de la Confédération & a été maintenu par des considérations semblables.

Les différences dans les loix sur la naturalisation ont déjà depuis long-temps été remarquées comme un défaut dans notre systême politique : elles peuvent faire naître des questions délicates & embarrassantes. Le quatrième article de la Confédération, porte « que les habitans libres de chacun » des Etats, en exceptant les pauvres, les vagabons, » ceux qui ont échappé à la justice, auront droit

» à toutes les immunités & privileges des Citoyens » libres dans tous les Etats, & que le Peuple de » chaque Etat jouira dans tous les autres de tous » les privileges du négoce & du commerce », &c. Ces expressions sont d'une obscurité singulière. Pourquoi dans une partie de l'article, trouvons-nous le terme d'habitans libres? dans un autre, celui de Citoyens libres, enfin celui de Peuple? Qu'a-t-on voulu dire en ajoutant tous les privileges & immunités des Citoyens libres; & ensuite tous les privileges du négoce & du commerce? c'est ce qu'il n'est pas aisé de déterminer. Le sens de cet article semble être, que ceux qui sont compris sous la dénomination d'habitans libres d'un Etat, quoiqu'ils n'en soient pas Citoyens, auront droit dans tous les autres Etats à tous les privileges dont y jouissent les Citoyens libres; c'est-à-dire, à des privileges plus étendus que dans leur propre Etat. Ainsi tout Etat particulier peut & doit conférer les droits de Citoyen dans les autres Etats, non-seulement à ceux qui en jouissent dans leur territoire, mais encore à tous ceux à qui ils permettent de l'habiter. Mais quand même par l'interprétation du mot *habitans*, on pourroit restreindre les privileges en question aux Citoyens seuls, la difficulté ne seroit que diminuée, sans être écartée. Chaque Etat conferveroit toujours contre toute raiſon, le pouvoir de naturaliſer des étrangers dans tous les autres. Dans un Etat, une réſidence courte confère les droits de Citoyen; dans un autre, des conditions plus eſſentielles ſont requiſes. Un étranger frappé d'une incapacité légale d'acquérir certains droits dans le dernier, éluderoit l'effet de ſon incapacité par une réſidence de quelque temps dans le premier. Ainſi un Etat verroit dans l'étendue même de ſa juriſdiction, les loix d'un Etat voiſin l'emporter ſur les ſiennes. Si nous avons échappé à cet égard à des difficultés très-ſérieuſes, c'eſt le pur effet du haſard. Il eſt quelques Etats où certains étrangers qui ſe ſont rendus odieux, ne peuvent jamais acquérir non-ſeulement les droits de Citoyen, mais même le droit de réſidence. Qu'arriveroit-il, ſi quelqu'un de ces étrangers après avoir acquis, ſoit par réſidence, ſoit autrement, les droits de Citoyen, d'après les loix d'un autre Etat, venoit faire valoir en conſéquence ſes prétentions au droit de réſidence & aux droits de Citoyen dans l'état qui le proſcrit? Quelques conſéquences légales que pût avoir un ſemblable événement, il pourroit en entraîner d'autres trop ſérieuſes pour ne pas s'occuper de les prévenir. C'eſt donc avec raiſon que la Conſtitution propoſée remédie par une diſpoſition nouvelle à cet inconvénient, ainſi qu'à tous ceux qui pourroient réſulter de l'article que nous diſcutons, en établiſſant une regle uniforme de naturaliſation dans les Etats-Unis.

Le pouvoir d'établir des loix uniformes ſur les banqueroutes, eſt ſi intimément lié avec le commerce, il doit prévenir tant de fraudes, dans tous les cas où les parties ou leurs propriétés ſeroient ou ſe tranſporteroient dans des Etats diffens, qu'il ſemble qu'on n'en puiſſe révoquer en doute l'utilité.

Le pouvoir de fixer les loix générales qui déterminent la forme des actes & regiſtres publics, des procédures judiciaires, & l'effet qu'elles doivent avoir dans les autres Etats, n'étoit pas établi par les articles de la Confédération. La diſpoſition qui s'y trouvoit, n'avoit pas un ſens aſſez précis, & quelqu'interprétation qu'on pût lui donner, auroit été inſuffiſante. Le pouvoir établi par la Conſtitution peut être d'un grand ſecours pour l'adminiſtration de la juſtice, & l'effet doit en être principalement utile ſur les confins des Etats contigus, où les effets qui ſe trouvent ſous le pouvoir de la juſtice, peuvent être promptement & ſecrétement tranſportés ſur le territoire d'une juriſdiction étrangère.

Le pouvoir de faire des routes de poſte ne peut

entraîner aucun danger, & ſagement exercé, peut devenir une ſource de proſpérité. Rien de ce qui tend à faciliter la communication entre les Etats n'eſt indigne des ſoins publics.

CHAPITRE XLIII.

Continuation du même Sujet.

LA quatrième claſſe contient les pouvoirs ſuivans :

1°. « D'encourager le progrès des ſciences & des arts utiles, en aſſurant pour un temps limité, aux Auteurs & Inventeurs, le droit excluſif de diſpoſer de leurs écrits ou de leurs découvertes ».

L'utilité de ce pouvoir eſt évidente. Le droit des Auteurs ſur leurs manuſcrits a été ſolemnellement reconnu d'après le droit commun en Angleterre. Les inventions utiles ſemblent par la même raiſon appartenir aux inventeurs. Le bien public s'accorde à cet égard avec l'intérêt des individus. Les Etats ne peuvent ſéparément faire de diſpoſitions efficaces pour l'un ou l'autre de ces deux cas, & pluſieurs d'entr'eux ont prévenu la déciſion à cet égard par des loix copiées ſur celles du Congrès.

2°. « D'exercer un droit de Légiſlation excluſif dans tous les cas poſſibles, ſur tout diſtrict,

(n'excédant pas dix mille carrés) qui deviendra par la cession de quelques Etats particuliers & le consentement du Congrès, la résidence du Gouvernement des Etats-Unis, & d'exercer la même autorité sur toutes les places achetées avec le consentement de la Législature de l'Etat où elles seront situées, à l'effet d'y construire des forts, magasins, arsenaux, chantiers & autres édifices essentiels ».

L'indispensable nécessité d'accorder au Gouvernement une autorité complette dans le lieu de sa résidence, n'a pas besoin d'être démontrée. Toutes les Législatures de l'Union, je pourrois dire de l'univers, exercent ce pouvoir comme une conséquence de leur suprématie générale. Sans cela, non-seulement l'autorité publique pourroit être insultée & sa marche interrompue ; mais la dépendance où les Membres du Gouvernement se trouveroient vis-à-vis de l'Etat où seroit le lieu de sa résidence, le besoin qu'ils auroient d'être protégés par lui dans l'exercice de leurs fonctions, exposeroient le Corps législatif au reproche de frayeur ou de séduction, aussi déshonorant pour lui que propre à indisposer les autres Membres de la Confédération : de plus le rassemblement successif des établissemens publics autour du Gouvernement, deviendroit un gage public trop important pour rester entre les mains d'un seul Etat, & en multipliant les obstacles à son changement de place, lui ôteroit encore de l'indépendance qui lui est nécessaire. Le peu d'étendue du district fédéral, suffit pour dissiper la crainte contraire. Au reste le district destiné à devenir le siége du Gouvernement, ne sera consacré à cet usage qu'avec le consentement de l'Etat qui le cédera, & cet Etat dans la Convention qu'il fera à cet égard, ne manquera sûrement pas d'assurer les droits & de consulter le vœu des habitans, qui de leur côté auront assez d'intérêt à cette cession pour y accéder volontairement ; ils auront leurs voix dans l'élection des Membres du Gouvernement auquel ils obéiront, ils auront pour leurs besoins locaux, une Législature municipale nommée par leurs suffrages ; enfin le droit que la Législature d'un Etat aura de faire la cession dont il s'agit & le droit que les habitans de la portion cédée auront de la ratifier, résultera du consentement général de tous les habitans de cet Etat, qu'ils auront exprimé en adoptant la Constitution : toute objection à cet égard est donc prévenue.

La nécessité d'une autorité semblable sur les forts, magasins, &c. établis par le Gouvernement général, n'est pas moins palpable. L'argent du trésor public avec lequel ils ont été construits, la propriété publique qui y est déposée, ne permettent pas de les laisser sous l'autorité d'un Etat particulier, & les places d'où dépend la sûreté de l'Union ne doivent pas être sous la garde d'un seul de ses Membres. La disposition qui exige le consentement des Etats intéressés, pour tout établissement de cette nature, prévient toute difficulté.

3°. « De déclarer la peine de la trahison ; mais aucun *Bill d'attainder* pour trahison, n'emportera ni infamie, ni confiscation, que pour la vie de la personne condamnée ».

Comme le crime de trahison peut être dirigé contre les Etats-Unis, il faut que le Gouvernement des Etats-Unis ait le pouvoir de le punir ; mais la possibilité de créer & de supposer de nouveaux genres de trahison, est une arme dangereuse dont les factions qui naissent presque toujours dans un Etat libre peuvent se servir pour assouvir leur haine ou exercer leurs violences, & la Convention a sagement opposé une barrière à ce danger, en insérant dans la Constitution une définition précise de ce crime, en fixant la preuve nécessaire pour en opérer la conviction, & défendant au Congrès même lorsqu'il prononcera la peine, d'en étendre l'effet au-delà de la personne du coupable.

4°. « D'admettre de nouveaux Etats dans l'Union, mais aucun nouvel Etat ne pourra être formé ou

établi

établi dans la jurifdiction d'un autre Etat, ni aucun Etat ne pourra être formé par la réunion de deux ou plus d'Etats, ou de partie d'Etat fans le confentement des Légiflatures des Etats intéreffés, auffi-bien que du Congrès ».

Les articles de la Confédération ne contenoient aucune difpofition à cet égard. Le Canada s'uniffant aux mefures des Etats-Unis devoit être de droit admis dans la Confédération, & les autres Colonies, (par ce mot on défignoit évidemment les Colonies angloifes) avec le confentement de neuf Etats. Les rédacteurs de cet acte femblent ne s'être pas occupés de la poffibilité de l'établiffement de nouveaux Etats. Nous avons vu l'inconvénient de cette omiffion & l'ufurpation de pouvoir à laquelle elle a conduit le Congrès. C'eft avec raifon, que la nouvelle Conftitution répare cet oubli. La difpofition générale qui porte qu'il ne fera point formé de nouveaux Etats fans le confentement du Gouvernement fédéral & des Etats intéreffés, eft conforme aux principes qui doivent décider les affaires de cette nature. Les deux difpofitions particulières qui portent qu'il ne fera jamais formé plufieurs Etats par la divifion d'un feul, ou un feul par la réunion de plufieurs, fans leur confentement, doit tranquillifer à la fois les plus grands & les plus petits.

5°. « De disposer du territoire ou autre propriété appartenant aux Etats-Unis. & de faire à cet égard, tous les réglemens & dispositions nécessaires; & rien dans cette Constitution ne pourra être interprété de manière à porter préjudice aux droits des Etats-Unis, ou d'aucun Etat en particulier ».

Ce pouvoir est d'une grande importance & doit être admis par les mêmes considérations que le précédent. La réserve qui s'y trouve unie, sage en elle-même, étoit vraisemblablement nécessitée par les craintes & les contestations, assez connues du public, qui s'étoient élevées relativement au territoire de l'Ouest.

6°. « Les Etats-Unis sont encore chargés de garantir à tous les Etats de l'Union la forme de Gouvernement républicain, de les défendre de toute invasion & à la réquisition du pouvoir législatif ou du pouvoir exécutif, quand le pouvoir législatif ne pourra être convoqué, de toute violence domestique ».

Dans une Confédération fondée sur des principes républicains & composée d'Etats républicains, le Gouvernement fédéral doit évidemment avoir le pouvoir de défendre le système général contre les innovations aristocratiques ou monarchiques. Plus l'Union est intime, plus chaque membre a d'intérêt aux institutions politiques de tous les autres & de droit d'exiger que la forme de Gouvernement existante à l'époque du contrat, soit solidement maintenue. Mais un droit suppose nécessairement un moyen de l'exercer ; & où ce moyen seroit-il déposé, si ce n'est où la Constitution l'a placé ? Des Gouvernemens dont le principe & les formes sont hétérogènes, sont moins propres à former une coalition fédérative quelconque, que s'ils étoient homogènes. « La république fédérative d'Allemagne, dit Montesquieu, est composée de villes libres & de petits Etats soumis à des princes. L'expérience fait voir qu'elle est plus imparfaite que celle de Hollande ou de Suisse ». « Tout fut perdu en Grece ajoute-t-il, lorsque les Rois de Macédoine obtinrent une place parmi les Amphictions ». Dans le dernier cas, on ne peut douter que la force disproportionnée du nouveau membre de la Confédération n'ait eu autant de part aux événemens que la forme de son Gouvernement. On demandera peut-être quelle peut être l'utilité de cette précaution & si elle ne pourra pas devenir un prétexte pour faire des changemens dans les Gouvernemens des Etats, sans leur consentement. Il est aisé de répondre à ces questions. S'il n'arrive pas d'événemens qui rendent l'intervention du Gouvernement général nécesſaire, la diſpoſition qui les prévoit ne ſera dans la Conſtitution qu'une ſuperfluité ſans danger; mais qui pourroit prévoir les effets des caprices des Etats particuliers, de l'ambition & de l'audace de ceux qui les gouverneront, des intrigues & de l'influence étrangère ? A la ſeconde queſtion on peut répondre, que ſi le Gouvernement général intervient en vertu de ſon autorité conſtitutionnelle, il ne pourra agir que d'après elle. Mais cette autorité ne s'étend qu'à la garantie de la forme du Gouvernement républicain, qui en ſuppoſe l'exiſtence antérieure. Ainſi tant que les Etats conſerveront la forme républicaine, elle leur ſera garantie par la Conſtitution fédérale : s'ils veulent y ſubſtituer de nouvelles formes républicaines, ils en ont le droit, & pourront réclamer pour celle qu'ils auront adoptée, la garantie fédérale. Le ſeul pouvoir qu'ils perdent, eſt celui d'adopter une Conſtitution qui ne ſeroit pas républicaine, & c'eſt un pouvoir que ſans doute on ne regrettera pas pour eux.

La défenſe contre les invaſions eſt une dette de la ſociété envers ſes membres. La latitude de l'expreſſion qu'on trouve ici, ſemble aſſurer chaque Etat non-ſeulement contre toute hoſtilité étrangère, mais auſſi contre l'ambition ou la vengeance d'un voiſin plus puiſſant. L'exemple des Confédérations anciennes & modernes diſpoſe à croire que les plus foibles membres de la Confédération doivent ſentir la ſageſſe de cet article.

C'eſt avec autant de raiſon qu'on a ajouté la défenſe contre les violences domeſtiques. Parmi les Cantons Suiſſes qui, à proprement parler, ne ſont pas réunis ſous un ſeul Gouvernement, il exiſte une diſpoſition pour cet objet, & l'hiſtoire de leur Confédération nous apprend que des ſecours mutuels ont été ſouvent invoqués & accordés. Un événement récent & bien connu nous prépare à voir ces exemples ſe reproduire parmi nous.

Au premier aſpect il paroîtroit abſurde, d'après les principes républicains, de ſuppoſer ou que la majorité n'a pas le droit, ou que la minorité peut avoir la force de ſubvertir un Gouvernement, & que conſéquemment l'intervention fédérale ne peut être requiſe que dans un cas où elle auroit un effet injuſte. Mais ici, comme ſouvent, les raiſonnemens de la théorie doivent être modifiés par les leçons de l'expérience. Des complots criminels pour l'exécution de quelque violence ne peuvent-ils pas être formés par la majorité d'un Etat, ſur-tout s'il eſt petit, comme par la majorité d'un comté ou d'un diſtrict du même Etat? Et ſi l'autorité de l'Etat doit dans le dernier cas protéger les magiſtrats locaux, le pouvoir fédéral ne doit-il pas dans le premier ſoutenir l'autorité légale de l'Etat? En outre il eſt certaines parties des Conſtitutions des Etats qui ſont tellement liées à la Conſtitution fédérale, qu'il eſt impoſſible de frapper l'une ſans bleſſer l'autre. Des inſurrections dans un Etat néceſſiteront rarement l'intervention fédérale, à moins que le nombre de ceux qui y ont part, n'approche juſqu'à un certain point de celui des défenſeurs du Gouvernement. Alors il vaudra bien mieux que la violence ſoit réprimée par un pouvoir ſupérieur, que de laiſſer la majorité ſoutenir ſa cauſe par de longs & ſanglans débats. L'exiſtence du droit d'intervention préviendra généralement la néceſſité de l'exercer.

Eſt-il vrai que la force & le droit ſoient néceſſairement du même côté dans les Gouvernemens républicains? La minorité ne peut-elle pas avoir une ſupériorité acquiſe par des reſſources pécuniaires, par les talens ou l'expérience militaires ou par de ſecrets ſecours des puiſſances étrangères, qui lui aſſureroient l'avantage même dans le cas d'un appel à la force? Plus d'union, une ſituation plus avantageuſe ne peuvent-ils pas lui donner la victoire ſur un nombre ſupérieur à qui ſa poſition ne permettroit pas d'agir avec autant de promptitude & de concert ? Il seroit absurde d'imaginer que dans l'épreuve de deux forces rivales, la victoire puisse être décidée par les regles qu'on suit dans un dénombrement, ou qui font le sort d'une élection. Enfin ne peut-il pas arriver, qu'une minorité de Citoyens puisse devenir une majorité d'hommes par le renfort d'une certaine quantité d'habitans étrangers, par le concours accidentel de quelques aventuriers ou de ceux que la Constitution de l'Etat n'admet pas aux droits de suffrages ? Je ne parle pas de cette malheureuse classe d'individus, nombreux dans quelques Etats, qui durant le calme d'un Gouvernement régulier, abaissés au-dessous de la qualité d'hommes, peuvent se relever au milieu des scènes orageuses de la guerre civile, & donner l'avantage de la force au parti auquel ils s'uniront.

Lorsqu'on peut douter de quel côté est la justice, quels meilleurs arbitres peut-on désirer entre deux factions violentes, dont les sanglans débats déchirent le sein d'un Etat, que les Représentans des Etats confédérés, qui ne sont point échauffés par l'animosité locale ? A l'impartialité de juges ils uniront l'affection d'amis. Il seroit bien heureux que tous les Gouvernemens libres eussent ce remède dans leurs maux, & qu'un moyen aussi efficace pût assurer la paix du genre-humain.

Si l'on demande quelle sera la digue qu'on pourra opposer à une insurection qui parcourroit tous les Etats, & qui sans un droit constitutionnel, se trouveroit armée d'une supériorité de force effective; je répondrai qu'heureusement un mal de cette nature est aussi peu dans les probabilités humaines, que le remède est au-dessus des connoissances humaines. Pour que la Constitution fédérale mérite notre approbation, il lui suffit d'avoir diminué les dangers d'un malheur auquel nulle Constitution ne pourroit remédier.

Parmi les avantages des républiques fédératives indiqués par Montesquieu, l'un des plus importans est que, « s'il arrive quelque sédition chez l'un des Membres confédérés, les autres peuvent l'appaiser. Si quelques abus s'introduisent quelque part, ils sont corrigés par les parties saines ».

7°. « Le Congrès considérera toutes dettes & engagemens contractés avant l'adoption de cette Constitution comme aussi valides contre les Etats-Unis sous cette Constitution que sous la précédente Confédération ».

Ceci ne peut être considéré que comme une proposition déclaratoire & indépendamment des autres motifs a peut-être été inséré pour la tranquillité des créanciers étrangers des Etats-Unis, qui n'ont pu ignorer le systême de quelques hommes qui prétendent qu'un changement dans la forme politique d'une société civile a l'effet magique de dissoudre ses engagemens moraux.

Parmi les moins importantes critiques dirigées contre la Constitution, on a remarqué que la validité des engagemens auroit dû être assurée en faveur des Etats-Unis, aussi-bien que contr'eux. On peut répondre aux auteurs de cette découverte, ce que peu de gens ignorent : c'est que les engagemens étant réciproques par leur nature, en assurer la validité d'un côté, c'est par une conséquence nécessaire, l'assurer aussi de l'autre, & que l'article étant purement déclaratoire, le principe établi dans un cas s'étend à tous les autres. On peut leur dire encore, qu'une Constitution ne doit prévoir que les dangers réels, & qu'on ne peut craindre sérieusement que le Gouvernement, avec ou même sans déclaration constitutionnelle qui lui indique sa marche, ose remettre des dettes légitimement contractées envers la Nation, sous le prétexte de la prétendue omission dont il s'agit.

8°. « Le Congrès pourra faire des amendemens qui devront être ratifiés par les trois quarts des Etats, & ce droit ne sera soumis qu'à deux exceptions ».

On a dû prévoir que l'expérience indiqueroit des changemens utiles. Il falloit déterminer la manière de les effectuer. La forme adoptée à cet égard par la Convention, semble prévenir toutes les objections, elle préserve également & de cette extrême facilité qui rendroit la Constitution trop peu stable, & de cette difficulté insurmontable qui perpétueroit ses défauts reconnus. Elle met & le Gouvernement général, & ceux des Etats, à portée de corriger les erreurs à mesure qu'elles seront manifestées par l'expérience. L'exception en faveur de l'égalité de suffrages dans le Sénat, a été admise comme le Palladium de la souveraineté laissée aux Etats, souveraineté reconnue & assurée par ce principe de représentation dans une des branches de la Législature : vraisemblablement, elle a été exigée par les Etats, qui sont particulièrement attachés à cette égalité. Les droits mentionnés dans la seconde exception, y sont sans doute garantis & maintenus par les mêmes raisons qui les ont fait admettre.

« La ratification des Conventions de neuf Etats, sera suffisante pour l'établissement de cette Constitution parmi les Etats qui la ratifieront ainsi ».

L'article parle de lui-méme. La ratification expresse du Peuple peut seule donner à la Constitution la validité nécessaire. Requérir le consentement des treize Etats, c'eut été ſoumettre les plus grands intérêts de la ſociété générale aux caprices ou à la corruption d'un ſeul membre. C'eut été dans la Convention un défaut de prévoyance que notre expérience eût rendu inexcuſable.

Deux queſtions très-délicates ſe préſentent à cette occaſion; 1°. d'après quels principes la Confédération qui étoit un contrat ſolemnel paſſé entre les Etats, a-t-elle pu être détruite ſans le conſentement unanime de tous ceux entre leſquels elle avoit été formée? 2°. Quels ſeront les rapports qui exiſteront entre les Etats qui auront ratifié la Conſtitution, s'ils ſont neuf ou plus, & ceux qui n'y auront pas accédé?

On répond à la première queſtion, par la néceſſité, par l'intérêt de notre conſervation, par cette loi ſuprême qui décide que la ſûreté & le bonheur de la ſociété ſont le but où tendent toutes les inſtitutions politiques, & auquel elles doivent toutes être ſacrifiées. Peut-être auſſi peut-on trouver une réponſe dans les principes mêmes du contrat dont il s'agit. Parmi les reproches faits à la Confédération, on a remarqué que dans pluſieurs Etats, elle n'avoit reçu d'autre confirmation, que la ratification de la Légiſlature. L'équité prononce que l'obligation des autres Etats ne peut être plus forte. Un contrat entre des souverains indépendans, fondé sur des actes du pouvoir législatif, ne peut avoir plus de validité qu'une ligue ou un traité entre des Nations distinctes. C'est un principe reconnu en matière de traités, que tous les articles sont réciproquement conditions l'un de l'autre ; l'infraction d'un article, est une infraction de tout le traité : une infraction commise par l'une des parties dégage toutes les autres, & les autorise à prononcer s'il leur plaît, que le contrat est rompu & annulé. S'il étoit nécessaire de recourir à ces vérités délicates pour justifier une dissolution du pacte fédéral sans le consentement de tous les Etats, ne seroit-il pas difficile aux parties plaignantes de se disculper des nombreuses & importantes infractions qu'on pourroit leur reprocher ? Il fut un temps où il étoit bien important pour nous de jetter un voile sur les idées que contient ce paragraphe. Mais la scène a changé, & les mêmes motifs nous prescrivent une autre conduite.

La seconde question n'est pas moins délicate ; & l'espérance flatteuse qu'elle sera purement hypothétique, défend de se livrer à cet égard à une discussion superflue. C'est une de ces circonstances où il faut laisser les choses s'arranger d'elles-mêmes. On peut observer en général, que s'il n'existe plus de relations politiques entre les Etats qui accepteront la Constitution & ceux qui la refuseront, du moins les relations morales ne seront point effacées. Les loix de la justice, des deux côtés, seront toujours en vigueur, & devront être observées; les droits de l'humanité doivent dans tous les cas être scrupuleusement & mutuellement respectés; tandis que l'intérêt commun, & par-dessus tout le souvenir de tout ce qui doit nous rendre chers les uns aux autres, prévenant les effets d'une Union qui bientôt triomphera de tous les obstacles, inspirera aux uns la modération, aux autres la prudence.

CHAPITRE XLIV.

Continuation & fin du même Sujet.

UNE cinquième classe de dispositions en faveur de l'autorité fédérale, est formée par les restrictions suivantes faites par la Constitution à l'autorité des différens Etats.

1°. « Aucun des Etats de l'Union ne pourra conclure aucun traité, alliance ou confédération, accorder des lettres de marque ou de représailles, battre monnoie, créer des billets de crédit, autoriser le paiement des dettes avec d'autres signes représentatifs que l'or & l'argent, passer aucun bill *d'attainder*, aucune loi dont l'effet soit rétroactif, ou aucune loi portant atteinte aux obligations résultantes des contrats, ni accorder aucun titre de noblesse ».

La prohibition des traités, alliances & confédérations fait partie des articles de l'Union actuelle ; il est inutile de détailler les motifs qui l'ont fait adopter dans la nouvelle. La prohibition des lettres de marque est encore une partie de l'ancien systême, à laquelle on a donné un peu plus d'étendue dans le nouveau. Les Etats pouvoient accorder des lettres de marque après une déclaration de guerre : par la Constitution nouvelle, le Gouvernement des Etats-Unis en a seul le droit avant comme après la déclaration ; ce changement est utile. On ne sauroit trop apprécier les avantages de l'uniformité sur tous les objets qui regardent les puissances étrangères & d'une responsabilité immédiate vis-à-vis de la Nation, sur toutes les choses dont la Nation elle-même est responsable.

La Constitution nouvelle ôte aux Etats le droit de battre monnoie : la Confédération existante leur permet de l'exercer concurremment avec le Congrès, en réservant exclusivement à celui-ci le droit d'en fixer le titre & la valeur. Ce droit laissé aux Etats n'a d'autre effet que de multiplier des établiſſemens diſpendieux & de diverſifier le poids & les formes des pièces de monnoies en circulation, inconvénient qui détruit entièrement l'objet pour lequel ce pouvoir a été originairement donné au Congrès. Si l'on trouve de l'inconvénient à envoyer l'or & l'argent pour la refonte à une ſeule monnoie centrale, le Congrès pourra y remédier en établiſſant des monnoies particulières.

La prohibition des bills de credit doit plaire à tout Citoyen qui aime la juſtice & qui connoît les vraies ſources de la proſpérité publique. Les pernicieux effets du papier-monnoie créé en Amérique depuis la paix, la perte de cette confiance ſi néceſſaire entre les individus, de la confiance ſi néceſſaire dans les aſſemblées repréſentatives, de l'induſtrie & des mœurs du Peuple, enfin du caractère républicain, impoſent aux Etats coupables de cette faute, une dette énorme qu'ils ne pourront acquitter de ſitôt ; ce crime ne peut être expié que par un ſacrifice volontaire & juſte du pouvoir qui en a été l'inſtrument. Indépendamment de ces conſidérations puiſſantes, on peut obſerver que les mêmes raiſons qui font refuſer aux Etats le pouvoir de fixer la valeur de la monnoie, doivent empêcher de leur donner le droit d'y ſubſtituer du papier. Si chaque Etat avoit le droit de régler la valeur de ſa monnoie, il y auroit autant de différentes valeurs qu'il y a d'Etats, & ainsi tout commerce entr'eux seroit arrêté. Un Etat pourroit donner un effet rétroactif aux changemens faits dans la valeur de sa monnoie & faire tort par cette opération à des Citoyens d'autres Etats, ce qui feroit naître des animosités dangereuses. Des individus sujets de puissances étrangères, pourroient éprouver aussi l'effet de dispositions semblables, & la Confédération seroit discréditée & désunie par l'imprudence d'un seul de ses membres. Il n'est aucun de ces malheurs que le droit accordé aux Etats d'émettre du papier-monnoie, ne pût produire aussi-bien que le droit de battre monnoie. Les mêmes motifs ont déterminé la Convention à ôter aux Etats le pouvoir d'autoriser le payement des dettes avec d'autres signes représentatifs que l'or ou l'argent.

Les bills *d'attainder*, les loix dont l'effet est rétroactif, les loix qui détruisent des obligations contenues dans des contrats, sont contraires aux premiers principes de la société & à tous les principes d'une bonne Législation. Les deux premiers de ces actes sont défendus par les déclarations qui précèdent quelques-unes des Constitutions des Etats, & tous sont proscrits par l'esprit & le vrai sens de ces chartes fondamentales. Notre expérience nous a cependant appris qu'il falloit de de nouvelles précautions pour les prévenir. C'est donc avec raison que la Convention a donné un nouvel appui à la sûreté personnelle & aux droits privés ; & je suis bien trompé si en cela elle n'a aussi scrupuleusement consulté les vrais sentimens que l'intérêt certain de ses commettans. Les sages habitans de l'Amérique sont las de cette politique incertaine qui a jusqu'ici dirigé leurs Gouvernemens. Ils ont vu avec douleur & indignation que les changemens soudains & les actes du pouvoir législatif sur les objets qui intéressent les droits personnels, ne sont que des chances pour des spéculateurs hardis & sûrs de leur influence, & des piéges pour la partie la plus industrieuse & la moins instruite de la Nation. Ils ont vu que dans ces occasions, un acte du pouvoir législatif n'est que le premier anneau d'une longue chaîne, que tous ceux qui le suivent, ne sont que les conséquences d'une première faute. Ils en ont conclu sagement qu'il falloit une importante réforme dont l'effet fût d'anéantir les spéculations sur les mesures publiques, d'inspirer la prudence & l'industrie, & de soumettre les Conventions particulières à des loix certaines. La prohibition relative aux lettres de noblesse est prise des articles de la Confédération, & n'a pas besoin d'interprétation.

2°. « Aucun Etat ne pourra sans le consentement du Congrès, établir aucun impôt ou droit ſur les importations ou exportations, excepté ceux qui ſeront abſolument néceſſaires pour exécuter ſes loix d'inſpection; & le produit net de tous droits & impôts établis par aucun des Etats ſur les importations & les exportations, devra être verſé dans le tréſor des Etats-Unis: enfin toute loi ſemblable ſera ſujette à la réviſion & à la négative du Congrès. Aucun Etat ne pourra, ſans le conſentement du Congrès, établir aucun droit de tonnage, entretenir des Troupes ou des Vaiſſeaux en temps de paix, conclure aucune Convention ou Concordat avec un autre Etat, ou avec une puiſſance étrangère, ou s'engager dans une guerre, à moins qu'il ne ſoit envahi, ou dans un danger imminent qui n'admette aucun délai ».

La reſtriction du pouvoir des Etats ſur les importations & exportations, eſt fondée ſur les raiſons qui prouvent la néceſſité de laiſſer au Gouvernement fédéral le ſoin de régler le commerce. Il eſt inutile d'obſerver encore ici que par la manière dont cette reſtriction eſt modifiée, les Etats conſerveront le degré d'autorité néceſſaire pour la facilité de leurs importations ou exportations, & le Congrès n'a que le droit d'en prévenir l'abus. Les autres diſpoſitions de cette clauſe ſont ſi ſimples ou ont été examinées avec tant de ſoin, qu'il ſeroit inutile de s'y arrêter encore.

La ſixième & dernière claſſe eſt compoſée de pouvoirs & de diſpoſitions dont toutes les précédentes reçoivent leur efficacité.

1°. « Le premier de ces pouvoirs eſt celui de porter toutes les loix qui ſeront néceſſaires & convenables pour mettre à exécution les pouvoirs ci-deſſus & tous autres pouvoirs confiés par cette Conſtitution au Gouvernement des Etats-Unis ».

Peu de parties de la Conſtitution ont été attaquées avec plus de fureur, & à l'examen comme nous l'avons démontré ailleurs, il n'en eſt point qui ſoit plus à l'abri de tout juſte reproche. Sans l'exiſtence de ce pouvoir, la Conſtitution ne ſeroit qu'un vain écrit. Ainſi ceux qui ne veulent pas que cet article faſſe partie de la Conſtitution, prétendent ſeulement que ſa forme eſt vicieuſe. Mais ont-ils examiné s'il étoit poſſible de lui en donner une meilleure ?

Il reſtoit encore à la Convention quatre différens partis à prendre à ce ſujet. Elle pouvoit en copiant le ſecond article de la Confédération exiſtante, défendre l'exercice de tout pouvoir *non expreſſément* délégué ; elle pouvoit eſſayer une énumération poſitive des pouvoirs déſignés par cette expression, « nécessaires & convenables »; elle pouvoit en essayer une énumération négative en spécifiant les pouvoirs exceptés de cette désignation générale : elle pouvoit enfin garder à cet égard un silence absolu en laissant à l'interprétation à fixer les pouvoirs *nécessaires*.

Si la Constitution eut pris le premier parti & adopté le second article de la Confédération, il est évident que le nouveau Congrès se fût trouvé comme le Congrès actuel, dans l'alternative ou d'interpréter le mot *expressément* à la rigueur, & d'ôter ainsi au Gouvernement toute autorité réelle ou de lui donner une latitude qui auroit détruit toute la force de la restriction. Il seroit aisé de prouver si cela étoit nécessaire, qu'aucun pouvoir important, délégué par les articles de la Confédération, n'a été ou ne peut être exercé par le Congrès, sans invoquer plus ou moins le secours de l'interprétation. Comme les pouvoirs délégués sous le nouveau système sont plus étendus, le Gouvernement se trouvera encore plus embarrassé dans l'alternative ou de trahir l'intérêt public en restant dans l'inaction, ou d'enfreindre la Constitution en exerçant des pouvoirs nécessaires, mais non *expressément* accordés.

Si la Convention eût essayé une énumération positive des pouvoirs nécessaires pour donner de l'efficacité à tous les autres, cette épreuve eût néceſſité un Code complet de toutes les loix relatives aux ſujets ſur leſquels porte la Conſtitution, approprié non-ſeulement à l'état actuel des choſes, mais à tous les changemens que l'avenir peut produire : car dans toute application nouvelle d'un pouvoir général, les pouvoirs particuliers qui ſont les moyens de parvenir au but du pouvoir général, doivent néceſſairement changer avec lui, & il eſt ſouvent utile de les changer, même lorſque le but reſte le même.

Si elle eût tenté de compter tous les pouvoirs ou moyens particuliers qui n'étoient pas néceſſaires pour l'exercice des pouvoirs généraux, la tâche n'eût pas été moins chimérique & eût donné lieu à une objection nouvelle; en effet toute omiſſion dans l'énumération eût produit l'effet d'une attribution poſitive de pouvoir. Si pour éviter cette conſéquence, elle ſe fût bornée à une énumération partielle des exceptions, & eût déſigné tout le reſte par l'expérience de pouvoirs *non néceſſaires*, il fût arrivé que l'énumération n'eût compris qu'un petit nombre des pouvoirs exceptés, que c'eût été préciſément ceux dont l'exercice vraiſemblablement n'eût jamais pu être uſurpé & toléré, parce que dans l'énumération on eût choiſi les plus évidemment inutiles, mais dans le nombre de ceux qui n'auroient pas été ſpécialement déſignés, il eût pu s'en trouver dont l'exercice ſans aucun avantage eût entraîné des inconvéniens, & ceux-là ſe fuſſent trouvés moins ſpécialement, moins efficacement exceptés, que dans le cas où il n'y eût pas eu d'énumération partielle.

Si la Conſtitution eut gardé le ſilence ſur cet objet, il n'eſt pas douteux que tous les pouvoirs particuliers néceſſaires pour l'exercice des pouvoirs généraux, euſſent appartenu au Gouvernement par une conſéquence néceſſaire. Il n'eſt pas de principe plus univerſellement reçu par les loix & par la raiſon que celui-ci : lorſque la fin eſt reconnue néceſſaire, les moyens ſont permis ; toutes les fois que la loi confere le pouvoir général de faire une choſe, tous les pouvoirs particuliers néceſſaires pour y parvenir, ſont compris dans ſa diſpoſition. Si la Convention eût ſuivi cette dernière méthode, l'objection qu'elle éprouve aujourd'hui, lui eût été faite avec autant d'apparence de raiſon, & il en fût réſulté un inconvénient réel ; il fût reſté un prétexte dont on eût pu ſe ſervir dans des occaſions critiques, pour mettre en queſtion les pouvoirs eſſentiels du Gouvernement fédéral.

Si l'on demande ce qui arriveroit dans le cas où le Congrès, par une fauſſe interprétation de cette partie de la Conſtitution, exerçoit des pouvoirs qui ne lui sont pas attribués par son véritable sens, je répondrai qu'il en résulteroit les mêmes effets que si le Congrès par une interprétation également fausse, donnoit trop d'étendue à aucun autre des droits qui lui sont conférés; que si son pouvoir général ayant été divisé en pouvoirs particuliers, l'un d'eux eut été infidélement exercé; enfin que si les Législatures des Etats eussent passé les bornes de leur autorité constitutionnelle. En premier lieu le succès de l'usurpation dépendroit du pouvoir exécutif & du pouvoir judiciaire dont les fonctions sont d'expliquer les actes législatifs, & d'en assurer l'effet. Ensuite un second remède seroit entre les mains du Peuple qui en choisissant de plus fidèles représentans, pourroit annuler l'ouvrage des usurpateurs. Ce dernier moyen seroit bien plus sûr contre les actes inconstitutionnels de la Législature générale que de celle des Etats: en effet le Congrès ne pourroit usurper qu'en attaquant les droits des Législatures, qui seroient toujours prêtes à constater l'innovation, à réveiller les allarmes du Peuple, & à faire nommer par leur influence, d'autres membres de la Législature fédérale. Mais comme il n'y a point de Corps intermédiaire semblable entre les Législatures des Etats & le Peuple, intéressé à surveiller leur conduite, il leur sera plus aisé d'enfreindre les Constitutions des Etats, sans que leurs infractions soient remarquées ou corrigées.

2°. « Cette Constitution & les loix des Etats-Unis qui seront faites en conséquence & tous les traités conclus ou à conclure sous l'autorité des Etats-Unis, seront la loi suprême du pays, & les juges dans chaque Etat seront tenus de s'y conformer nonobstant toute disposition contraire qui se trouveroit dans la Constitution ou les loix d'un Etat ».

Le zèle indiscret des adversaires de la Constitution les a portés à attaquer même cette disposition sans laquelle tout le reste seroit évidemment & radicalement nul. Pour nous convaincre de cette vérité, supposons pour un moment que la souveraineté des Constitutions des Etats soit établie dans sa plénitude par une réserve en leur faveur.

D'abord, comme ces Constitutions investissent les Législatures des Etats d'une souveraineté absolue dans tous les cas qui ne sont pas exceptés par les articles de la Confédération existante, tous les pouvoirs contenus dans la Constitution proposée en tant qu'ils excédent ceux qui sont conférés par les articles de la Confédération, eussent été annulés & le nouveau Congrès réduit à l'état d'impuissance où nous voyons l'ancien.

Enſuite comme les Conſtitutions de quelques Etats ne reconnoiſſent pas expreſſément & pleinement les pouvoirs de la Confédération exiſtante, une diſpoſition préciſe qui établiroit la ſuprématie des Conſtitutions des Etats, rendroit incertains tous les pouvoirs conférés par la Conſtitution propoſée.

Troiſièmement comme les Conſtitutions des Etats différent à beaucoup d'égards entr'elles, il pourroit arriver qu'un traité ou une loi nationale d'une grande & d'une égale importance pour les Etats, ſe trouvât en contradiction avec quelques-unes des Conſtitutions, & s'accordât avec les autres, de ſorte qu'elle ſeroit exécutée dans quelques Etats & ſans effet par-tout ailleurs.

Enfin le monde verroit pour la première fois, un Gouvernement fondé ſur le renverſement de tous les principes fondamentaux des Gouvernemens; il verroit l'autorité de la ſociété entière ſubordonnée à l'autorité des parties qui la compoſent; il verroit un monſtre dont la tête ſeroit gouvernée par ſes membres.

3°. « Les Sénateurs & Repréſentans ci-deſſus mentionnés, & les membres des Légiſlatures des différens Etats, & tous les Officiers des pouvoirs exécutif & judiciaire, tant des Etats-Unis que des

des différens Etats, seront tenus, sous serment ou affirmation, de maintenir cette Constitution ; mais aucune preuve de religion ne sera requise pour remplir aucun office ou emploi public sous l'autorité des Etats-Unis ».

On a demandé pourquoi on avoit cru nécessaire de faire prêter serment aux Magistrats des Etats, de maintenir la Constitution fédérale, & pourquoi on n'avoit pas imposé aux officiers des Etats-Unis le même serment en faveur des Constitutions des Etats.

Parmi plusieurs raisons de cette distinction, j'en assignerai une seule qui me paroît simple & concluante. Les membres du Gouvernement fédéral ne seront jamais chargés de l'exécution des Constitutions des Etats. Les membres & officiers des Gouvernemens des Etats, au contraire, seront agens nécessaires de l'exécution de la Constitution fédérale. L'élection du Président & du Sénat dépendra dans tous les cas des Législatures des Etats. L'élection de la chambre des Représentans, également dépendante de la même autorité dans ce premier moment, sera vraisemblablement toujours dirigée par les Officiers & d'après les loix des Etats.

4°. Parmi les dispositions d'où doit résulter l'efficacité des pouvoirs du Gouvernement fédéral, peuvent être comptées celles qui regardent les pouvoirs exécutif & judiciaire : mais comme je leur réserve ailleurs un examen particulier, je n'en parlerai pas ici.

Nous avons maintenant examiné en détail tous les articles qui composent la somme du pouvoir délégué par la Constitution au Gouvernement fédéral, & nous avons prouvé qu'il n'en est aucune partie qui ne soit essentielle au maintien de l'Union. Maintenant ce pouvoir sera-t-il conféré dans son intégrité? La question se résout à savoir, si l'on doit établir un Gouvernement suffisant pour le maintien de l'Union, ou, en d'autres mots, si l'Union doit être maintenue.

CHAPITRE XLV.

Du danger supposé auquel les pouvoirs conférés à l'Union, peuvent exposer les Gouvernemens des Etats.

APRÈS avoir démontré qu'aucun des pouvoirs conférés à l'Union n'est sans nécessité ou contraire à la raison, la question qui se présente la première est celle de savoir si leur réunion peut être dangereuse pour la portion d'autorité laissée aux Etats particuliers.

Les adverſaires du plan de la Convention, au lieu d'examiner d'abord, quel degré de pouvoir étoit néceſſaire à l'exercice des fonctions du Gouvernemens fédéral, ſe ſont épuiſés à traiter une queſtion ſecondaire : ils n'ont conſidéré que les effets du pouvoir conféré par la Conſtitution, ſur les Gouvernemens des Etats particuliers. Mais ſi l'Union, comme je l'ai prouvé, eſt néceſſaire pour défendre l'Amérique des dangers extérieurs; ſi elle eſt eſſentielle pour nous défendre de la violence & de l'oppreſſion de ces factions qui mêlent tant d'amertume aux jouiſſances de la liberté, & de ces établiſſemens militaires qui finiſſent toujours par en empoiſonner la ſource; ſi, en un mot, l'Union eſt eſſentielle au bonheur du Peuple de l'Amérique, n'eſt-il pas abſurde de s'oppoſer à l'établiſſement d'un Gouvernement ſans lequel l'Union n'aura ni force ni utilité, ſous prétexte qu'il diminuera l'importance des Gouvernemens des Etats particuliers ? La révolution américaine a donc été accomplie, la Confédération américaine formée, tant de ſang a donc été verſé & tant de millions ſi péniblement acquis ont été dépenſés non pour aſſurer au Peuple de l'Amérique la paix, la liberté, la ſécurité; mais pour faire jouir quelques Etats, quelques établiſſemens particuliers d'une certaine étendue de pouvoir, de certaines dignités, de quelques attributs de la ſouveraineté? On a oſé dire dans l'ancien monde que les Peuples étoient faits pour les Rois & non les Rois pour les Peuples. Veut-on faire revivre ici ſous une autre forme, cette doctrine impie, & le vrai bonheur du Peuple ſera-t-il ſacrifié aux intérêts de quelques inſtitutions politiques? Non, nous démentirons la prédiction de ces écrivains qui ſe ſont trop preſſés de nous juger; nous n'oublierons pas que le bien public, le bonheur réel du Peuple doit être le premier objet de nos efforts; qu'un Gouvernement n'eſt bon que lorſqu'il tend à ce but. Si le plan de la Convention devoit nuire à la proſpérité générale, je dirois, rejettons le plan qui nous eſt préſenté. Si l'Union elle-même étoit incompatible avec le bonheur du Peuple, je dirois, détruiſons l'Union. De même ſi la ſouveraineté des Etats eſt contraire au bien public, tout bon Citoyen doit vouloir qu'elle ſoit ſacrifiée au bien public. Nous avons fait voir juſqu'à quel degré ce ſacrifice eſt néceſſaire. L'autorité qui reſte aux Etats eſt-elle en danger? Quels ſont les dangers qui la menacent? telle eſt la queſtion qui nous reſte à examiner.

Dans le cours de cet ouvrage, il a été préſenté quelques conſidérations qui ne permettent pas de croire que le Gouvernement fédéral puiſſe jamais devenir fatal aux Gouvernemens des Etats. Plus je réfléchis ſur ce ſujet, plus je ſuis perſuadé que ſi l'équilibre eſt jamais rompu, c'eſt du côté des Etats que penchera la balance.

Nous avons vu dans tous les exemples des Confédérations anciennes & modernes, les membres tendre à dépouiller le Gouvernement général, toujours impuiſſant pour ſe défendre. Il eſt vrai que dans la plupart de ces exemples, le ſyſtême de Gouvernement étoit aſſez différent de celui qui eſt ſoumis à notre examen, pour affoiblir conſidérablement l'induction qu'on en pourroit tirer; cependant comme les Etats, dans la Conſtitution propoſée conſerveront une portion conſidérable de ſouveraineté active, il ne faut pas croire que ces exemples nous ſoient entièrement inapplicables. Dans la ligue Achéenne, l'autorité centrale avoit à peu près la forme & l'étendue que la Convention lui donne parmi nous. La Confédération de Lycie, d'après ce qui nous a été tranſmis de ſes principes & de ſon organiſation, avoit une plus grande analogie encore avec la Conſtitution propoſée. Cependant l'hiſtoire ne nous apprend pas qu'aucune des deux ait dégénéré ou tendu à dégénérer en un Gouvernement conſolidé; au contraire nous ſavons que la ruine de l'une des deux fut cauſée par l'impuiſſance où étoit l'autorité fédérale de prévenir les diſſentions, & enfin la désunion totale des autorités subordonnées. Ces faits sont d'autant plus dignes de notre attention que les parties constituantes de ces Confédérations étoient unies par des causes extérieures plus nombreuses & plus puissantes, & qu'ainsi dans l'intérieur des nœuds moins serrés suffisoient pour lier chacun des membres à l'autorité centrale & à tous les autres membres de la Confédération.

Le systême féodal nous offre un autre exemple de la même tendance. Jamais aucun lien de sentimens ou d'intérêt commun n'unissoit les Barons avec le Peuple, & ces liens existoient quelquefois entr'eux & le Souverain, & cependant dans le conflit des autorités rivales, le succès fut souvent du côté des Barons. Si des dangers extérieurs n'eussent rendu l'harmonie & la subordination nécessaire, particulièrement si les petits souverains eussent possédé l'attachement du Peuple, les grands Royaumes de l'Europe seroient aujourd'hui partagés entre autant de Princes indépendans, qu'il y avoit anciennement de Barons feudataires.

Nous nous convaincrons que les Gouvernemens des Etats auront tout l'avantage sur le Gouvernement général, si nous les comparons quant à leur dépendance réciproque ; quant au degré d'influence personnelle ; quant aux pouvoirs constitutionnels ; quant à la prédilection & à l'appui du Peuple calculé d'après les probabilités ; enfin quant à la volonté & aux moyens de résister aux mesures de l'autorité rivale & d'en arrêter l'effet.

Les Gouvernemens des Etats peuvent être regardés comme parties constituantes & nécessaires du Gouvernement fédéral, tandis que celui-ci n'est nullement essentiel à leur organisation ou à leur action. Le Président des Etats-Unis ne peut être élu sans le concours des Législatures. Elles auront toujours grande part à sa nomination & quelquefois la détermineront seules. La chambre des Représentans même, quoiqu'immédiatement tirés du Peuple, sera le plus souvent choisie par l'influence de cette classe d'hommes que leur crédit fait nommer membres des Législatures des Etats. Ainsi les deux principales parties du Gouvernement fédéral devront plus ou moins leur existence à la faveur des Gouvernemens des Etats, & seront ainsi dans une dépendance qui les disposera plutôt à un excès de complaisance, qu'à l'usurpation. D'un autre côté les membres des Gouvernemens des Etats ne devront jamais leur nomination à l'action directe du Gouvernement fédéral & très-rarement à l'influence locale de ses membres.

D'après leur organisation, les Etat-Unis employeront un moins grand nombre de personnes que les Etats particuliers, & auront conséquemment

ment moins d'influence perſonnèlle. Le agens des pouvoirs légiſlatif, exécutif & judiciaire de treize Etats & plus ; les juges de paix, les Officiers de Milice, toutes les perſonnes employées à l'adminiſtration de la juſtice, tous les Officiers des communautés des comtés & des villes, dans un pays peuplé de plus de trois millions d'hommes, excéderont au-delà de toute meſure en nombre, les agens de tout genre de l'adminiſtration fédérale. Comparez les Membres des trois grands Départemens, dans treize Etats, (en exceptant dans le Département judiciaire, les juges de paix) avec les Membres des Départemens correſpondans dans l'adminiſtration fédérale ; comparez les Officiers de Milice de trois millions d'hommes, avec les Officiers de l'Armée & de la Marine, en ſuppoſant tels établiſſemens militaires ou navals qu'on voudra ; ſans ſortir des bornes de la probabilité, ou même de la poſſibilité, & à cet égard ſeul on ſera forcé de reconnoître la prépondérance des Etats particuliers. Si le Gouvernement fédéral a ſes Collecteurs d'impoſitions, les Gouvernemens des Etats auront auſſi les leurs. Les premiers ſeront principalement ſur les côtes & en petit nombre, tandis que les derniers en grand nombre, couvriront toute la ſurface du pays : l'avantage eſt donc toujours du même côté. Il eſt vrai que la Confédération aura & pourra exercer le pouvoir d'établir des impôts intérieurs aussi bien qu'extérieurs ; mais il est probable qu'elle n'en usera que pour des besoins extraordinaires, qu'alors même on laissera aux Etats le droit de recouvrer eux-mêmes leurs contributions, & s'il arrive que le recouvrement se fasse par l'autorité de l'Union, ce sera vraisemblablement par les officiers des Etats & conformément à leurs loix. Il est très-probable que même dans d'autres cas, par exemple, dans l'organisation du pouvoir judiciaire, l'Union confiera son autorité aux Officiers des Etats. S'il arrive que le Gouvernement fédéral nomme des Collecteurs particuliers, l'influence de leur nombre ne pourra entrer en comparaison avec celle de la multitude d'Officiers des Etats qui la contrebalanceront. Dans chaque District où se trouvera un Collecteur fédéral, il n'y aura pas moins de trente ou quarante Officiers de tout genre peut-être plus, plusieurs distingués par leur place & leur mérite personnel & dont l'influence combattra en faveur des Etats.

Les pouvoirs que la Constitution délégue au Gouvernement fédéral, sont en petit nombre & bornés. Ceux qui resteront aux Etats sont nombreux & illimités. Les premiers s'exerceront principalement sur des objets extérieurs, comme la guerre, la paix, les négociations, le commerce étranger sur lequel est fondée la plus grande partie du pouvoir d'imposer, qu'exercera l'Union. Les pouvoirs réservés aux Etats s'étendront à tous les objets, qui, dans le cours ordinaire des événemens intéressent la vie, la liberté, la propriété des Citoyens, l'ordre intérieur, les progrès, la prospérité de l'Etat.

Les fonctions du Gouvernement fédéral seront étendues & importantes en temps de guerre & dans les dangers; celles des Gouvernemens particuliers dans les temps de paix & de tranquillité, & cet Etat sera vraisemblablement le plus fréquent. Ainsi en donnant au Gouvernement fédéral des pouvoirs suffisans pour la défense de la Nation, on éloignera les dangers à la faveur desquels il pourroit s'élever au-dessus des Gouvernemens des Etats.

La Constitution donne moins à l'Union de nouveaux pouvoirs, qu'elle ne met en vigueur ceux qu'elle avoit dans le principe. Celui qu'elle aura sur le commerce, est nouveau à la vérité, mais excite peu de réclamations, & ne peut faire naître d'appréhensions. Les pouvoirs relatifs à la guerre & à la paix, à l'armée & à la flotte, aux traités & aux finances, d'autres encore qui sont au nombre des plus importans, sont donnés au Congrès par les articles de la Confédération. Le changement proposé, sans en accroître l'étendue, établit un moyen plus efficace de les exercer. Le changement relatif à l'impôt, peut être regardé comme le plus important : & cependant le Congrès actuel a le pouvoir le plus absolu de requérir des Etats, des secours illimités en argent pour la défense commune & la prospérité générale ; le nouveau Congrès aura le même droit vis-à-vis des individus qui ne seront pas plus obligés que ne sont les Etats, à acquitter les contributions auxquelles ils seront taxés. Si les Etats eussent ponctuellement obéi aux articles de la Confédération, ou si leur obéissance eût pu être forcée par des moyens aussi paisibles que ceux qu'on peut employer vis-à-vis des individus, les Gouvernemens des Etats auroient-ils perdu leurs pouvoirs constitutionnels, & auroient-ils subi une consolidation complette? Soutenir que cela fût arrivé, ce seroit dire que les Gouvernemens des Etats sont incompatibles avec les fonctions nécessaires à l'Union.

CHAPITRE XLVI.

Continuation du même Sujet ; examen des moyens d'influence du Gouvernement fédéral comparé avec ceux des Etats.

JE reprends le ſujet du précédent chapitre, & je vais examiner ſi c'eſt le Gouvernement fédéral, ou ſi ce ſont les Gouvernemens des Etats qui doivent le plus compter ſur la prédilection & l'appui du Peuple. Quels que ſoient les différens modes de la nomination de leurs membres, nous devons les regarder l'un & l'autre comme réellement dépendans de la Nation dont ils ne ſont que des agens & des délégués, revêtus de différens pouvoirs & chargés de fonctions diverſes. Les adverſaires de la Conſtitution ſemblent perdre entièrement de vue le Peuple, dans leurs raiſonnemens à cet égard & conſidérer les Gouvernemens dont il s'agit, comme des rivaux & des ennemis travaillant chacun de leur côté à uſurper leur autorité réciproque, ſans aucun pouvoir ſupérieur qui les ſurveille & arrête leurs efforts. Qu'ils ſortent d'erreur & ſachent que quelque part que ſe trouve l'autorité déléguée, l'autorité primitive réſide dans le Peuple ſeul ; que l'adreſſe ou l'ambition relative des différens Gouvernemens ne ſuffit pas pour étendre l'autorité de l'un aux dépens d e l'autre. C'eſt des ſentimens & de la volonté de leurs commettans, que dépendra toujours l'événement.

Quelques conſidérations, indépendamment de celles qui ont été indiquées dans une autre occaſion, ſemblent prouver que le premier & le plus naturel attachement de chaque Citoyen ſera pour l'Etat auquel il appartiendra; un plus grand nombre d'individus pourra eſpérer d'avoir part à l'adminiſtration des Etats. Ils auront à donner plus de places & d'émolumens. Les intérêts domeſtiques & particuliers du Peuple feront confiés à leurs ſoins. Le Peuple ſera plus familiariſé avec les affaires qu'ils traiteront, & en connoîtra mieux les détails. Les membres de ces Gouvernemens particuliers ſeront unis avec un grand nombre de Citoyens par des liens de relations perſonnelles & d'amitié, ou des attachemens de famille & de parti; la faveur populaire ſera donc de leur côté.

L'expérience vient à cet égard à l'appui du raiſonnement. L'adminiſtration fédérale, quoique juſqu'ici défectueuſe en comparaiſon de ce qu'elle doit être ſous un meilleur régime, eut durant la guerre & ſur-tout tant que ſon papier-monnoie fut en crédit, autant d'importance & d'activité qu'elle en aura jamais. Le Congrès étoit occupé d'une ſuite de meſures, dont l'objet étoit de défendre tout ce qui nous étoit cher & d'acquérir les biens les plus deſirables pour un Peuple : & cependant dès qu'un enthouſiaſme paſſager pour les premiers Congrès fut diſſipé, l'attention & l'attachement du Peuple ſe reporta ſur les Gouvernemens particuliers; le Conſeil fédéral ne fut jamais l'idole du Peuple, & l'oppoſition à l'accroiſſement de ſes pouvoirs & de ſon importance politique, fut toujours la route pratiquée par ceux qui vouloient fonder leur influence ſur les préjugés de leurs Concitoyens.

Si le Peuple acquiert dans l'avenir plus d'attachement pour le Gouvernement fédéral que pour ceux des États, le changement ne pourra tenir qu'à des preuves convaincantes d'une meilleure adminiſtration, qui renverſeront l'ordre des attachemens antérieurs. Dans ce cas, faudroit-il empêcher le Peuple de montrer plus de confiance à ceux qui s'en ſeroient montrés plus dignes : mais dans ce cas même, les Gouvernemens des Etats n'auroient rien à craindre, car le pouvoir de l'Union ne peut s'exercer avec faveur que dans un eſpace circonſcrit par des bornes certaines.

Je vais comparer à préſent le Gouvernement

fédéral & ceux des Etats relativement à la volonté & aux moyens qu'ils pourront avoir de combattre leurs mesures réciproques & d'en empêcher l'effet. Indépendamment des avantages déjà comptés en faveur des Gouvernemens des Etats, ils en auront un autre bien important : les membres du Gouvernement fédéral y apporteront une disposition favorable aux Etats, & du côté des Gouvernemens des Etats, cette disposition ne sera point réciproque. L'esprit local aura plus de force dans les premiers, que l'esprit national dans les seconds. Chacun sait qu'une grande partie des erreurs où sont tombés les Etats, venoient de la disposition de leurs membres à sacrifier l'intérêt commun & constant de la totalité de l'Etat aux vues partielles & isolées des comtés ou des districts qu'ils habitoient. Si leur politique ne peut s'étendre jusqu'aux limites d'un Etat, comment pourroient-ils faire de la prospérité générale de l'Union, de la dignité & de la considération qu'elle doit avoir, le but de leurs efforts & de leurs recherches ? La même raison qui dispose à croire que les Etats ne s'occuperont pas assez de l'intérêt national, doit persuader que les membres de la Législature fédérale seront trop occupés d'un intérêt local. Les Etats seront pour eux ce que les villes & les comtés sont pour les membres des Gouvernemens des Etats. Trop ſouvent les délibérations n'auront pas pour but la proſpérité nationale, mais ſeront dirigées par les préjugés, les intérêts, les vues des Gouvernemens & du Peuple des Etats particuliers. Quel eſt en général l'eſprit qui a caractériſé la conduite du Congrès ? La lecture des journaux de ſes délibérations auſſi bien que l'aveu ſincère de ceux qui ont ſiégé dans cette aſſemblée, prouve que ſes membres ſe ſont montrés plus ſouvent partiſans de leur état particulier, que défenſeurs impartiaux de l'intérêt commun ; que ſi une fois on a ſacrifié ſans raiſon des conſidérations locales à l'agrandiſſement du Gouvernement fédéral, cent fois on a négligé les grands intérêts de la Nation pour ne s'occuper que des préjugés, des intérêts & des vues des Etats particuliers. Je ne prétends pas par ces réflexions inſinuer que le nouveau Gouvernement fédéral n'embraſſera pas un plan de politique plus étendu que celui qui exiſte ; bien moins encore, que ſes vues ſeront auſſi bornées que celles des Légiſlatures des Etats ; mais ſeulement qu'il participera ſuffiſamment de l'eſprit de tous deux pour n'être pas diſpoſé à attaquer les droits des Etats particuliers ou les prérogatives de leurs Gouvernemens. La diſpoſition des Gouvernemens des Etats à augmenter leurs prérogatives aux dépens de celui de l'Union, ne ſera point combattue par une diſpoſition ſemblable dans le dernier.

Quand on ſuppoſeroit au Gouvernement fédéral une diſpoſition à s'aggrandir égale à celle des Etats, les derniers auroient toujours l'avantage, quant aux moyens de repouſſer l'uſurpation. Si une diſpoſition d'une Légiſlature particulière, contraire aux intérêts du Gouvernement national, obtient l'aſſentiment des Habitans de l'Etat, elle eſt exécutée à l'inſtant par des moyens prompts & qui ſont entièrement à la diſpoſition des membres du Gouvernement particulier. L'oppoſition du Gouvernement fédéral, l'intervention de ſes officiers ne feroit qu'enflammer le zèle de tous les partis en faveur de l'Etat en queſtion, & le mal ne pourroit être prévenu ou réparé, s'il en étoit encore temps, que par des moyens auxquels on ne doit jamais recourir ſans répugnance & ſans difficulté. D'un autre côté, ſi le Gouvernement fédéral vouloit faire mettre à exécution dans les Etats particuliers une meſure mauvaiſe ou bonne, mais ſeulement contraire au vœu populaire, les moyens de réſiſtance ſeroient puiſſans & faciles. L'inquiétude du Peuple, ſa répugnance ou peut-être ſon refus de coopérer avec les officiers de l'Union, la malveillance des Magiſtrats exécutifs, les embarras ſuſcités par les artifices de la Légiſlature, oppoſeroient dans chaque Etat des obſtacles difficiles à vaincre : ſi l'Etat étoit grand, les difficultés deviendroient plus férieufes, & dans le cas où plufieurs Etats uniroient leurs efforts, il en réfulteroit une maffe de réfiftance que le Gouvernement fédéral n'oferoit combattre.

Mais les ufurpations du Gouvernement fédéral fur ceux des Etats n'exciteroient pas l'oppofition d'un feul Etat ou d'un petit nombre d'entr'eux ; elles feroient le fignal d'une allarme univerfelle. Chaque Gouvernement embrafferoit la défenfe de la caufe commune. On entretiendroit des correfpondances : on formeroit des plans de réfiftance ; un feul efprit animeroit tous les membres de la Confédération. Enfin la crainte de la tyrannie du Gouvernement fédéral produiroit la même combinaifon qui fe forma pour fecouer un joug étranger, & il faudroit renoncer aux innovations projettées ou les foutenir par la force. Mais quel degré de folie pourroit porter le Gouvernement fédéral à un telle extrêmité ? Dans la querelle avec l'Angleterre une partie de l'Empire combattoit contre l'autre. La partie la plus confidérable attaquoit les droits de la moins nombreufe. L'entreprife étoit injufte & imprudente ; mais enfin à l'examen le fuccès n'en étoit pas abfolument chimérique. Mais quelle feroit la conteftation dans le cas que nous fuppofons ? quelles feroient les parties ? D'un côté un petit nombre de repréſentans & de l'autre tout le Peuple, ou plutôt une ſeule aſſemblée de repréſentans en oppoſition à treize aſſemblées repréſentatives appuyées de la totalité du Peuple dont les uns & les autres tiennent leur pouvoir.

Le ſeul refuge de ceux qui prophétiſent la chûte des Gouvernemens des Etats, eſt de ſuppoſer contre toutes les regles du bon ſens, que le Gouvernement fédéral pourra d'avance aſſembler une force militaire ſuffiſante pour l'exécution de ſes projets ambitieux. Les raiſonnemens contenus dans cet ouvrage, auroient produit bien peu d'effet s'il étoit néceſſaire de prouver le peu de réalité de ce danger. Le Peuple & les Etats éliront-ils, pendant un nombre d'années ſuffiſant pour l'exécution de cette entrepriſe, une ſuite non interrompue d'hommes diſpoſés à les trahir? Les traîtres ſuivront-ils uniformément & méthodiquement, un plan déterminé pour l'extenſion des établiſſemens militaires? Les Gouvernemens & le Peuple des Etats verront-ils tranquillement l'orage ſe former, continueront-ils à en fournir eux-mêmes les élémens juſqu'à l'inſtant où il ſera prêt à crever ſur leurs têtes? Cette idée doit paroître le rêve incohérent d'une imagination en délire ou l'exagération groſſière & mal-adroite d'un zèle faux, plutôt que la ſage appréhenſion d'un vrai patriotiſme. Quelque extravagante que ſoit la ſuppoſition, adoptons-la. Qu'une Armée de troupes réglées, proportionnée aux reſſources du pays, ſoit formée ; qu'elle ſoit entièrement à la dévotion du Gouvernement fédéral ; les Gouvernemens des Etats avec le Peuple ſeront encore en état de repouſſer le danger. Le nombre le plus conſidérable où, d'après le meilleur calcul, une Armée ſur pied puiſſe être portée dans un pays quelconque, n'excède pas un centième de ſa population, ou une vingtième partie des Habitans en état de porter les armes, ce qui ne feroit pas en Amérique plus de vingt-cinq ou trente mille hommes. Ils feroient oppoſés à une Milice de près de cinq cent mille Citoyens armés, conduits par des Officiers choiſis parmi eux, combattant pour leur liberté commune, unis & dirigés par des Gouvernemens, aſſurés de leur affection & de leur confiance. On peut douter qu'une Milice ainſi diſpoſée, fût vaincue par un nombre égal de Troupes réglées, & il ſuffit de connoître les détails de notre glorieuſe réſiſtance aux armes angloiſes, pour être diſpoſé à en nier la poſſibilité. Outre l'avantage d'être armé, que les Américains ne partagent avec preſqu'aucune autre Nation, l'exiſtence des Gouvernemens particuliers qui ſont ſûrs de l'attachement du Peuple, & qui nomment les Officiers de la Milice, oppose aux entreprises de l'ambition; une barrière plus redoutable que ne peut en offrir aucun Gouvernement simple, quelle que soit sa forme. Malgré les établissemens Militaires qui existent dans différens royaumes de l'Europe, & qui sont portés aussi haut que leurs ressources peuvent le permettre, les Gouvernemens de ces pays craindroient de laisser des armes dans les mains du Peuple, & il n'est pas certain qu'avec ce seul secours, ils ne parvinssent à briser leurs chaînes. Mais si ces Peuples avoient encore des Gouvernemens choisis par eux-mêmes, qui pussent recueillir leur vœu & diriger leurs forces, des Officiers choisis dans le sein même de la Milice, par ces Gouvernemens qui leur fussent attachés ainsi qu'à la Milice, on peut affirmer que tous les trônes des despotes de l'Europe seroient renversés, malgré les légions qui les environnent. N'insultons pas les libres & braves Citoyens de l'Amérique, en soupçonnant qu'ils pourroient avoir moins de force pour défendre des droits dont ils jouissent, que n'en auroient les sujets d'un despote pour arracher les leurs des mains de leurs oppresseurs. Ne les insultons pas plus long-temps, en supposant qu'ils pourroient être réduits à la nécessité d'en venir à cette épreuve, par une lâche & aveugle soumission à la longue suite de mesures insidieuses qui la précéderoient & dont elle seroit l'effet.

Enfin on peut réduire la question à des termes si simples, qu'il sera bien aisé de la résoudre. Ou la forme du Gouvernement fédéral le rendra suffisamment dépendant du Peuple, ou non. Dans le premier cas, la dépendance où il sera, ne permettra pas à ses membres de former des plans contraires à l'intérêt de leurs commettans. Dans le second, il n'aura pas la confiance du Peuple, & ses plans d'usurpation seront aisément renversés par les Gouvernemens des Etats, qui seront soutenus par le Peuple.

Pour nous résumer, les pouvoirs conférés au Gouvernement de l'Union sont aussi peu redoutables pour l'autorité réservée aux Etats particuliers, qu'ils sont nécessaires pour remplir le but de l'établissement de l'Union; quant à ceux qui ont jetté l'allarme à cet égard, qui ont prédit l'annihilation méditée & infaillible des Gouvernemens des Etats, on ne peut attribuer à leurs clameurs un motif plus favorable que la crainte d'un danger imaginaire.

CHAPITRE XLVII.

Examen & explication du sens du Principe qui exige la séparation des Pouvoirs.

APRÈS avoir examiné la forme générale du Gouvernement proposé, & la masse générale des pouvoirs qui lui sont conférés, je vais examiner l'organisation particulière de ce Gouvernement, & la distribution de ses pouvoirs dans les différentes parties dont il est composé.

On a reproché à la Constitution d'enfreindre ce principe politique qui décide que les pouvoirs législatif, exécutif & judiciaire doivent être séparés & distincts. Dans l'organisation du Gouvernement fédéral, a-t-on dit, on ne s'est point occupé de cette précaution essentielle en faveur de la liberté. Les différens pouvoirs sont distribués & confondus de manière à exclure toute idée d'ordre & de symmétrie & à exposer plusieurs de ses parties essentielles à être écrasées sous le poids disproportionné de quelques autres.

Il n'est pas de vérité politique plus certaine & appuyée d'autorités plus imposantes que celle sur laquelle on se fonde, L'accumulation des pouvoirs législatif

législatif, exécutif & judiciaire dans les mains d'un ou de plusieurs hommes plus ou moins nombreux, par l'effet de l'hérédité, de la conquête, ou de l'élection, constitue nécessairement la tyrannie. Il faudroit donc rejetter la constitution proposée, si on pouvoit lui reprocher d'accumuler ainsi les pouvoirs ou de les mêler d'une manière qui puisse tendre à cette accumulation. Mais je me flatte de prouver que l'accusation est sans fondement & que le principe sur lequel elle est appuyée, a été mal entendu & mal appliqué. Cherchons d'abord dans quel sens la séparation des trois principaux pouvoirs est essentielle au maintien de la liberté.

L'oracle toujours consulté, toujours cité sur ce sujet, est l'illustre Montesquieu. S'il n'est pas l'auteur de l'inestimable précepte dont nous parlons, c'est à lui que nous devons de l'avoir développé & présenté avec tant de succès. Commençons par chercher à nous assurer du sens qu'il y a attaché.

La Constitution angloise étoit pour Montesquieu ce qu'est Homère pour tous ceux qui ont écrit sur la poësie épique. Ils ont regardé l'ouvrage principal de cet immortel poëte, comme le parfait modèle d'où devoient être tirés tous les principes, toutes les regles de son art & d'après lequel on devoit juger tous les ouvrages du même genre : de même ce grand écrivain semble avoir envisagé la Constitution angloise, comme le type de la liberté politique, & nous avoir donné sous la forme de vérité élémentaire, les principes caractéristiques de ce système particulier. Pour être sûrs de ne nous pas méprendre sur le sens du principe qu'il a établi, remontons à la source d'où il l'a tiré.

Le plus léger examen de la Constitution angloise nous convaincra qu'elle ne sépare pas entièrement les pouvoirs législatif, exécutif & judiciaire. Le magistrat exécutif est partie constituante du pouvoir législatif. Il a seul la prérogative de faire des traités, qui ont, sauf quelques limitations, la force des actes législatifs. Tous les membres de la judicature sont nommés par lui, peuvent être par lui privés de leurs offices, sur une adresse des deux chambres du Parlement, & forment, quand il lui plaît de les consulter, l'un de ses conseils constitutionnels. L'une des chambres qui composent le Corps législatif, est aussi un de ses conseils constitutionnels; & d'un autre côté il est seul dépositaire du pouvoir judiciaire dans les cas d'*impéachemens*, & dans d'autres cas il a la suprême jurisdiction d'appel. Les juges sont aussi associés aux fonctions du Corps législatif, ils assistent & participent quelquefois à ses délibérations, quoiqu'ils n'y aient pas voix délibérative.

De ces faits qui guidèrent Montesquieu, on peut conclure qu'en établissant « qu'il n'y a point de *liberté* lorsque dans la même personne, ou dans le même Corps de Magistrature, la puissance législative est unie à la puissance exécutrice, ou lorsque la puissance de juger n'est pas séparée de la puissance législative & de l'exécutrice », il n'a point entendu proscrire toute action partielle, toute influence réciproque des différens pouvoirs l'un sur l'autre. D'après ses expressions, & plus évidemment encore d'après les exemples qu'il avoit sous les yeux, il a voulu dire seulement que lorsque deux pouvoirs dans leur plénitude, se trouvoient concentrés dans une seule main, tous les principe :d'un Gouvernement libre étoient renversés. On ne peut reprocher ce vice à la Constitution qu'il examine. Le Magistrat dépositaire du pouvoir exécutif, ne peut faire une loi, quoiqu'il puisse mettre un veto sur toute loi, & ne peut administrer la justice par lui-même, quoiqu'il ait la nomination de ceux par qui elle est rendue. Les juges ne peuvent exercer aucune fonction exécutive, quoique leurs offices soient des ramifications de la puissance exécutrice, ni aucune fonction législative, quoiqu'ils puissent être consultés par le Corps législatif. La Législature entière ne peut faire d'acte judiciaire, quoique par la réunion de deux des membres qui la composent, les juges puiſſent être privés de leurs offices & qu'un de ſes membres ſoit revêtu du pouvoir judiciaire en dernier reſſort. La Légiſlature entière ne peut exercer aucune fonction exécutive, quoique dans un de ſes membres (*) réſide le pouvoir exécutif ſuprême, & qu'un autre ſur l'*impeachement* d'un troiſième, puiſſe juger & condamner tous les agens ſecondaires du pouvoir exécutif.

Les raiſons ſur leſquelles Monteſquieu fonde ſon principe, ſont une nouvelle preuve du ſens qu'il y attache. « Lorſque dans la même perſonne ou dans le même Corps de magiſtrature, la puiſſance légiſlative eſt réunie à la puiſſance exécutrice, il n'y a point de liberté, parce qu'on peut craindre que le même Monarque ou le même Sénat ne faſſe des loix tyranniques pour les exécuter tyranniquement ». Il dit encore, « ſi la puiſſance de juger étoit jointe à la puiſſance légiſlative, le pouvoir ſur la vie & la liberté des Citoyens ſeroit arbitraire, car le juge ſeroit légiſlateur. Si elle étoit jointe à la puiſſance exécutrice,

(*) Le Roi. Légiſlature ſignifie la réunion de tous ceux qui concourent à la confection des loix.

le juge pourroit avoir la force d'un oppresseur ».
Quelques - unes de ces raisons sont encore plus particulièrement développées dans d'autres passages; mais quelque briévement qu'elles soient exposées, elles suffisent pour déterminer le vrai sens du principe.

Si nous examinons les Constitutions des différens Etats, nous trouverons que cet axiome y est établi sans aucune restriction, & que cependant il est des cas où les pouvoirs ne sont pas entièrement séparés. Les Législateurs de New - Hampshire dont la Constitution a été faite la dernière, semblent avoir parfaitement senti l'impossibilité & l'inutilité d'éviter tout mêlange dans les pouvoirs; ils ont expliqué cette doctrine en déclarant « que les pouvoirs législatif, exécutif & judiciaire devoient être séparés & indépendans l'un de l'autre autant que la nature d'un Gouvernement libre le permet, ou autant que cette séparation peut s'accorder avec l'unité & l'affection qui doit lier toutes les parties de la Constitution »; en conséquence sa Constitution mêle les pouvoirs à quelques égards. Le Sénat qui est une partie du Corps législatif, est aussi une cour de justice pour le jugement des *impéachemens*. Le Président, dépositaire suprême du pouvoir exécutif, est aussi président du Sénat, & sa voix comptée comme celles des autres membres dans les cas ordinaires, est prépondérante en cas de partage. Il est lui-même élu tous les ans par le Corps législatif, & son conseil est tous les ans choisi par les membres du Corps législatif & parmi eux. Quelques Officiers de l'Etat sont aussi nommés par la Législature & les juges par le pouvoir exécutif.

La Constitution de Massachusette a exprimé cette disposition essentielle à la liberté, avec une réserve suffisante, quoique moins précise peut-être. Elle déclare « que le Corps législatif n'exercera jamais les pouvoirs exécutif & judiciaire, ou l'un des deux : que le Magistrat exécutif n'exercera jamais les pouvoirs législatif & judiciaire, ou l'un des deux : que les juges n'exerceront jamais les pouvoirs législatif & exécutif, ou aucun des deux ». Cette déclaration s'accorde parfaitement avec la doctrine de Montesquieu, telle qu'elle vient d'être expliquée, & avec le plan de la Convention. Elle ne défend que l'accumulation complette des pouvoirs, & la Constitution à la tête de laquelle elle se trouve, en admet un mêlange partiel. Le Magistrat exécutif a un veto sujet à quelques restrictions, sur les décisions du Corps législatif, & le Sénat qui est une partie de la Législature, est aussi cour d'*impeachement* pour les agens du pouvoir exécutif & les juges. Les juges sont nommés par le pouvoir exécutif qui peut auſſi les priver de leur office, ſur une adreſſe des deux chambres du Corps légiſlatif qui nomme annuellement un certain nombre des agens du Gouvernement. Comme la nomination des offices, particulièrement de ceux qui tiennent au pouvoir exécutif, eſt une fonction exécutive, les rédacteurs de la Conſtitution ont à cet égard au moins, enfreint la regle établie par eux-mêmes.

Je paſſe ſous ſilence la Conſtitution de Rode-Iſland, faite avant la révolution & même avant que le principe que nous examinons, fût devenu l'objet d'une diſcuſſion politique. La Conſtitution de New-York ne contient pas de déclaration ſur ce ſujet, mais il paroît que dans ſon organiſation on ne s'eſt point aveuglé ſur les dangers d'une imprudente confuſion des pouvoirs, & cependant elle donne au magiſtrat exécutif, ainſi qu'aux juges, un certain degré d'autorité ſur la conduite du Corps légiſlatif, & réunit les dépoſitaires de ces deux pouvoirs pour l'exercice de la même autorité. Dans ſon Conſeil de nomination, les membres du Corps légiſlatif ſont aſſociés au pouvoir exécutif, pour la nomination des Officiers exécutifs & judiciaires, & ſa cour pour le jugement des *impéachemens* & la correction des erreurs, eſt compoſée d'une des portions de la Légiſlature & des principaux membres de la judicature.

La Conſtitution de New-Jerſey a mêlé les différens pouvoirs du Gouvernement plus qu'aucune des précédentes. Le Gouverneur qui eſt magiſtrat exécutif, eſt nommé par la Légiſlature ; il eſt chancelier & porte encore le titre d'*ordinaire* ou *ſubrogé* de l'Etat ; il eſt membre de la ſuprême cour d'appel & préſident avec voix prépondérante en cas de partage, dans une des chambres qui compoſent le corps légiſlatif. La même chambre fait encore les fonctions de Conſeil exécutif du Gouverneur & conſtitue avec lui la cour d'appel. Les membres de la judicature ſont nommés par le Corps légiſlatif & peuvent être privés de leurs offices par l'une des chambres qui le compoſent ſur l'*impéachement* de la ſeconde.

Dans la Conſtitution de la Penſylvanie, le Préſident, dépoſitaire ſuprême du pouvoir exécutif, eſt annuellement élu par une forme de ſcrutin, dans laquelle le Corps légiſlatif domine. Joint à un conſeil exécutif, il nomme les membres de la judicature, & forme une cour d'*impeachement* pour le jugement de tous les Officiers exécutifs & judiciaires. Les juges de la cour ſuprême & les juges de paix peuvent auſſi être dépoſſédés de leurs offices par la Légiſlature qui dans certains cas exerce le droit de faire grace, droit qui appartient au pouvoir exécutif. Les membres du conſeil exécutif ſont par le droit de leur place, juges de paix dans tout l'Etat.

Dans l'Etat de Delaware, le magiſtrat exécutif ſuprême eſt annuellement élu par le Corps légiſlatif. Les orateurs des deux chambres ſont vice-préſidens dans le département exécutif. Le Magiſtrat exécutif, avec ſix perſonnes, dont chacune des Chambres légiſlatives nomme trois, conſtitue la ſuprême cour d'appel : il nomme les autres juges conjointement avec le Corps légiſlatif. Dans tous les Etats, il ſemble que les membres de la Légiſlature peuvent être en même-temps juges de paix; dans celui-ci les membres de l'une des chambres le ſont de droit, de même que les membres du conſeil exécutif. Les principaux Officiers du département exécutif ſont nommés par le Corps légiſlatif, & l'une des chambres qui le compoſent, forme une cour d'*impéachement*. Tous les Officiers publics peuvent être deſtitués d'après une adreſſe de la Légiſlature.

Le Maryland a adopté la maxime dont il s'agit ſans aucune reſtriction, en déclarant, que « les pouvoirs légiſlatif, exécutif & judiciaire doivent toujours être ſéparés & diſtincts l'un de l'autre ». Par ſa Conſtitution cependant le Corps légiſlatif nomme le Magiſtrat exécutif, & celui-ci nomme les juges.

La Conſtitution de la Virginie s'explique en termes encore plus directs ; elle déclare, « que les départemens légiſlatif, exécutif & judiciaire doivent être ſéparés & diſtincts, de manière qu'aucun d'entr'eux n'exerce les pouvoirs qui appartiennent à un aure, & qu'aucune perſonne ne puiſſe exercer en même-temps les pouvoirs de plus de l'un d'entr'eux; avec cette ſeule exception que les juges des cours de comtés ſeront éligibles par l'une des chambres de l'Aſſemblée ». Et cependant indépendamment de cette exception ſpéciale, à l'égard des membres des cours inférieures, la Légiſlature nomme le principal Magiſtrat ainſi que ſon conſeil exécutif, en fait ſortir tous les trois ans deux membres à ſon choix, nomme les principaux Officiers exécutifs & judiciaires, & exerce dans un cas particulier le droit de faire grace.

La Conſtitution de la Caroline du Nord qui déclare que les pouvoirs légiſlatif, exécutif & judiciaire doivent toujours être ſéparés & diſtincts l'un de l'autre, attribue en même-temps au Corps légiſlatif la nomination non-ſeulement du principal Magiſtrat, mais des principaux Officiers des départemens exécutif & judiciaire.

Dans la Caroline du Sud, le Corps légiſlatif nomme le premier Magiſtrat & tous les Officiers du département exécutif juſqu'aux capitaines de l'armée & de la flotte, ainſi que tous les membres du département judiciaire, en y comprenant même les juges de paix & les shériffs.

Dans la Conſtitution de la Géorgie qui déclare auſſi que « tous les départemens légiſlatif, exécutif & judiciaire, doivent être ſéparés & diſtincts de manière qu'aucun d'eux n'exerce les pouvoirs qui appartiennent à un autre », la Légiſlature remplit les places du département exécutif, nomme les juges de paix & exerce le droit de faire grace.

En citant ces circonſtances où la ſéparation complette des trois pouvoirs n'a pas été obſervée, je ne défends pas la cauſe des Gouvernemens des Etats. Je ſais qu'au milieu de pluſieurs excellens principes qu'ils ont mis en pratique, ils portent de viſibles traces de la précipitation, encore plus de l'inexpérience avec laquelle ils ont été organiſés. Je ſais que trop ſouvent le principe fondamental que nous examinons, a été enfreint par une trop grande confuſion, même par une véritable conſolidation des pouvoirs; que jamais il n'a été fait de diſpoſition efficace pour maintenir dans la pratique la ſéparation tracée ſur le papier. Ce que j'ai voulu dire, c'eſt que lorſqu'on reproche à la Conſtitution d'enfreindre un principe ſacré pour tout Gouvernement libre, cette accuſation n'eſt fondée ni ſur le vrai ſens de ce principe dans l'eſprit de celui qui en eſt l'auteur, ni ſur celui qu'on y a attaché juſqu'ici en Amérique.

CHAPITRE XLVIII.

Continuation du même ſujet ; examen des moyens de mettre en pratique le principe dont il s'agit.

J'AI prouvé dans le dernier Chapitre, que l'axiome politique que j'examine, n'exige pas une ſéparation abſolue des trois pouvoirs. Je vais eſſayer de démontrer que ſans une liaiſon & un mêlange qui donne à chacun d'eux un droit conſtitutionnel de ſurveiller les autres, le degré de ſéparation néceſſaire à l'exiſtence d'un Gouvernement libre ne pourroit être efficacement maintenu.

Il eſt généralement reconnu que le Magiſtrat ou le Corps revêtu de l'un des trois principaux pouvoirs, ne doit exercer directement & dans ſa plénitude aucun des autres pouvoirs. Il eſt également évident qu'aucun des pouvoirs ne doit exercer une influence prépondérante ſur un autre. Tout pouvoir eſt naturellement diſpoſé à s'aggrandir

& doit être dans l'impoſſibilité de franchir les limites qui lui ſont tracées. Ainſi après avoir claſſé en théorie les différens pouvoirs légiſlatif, exécutif & judiciaire, le plus important & le plus difficile ouvrage eſt de les garantir dans la pratique de leurs uſurpations mutuelles.

Seroit-il ſuffiſant de marquer avec préciſion les bornes des pouvoirs dans la Conſtitution & de compter ſur ces foibles barrières pour prévenir les uſurpations? C'eſt le parti qu'ont pris la plûpart des Légiſlateurs de l'Amérique. Mais leur attente a été trompée, & il faut des armes plus ſûres pour défendre les plus foibles membres du Gouvernement contre les plus puiſſans. Le Corps légiſlatif étend par-tout la ſphère de ſon activité & engloutit tous les pouvoirs dans ſon tourbillon impétueux.

On doit tant d'éloges aux fondateurs de nos républiques, que le ſoin de relever leurs erreurs eſt vraiment pénible. Le reſpect pour la vérité ne nous permet pourtant pas de diſſimuler qu'ils ſemblent avoir cru voir toujours la liberté menacée par la prérogative toujours croiſſante & toujours uſurpatrice d'un Monarque héréditaire, ſoutenue & fortifiée par une portion héréditaire du Corps légiſlatif, & avoir oublié que les accroiſſemens ſuceſſifs du pouvoir légiſlatif, en raſſemblant tous les pouvoirs dans les mêmes mains, peuvent mener à la même tyrannie que les usurpations du pouvoir exécutif.

Dans un Gouvernement où des prérogatives nombreuses & étendues sont dans les mains du Monarque, le pouvoir exécutif est justement redouté & surveillé avec toute l'inquiétude que doit inspirer un zèle ardent pour la liberté. Dans une démocratie où la multitude exerce elle-même les fonctions législatives, & où incapable de prendre des délibérations régulières & d'adopter des mesures réflechies, elle se trouve livrée à l'ambition & aux intrigues de ses Magistrats exécutifs, ils peuvent profiter d'une occasion favorable pour rendre leur pouvoir tyrannique. Mais dans une république représentative où le pouvoir exécutif est borné & dans l'étendue & dans la durée de ses fonctions, où le pouvoir législatif est exercé par une assemblée pleine de confiance dans sa propre force par l'idée qu'elle a de son influence sur le Peuple, assez nombreuse pour éprouver toutes les passions qui agissent sur les hommes rassemblés, trop peu nombreuse pour être incapable d'employer à satisfaire ses passions des moyens dictés par la raison; c'est contre les entreprises ambitieuses de ce pouvoir que le Peuple doit diriger toutes ses craintes & épuiser toutes ses précautions.

Le Corps légiſlatif doit ſa prépondérance dans nos Gouvernemens à d'autres cauſes. Ses pouvoirs conſtitutionnels étant plus étendus & moins ſuſceptibles d'être renfermés dans des bornes certaines, il peut avec plus de facilité, voiler ſes uſurpations ſous des meſures compliquées & indirectes. Quelquefois il eſt difficile de décider dans une Aſſemblée légiſlative ſi l'effet d'une déciſion particulière ne s'étendra pas au-delà des bornes de ſon pouvoir. Le pouvoir exécutif circonſcrit dans un eſpace moins étendu & plus ſimple par ſa nature, le pouvoir judiciaire reſſerré dans des lignes de démarcation encore moins incertaines, ne pourroient former des projets d'uſurpation qui ne fuſſent à l'inſtant découverts & renverſés. Ce n'eſt pas tout : le Corps légiſlatif inveſti ſeul du pouvoir d'impoſer, ayant une autorité illimitée dans quelques Conſtitutions, dans toutes une grande influence ſur les rétributions pécuniaires des agens des autres pouvoirs, les tient ainſi dans une dépendance qui facilite ſes uſurpations.

J'ai invoqué notre expérience à l'appui de mon opinion. S'il étoit néceſſaire d'en conſtater le réſultat par des preuves particulières, j'en pourrois citer ſans fin. J'en trouverois dans les regiſtres publics & dans les archives de tous les Etats. Je me contenterai de l'exemple de deux Etats, attesté par des autorités respectables.

Le premier est la Virginie qui, comme nous l'avons vu, a expressement déclaré que les trois principaux pouvoirs devoient être séparés. L'autorité que j'invoque, est celle de M. Jefferson qui, indépendamment de sa perspicacité pour observer la marche du Gouvernement, avoit encore l'avantage d'en être lui-même le premier Magistrat. Pour ne rien perdre des idées que son expérience lui a suggérées à cet égard, il faudra consulter ses intéressantes observations sur la Virginie (*).

L'autre Etat dont je consulterai l'exemple, est la Pensylvanie, & mon autorité sera le conseil de censeurs convoqués en 1783 & 1784. Une partie des fonctions attribuées à ce Corps par la Constitution étoit, « de chercher si la Constitution avoit été maintenue dans toute sa pureté; si le Corps législatif & le dépositaire du pouvoir exécutif avoient rempli leurs devoirs en fidèles défenseurs du Peuple, & s'ils ne s'étoient pas approprié ou n'avoient pas exercé d'autres ou de plus grands pouvoirs que ceux qui leur sont conférés par la Constitution ». Dans l'exécution de ces

(*) Observations sur la Virginie, Traduction françoise publiée en 1786, page 251 jusqu'à la page 254.

fonctions, le conseil des censeurs étoit obligé de comparer la conduite du Corps législatif & du Magistrat exécutif avec leurs pouvoirs constitutionnels; d'après les faits cités & reconnus par tous les membres de ce conseil, il paroît que la Constitution a été souvent & violemment attaquée par le Corps législatif.

Dans la confection d'un grand nombre de loix, on a enfreint sans nécessité, la regle qui exige que tous les bills d'un intérêt public soient imprimés pour être soumis à l'examen du Peuple; & c'est une des plus importantes précautions que la Constitution ait opposée aux erreurs du Corps législatif.

La forme du jugement par jurés établie par la Constitution, a été négligée & le pouvoir judiciaire usurpé.

Le Corps législatif a aussi usurpé les fonctions du pouvoir exécutif.

Les salaires des juges que la Constitution vouloit qui fussent déterminés, ont été changés suivant les occasions.

Ceux qui voudront s'assurer des détails de toutes ces infractions, peuvent consulter les journaux du conseil, maintenant sous presse. Ils trouveront que quelques-unes peuvent être imputées à des circonstances particulières relatives à la guerre;

mais la plupart font les effets naturels d'un Gouvernement mal organisé.

Il paroît aussi que le pouvoir exécutif s'est rendu coupable de fréquentes attaques à la Constitution. Mais il faut observer qu'il y a été souvent entraîné par les effets de la guerre, par la recommandation du Congrès ou du Commandant général; que dans d'autres cas, il n'a fait que se conformer aux dispositions connues du Corps législatif; qu'enfin le pouvoir exécutif de la Pensylvanie est distingué de celui des autres Etats, par le grand nombre de membres qui l'exercent. Par cette raison, il ressemble plus à une assemblée législative qu'à un conseil exécutif, & ses membres plus à l'abri de la crainte d'une responsabilité individuelle, s'encourageant mutuellement par leur exemple & par la réunion de leur influence, peuvent hasarder des mesures inconstitutionnelles avec plus d'assurance que si le pouvoir exécutif résidoit dans un individu ou dans un petit nombre d'hommes.

J'ai droit de conclure de ces observations, qu'une ligne de démarcation tracée sur le papier pour fixer les limites des différens pouvoirs, est insuffisante pour prévenir ces usurpations qui peuvent finir par les concentrer tous dans les mêmes mains.

CHAPITRE XLIX.

Continuation du même Sujet.

L'AUTEUR des observations sur la Virginie citées dans le dernier chapitre, a joint à cet estimable ouvrage, le plan d'une Constitution qui devoit être soumise à l'examen d'une Convention qu'on croyoit que la Législature convoqueroit en 1783, pour l'établissement d'une Constitution. On retrouve dans ce plan le tour d'esprit original, la perspicacité & le soin qui caractérisent les productions de son auteur; on y distingue un ardent amour du Gouvernement républicain, avec une connoissance approfondie des vices qui peuvent l'altérer & dont il faut le défendre. Une des précautions qu'il propose & qu'il semble regarder comme le plus sûr moyen de défendre les plus foibles des trois pouvoirs contre les usurpations de celui qui a le plus de force, lui appartient peut-être exclusivement, & comme il a un rapport direct à l'objet de notre examen, il mérite une discussion particulière.

Il propose que lorsque deux des trois pouvoirs s'accorderont dans leur opinion manifestée par les voix des deux tiers des perſonnes à qui l'exercice en eſt confié, à décider qu'une Convention eſt néceſſaire pour changer la Conſtitution ou réparer l'effet des atteintes qu'elle auroit pu éprouver, il ſera convoqué pour cet effet une Convention.

Comme le Peuple eſt la ſeule ſource de toute autorité légitime, & que ſa volonté ſeule peut établir la charte conſtitutionnelle qui diſtingue les différens pouvoirs, c'eſt à cette autorité primitive qu'il faut recourir non-ſeulement pour les étendre, les diminuer, ou en changer la forme, mais encore pour corriger l'effet des uſurpations réciproques qui auroient pu altérer leurs droits conſtitutionnels. Les différens pouvoirs étant parfaitement égaux d'après les termes qui les établiſſent, il n'en eſt aucun dont les dépoſitaires puiſſent s'arroger le droit ſupérieur ou excluſif de fixer les bornes qui les ſéparent. Comment réprimer les uſurpations du plus fort & défendre les droits du plus foible, ſans un appel au Peuple qui les a créés tous & qui ſeul peut déclarer ſa véritable intention & en aſſurer l'exécution ?

Ce raiſonnement a ſans contredit beaucoup de force, & prouve qu'il faut un moyen conſtitutionnel & toujours exiſtant de conſulter le vœu du Peuple dans des occaſions importantes & extraordinaires. Mais le recours au Peuple dans tous les cas où il sera nécessaire de retenir les différens pouvoirs dans les limites qui leur sont tracées, semble combattu par des objections sans replique.

D'abord ce moyen seroit sans effet dans le cas où deux pouvoirs se coaliseroient contre le troisième. Si le Corps législatif qui a tant de moyens d'influer sur les dispositions des autres pouvoirs, parvient à mettre l'un d'entr'eux dans ses intérêts, le troisième ne pourra faire usage du remède dont il s'agit. Je ne m'arrête pas à cette objection parce qu'elle semble porter sur une application particulière du principe, plus que sur le principe même.

Mais voici une seconde observation qui s'applique plus directement au principe. Tout appel au Peuple suppose quelque défaut dans le Gouvernement, & de fréquens appels tendroient à le priver de ce caractère imposant & respectable que le temps imprime à tout, & sans lequel peut-être le meilleur des Gouvernemens ne pourroit acquérir la stabilité nécessaire. S'il est vrai que tout Gouvernement repose sur l'opinion, il n'est pas moins vrai que la force de l'opinion sur les individus, son influence sur leur conduite, dépend en grande partie de l'idée qu'ils ont du nombre de ceux qui la partagent. La raiſon de l'homme iſo-lé eſt timide & réſervée, elle acquiert de l'aſſurance & de la fermeté en s'aſſociant à celle des autres. Quand les autorités qui fortifient une opinion, ſont auſſi anciennes que nombreuſes, elles ont un double effet. Dans une Nation de philoſophes, cette conſidération ne mériteroit pas de nous occuper ; mais une nation de philoſophes n'eſt pas moins impoſſible que la race philoſophique des rois de Platon. Dans toute autre Nation, le plus ſage Gouvernement ne regardera pas comme un avantage ſuperflu, d'avoir les préjugés populaires de ſon côté.

Il faut obſerver encore que ſoumettre fréquemment des queſtions conſtitutionnelles à la déciſion de la ſociété entière, ce ſeroit compromettre la tranquillité publique, en donnant une trop grande activité aux paſſions du Peuple. Quoique la réforme de nos Gouvernemens ſe ſoit opérée avec un ſuccès qui honore la vertu & la raiſon du Peuple de l'Amérique, les épreuves de cette nature ſont trop délicates pour être multipliées ſans néceſſité. Nous devons nous rappeler que les Conſtitutions aujourd'hui exiſtantes, ont été faites au milieu de dangers qui réprimoient les paſſions les plus ennemies de l'ordre & de la concorde ; que la confiance du Peuple dans ſes chefs patriotiques étouffoit toutes les diverſités d'opinions que font naître les diſcuſſions politiques ; que le reſſentiment & l'indignation contre l'ancien Gouvernement faiſoit admettre avec ardeur les formes nouvelles qui lui étoient contraires, & qu'enfin le dangereux levain de l'eſprit de parti n'influoit pas alors ſur les changemens à faire & ſur la réforme des abus. Les ſituations habituelles où nous nous trouverons dans la ſuite, n'offriront pas d'auſſi puiſſans remèdes contre le danger que je redoute.

Mais la plus forte de toutes les objections, c'eſt que de ſemblables appels n'atteindroient pas leur but, qui eſt le maintien de l'équilibre conſtitutionnel du Gouvernement. Nous avons vu que dans les Gouvernemens républicains, le pouvoir légiſlatif tend à s'aggrandir aux dépens des autres. Les appels au Peuple ſeroient donc ordinairement faits par le pouvoir exécutif & le pouvoir judiciaire. Mais quels qu'en fuſſent les auteurs, ils ne ſubiroient pas tous cette épreuve avec des avantages égaux. Examinons leurs différentes ſituations. Les agens du pouvoir exécutif & judiciaire ſont en petit nombre & ne peuvent être connus que d'une petite partie du Peuple. Les derniers, par le mode de leur nomination, la nature & la durée de leurs fonctions, ſont trop éloignés du Peuple pour avoir grande part dans ſes affections. Les premiers ſont les objets d'une inquiétude univerſelle, & leur adminiſtration eſt toujours facile à diſcréditer & à rendre déſagréable au Peuple. Les membres du Corps légiſlatif, au contraire, ſont nombreux, ils ſont diſtribués & vivent au milieu du Peuple. Leurs liaiſons de parenté, d'amitié, de connoiſſance, embraſſent une grande partie de la ſociété, & c'eſt celle qui exerce le plus d'empire ſur l'opinion. Par la nature de leurs fonctions, plus particulièrement dépoſitaires & gardiens des droits & de la liberté du Peuple, ils exercent ſur lui plus d'influence. Avec de tels avantages, n'ont-ils pas pour le ſuccès une chance plus favorable que leurs adverſaires ?

Non-ſeulement ils plaideront leur cauſe avec ſuccès : ils en ſeront eux-mêmes les juges. La même influence qui les aura conduits à la Légiſlature, les fera nommer membres de la Convention. S'ils ne le ſont pas tous, pluſieurs d'entr'eux réuſſiront à l'être, & ce ſeront preſque toujours ces hommes qui mènent à leur gré les aſſemblées politiques. Enfin la Convention ſera en grande partie compoſée d'hommes, qui auront été, qui ſeront, ou qui eſpéreront être membres du Corps dont il ſera queſtion de juger la conduite. Ainſi ils ſeront juges & parties.

Il pourroit cependant arriver que les circonſtances fussent moins défavorables aux pouvoirs exécutif & judiciaire. Les usurpations de la Législature pourroient avoir été trop notoires & trop soudaines, pour être colorées d'un prétexte spécieux. Un grand nombre de ses membres pourroit se ranger du parti opposé. Le pouvoir exécutif pourroit être entre les mains d'un homme aimé du Peuple. Dans un tel état de choses, la décision publique pourroit être moins entraînée par les préjugés favorables au Corps législatif ; mais elle seroit toujours dictée par des motifs étrangers à l'objet de la question. Elle tiendroit nécessairement à l'esprit des partis existans antérieurement ou de ceux que la discussion auroit fait naître. Elle intéresseroit des personnes d'un caractère éminent & qui exerceroient une grande influence sur la Nation : elle seroit prononcée par les auteurs ou les adversaires des mesures sur lesquelles porteroit la décision. Ainsi ce seroient les passions & non la raison du Peuple qui jugeroient. Or c'est à la raison seule du Peuple à régler & à diriger la marche du Gouvernement ; ses passions doivent être réglées & dirigées par le Gouvernement.

Nous avons vu dans le dernier chapitre que des déclarations écrites seroient insuffisantes pour contenir les différens pouvoirs dans leurs limites conſtitutionnelles. Il paroît que des appels au Peuple ne ſeroient un moyen ni prudent ni efficace. Je n'examine pas l'effet que pourroient avoir des diſpoſitions d'une autre nature, contenues dans le plan ci-deſſus mentionné. Quelques-unes ſont inconteſtablement fondées ſur d'excellens principes, toutes ſont rédigées avec une ſimplicité & une préciſion admirable.

CHAPITRE L.

Continuation du même Sujet.

ON prétendra peut-être qu'au lieu d'appels au Peuple, dans des occaſions particulières, auxquels s'appliquent les objections que nous venons de faire, des appels périodiques ſeroient le plus sûr & le meilleur moyen de prévenir & de corriger les infractions à la Conſtitution.

Qu'on ſe ſouvienne que dans la diſcuſſion où je vais entrer, je ne conſidérerai les appels dont il s'agit, que comme des moyens de maintenir la Conſtitution & non de la changer. Sous ce point de vue des appels au Peuple à des époques fixes, me paroiſſent avoir autant d'inconvéniens, que s'ils étoient faits dans des occaſions particulières,

Si les époques ſont ſéparées par de courts intervalles, les meſures qu'il s'agira d'examiner & de rectifier, auront une date récente, & ſeront environnées des mêmes circonſtances qui tendent à altérer & à pervertir le réſultat des réviſions occaſionnelles. Si les époques ſont éloignées, la même obſervation s'appliquera toujours aux meſures récentes, & leur éloignement donnera lieu à des inconvéniens d'un autre genre. Premièrement, l'expectative d'une cenſure publique, placée à une grande diſtance, ſera une foible digue pour prévenir ces excès, auxquels des hommes revêtus d'un pouvoir quelconque, ſont entraînés par des intérêts ou des paſſions du moment. Peut on imaginer qu'une aſſemblée légiſlative compoſée de cent ou de deux cens membres qui pourſuivent avec ardeur l'objet de leurs deſirs, & renverſent pour y parvenir, les obſtacles oppoſés par la Conſtitution, ſoit arrêtée dans ſa carrière, par la crainte de voir examiner & cenſurer ſa conduite dans dix, quinze ou vingt ans? En ſecond lieu les abus auroient conſommé leur effet avant l'application du remède, ou du moins enracinés par le temps, ils ne pourroient être extirpés ſans difficulté.

Le plan de revoir la Conſtitution pour réparer l'effet des atteintes qu'elle auroit pu éprouver &

pour d'autres objets encore, a été mis à exécution par l'un des Etats. L'une des fonctions du Conseil de censeurs convoqués par la Pensylvanie en 1783 & 1784, étoit, comme nous l'avons vu, d'examiner « si la Constitution n'avoit point été violée, & si les pouvoirs législatif & exécutif s'étoient rendus coupables l'un vis-à-vis de l'autre, de quelqu'usurpation ». C'est une expérience importante & nouvelle en politique, qui mérite à quelques égards, une attention particulière : sous d'autres points de vue elle peut paroître une expérience isolée, faite dans des circonstances particulières & dont le résultat n'est pas absolument concluant. Mais appliquée à la question qui nous occupe, elle offre quelques faits que je citerai avec confiance à l'appui de mon opinion.

Premièrement il paroît par les noms de ceux qui composoient ce conseil, que plusieurs au moins de ceux qui y avoient le plus d'influence, avoient été à la tête des partis antérieurement existans dans l'Etat.

En second lieu, ils avoient exercé aussi les fonctions législatives ou exécutives avec beaucoup d'activité & d'influence dans le cours des années sur lesquelles devoit porter l'examen du Conseil. Ils avoient été ou instigateurs, ou adversaires des mesures qu'il s'agissoit de juger d'après les termes de la Conſtitution. Deux des membres de cette aſſemblée avoient été vice-préſidens de l'Etat, & quelques autres membres du Conſeil exécutif dans le cours des ſept années précédentes. L'un d'entr'eux avoit été orateur dans l'aſſemblée légiſlative, & pluſieurs autres y avoient joué un rôle important durant le même eſpace de temps.

Chaque page des délibérations de cette aſſemblée atteſte l'effet que toutes ces circonſtances ont produit ſur elle. Pendant toute ſa durée elle fut diviſée en deux partis opiniâtres & violens. Ceux qui la compoſoient reconnoiſſent & déplorent ce fait. Au reſte ils le nieroient en vain. Sur les queſtions les moins importantes & les plus iſolées, les noms ſont toujours rangés ſur deux colonnes. Tout obſervateur impartial en conclura ſans crainte d'erreur & ſans vouloir attaquer l'un ou l'autre des deux partis ou aucun des individus qui les compoſoient, que malheureuſement c'eſt la paſſion & non la raiſon qui a préſidé à leurs déciſions. Quand des hommes exercent froidement & librement leur raiſon ſur diverſes queſtions bien diſtinctes, ils différent néceſſairement d'opinion ſur quelques-unes d'entr'elles. Mais quand ils ſont gouvernés par une paſſion commune, leurs opinions, ſi on peut leur donner ce nom, ſont toujours les mêmes.

Quatrièmement il eſt au moins douteux que les déciſions de ce corps, ſur les bornes reſpectives des pouvoirs, ſoient conformes à la Conſtitution.

Enfin je n'ai jamais entendu dire que les déciſions du Conſeil, ou ſages ou erronnées, aient rien changé aux uſages fondés ſur les interprétations légiſlatives. Il paroît même, ſi je ne me trompe, que ſur un article, la légiſlature qui exiſtoit alors a refuſé de reconnoître les interprétations du Conſeil & a obtenu l'avantage dans cette conteſtation.

L'aſſemblée des cenſeurs prouve donc, par ſes recherches, l'exiſtence du mal, & par ſon exemple, l'impuiſſance du remède.

On ne peut affoiblir l'induction tirée de ces faits, en prétendant que l'Etat où cette épreuve a été faite, étoit à cette époque & avoit été depuis long-temps échauffé & déchiré par la rage des partis. En effet peut-on préſumer que tous les ſept ans ou à quelqu'époque déterminée que ce ſoit, cet Etat ou tout autre ne ſoit diviſé par aucun parti ? C'eſt ce que nous ne devons ni croire, ni deſirer; car une extinction abſolue de tous les partis ſuppoſeroit ou une allarme univerſelle pour la ſûreté publique, ou la deſtruction entière de la liberté.

On ne préviendroit pas la difficulté en prenant

le parti d'exclure des assemblées élues par le Peuple pour examiner la conduite du Gouvernement, ceux qui y auroient eu part. Cette importante fonction seroit alors abandonnée à des hommes qui avec moins de talens, n'auroient pas plus d'impartialité. Sans avoir eu part à l'administration, & par conséquent aux mesures qu'il seroit question d'examiner, ils se trouveroient enveloppés dans les partis que ces mesures auroient fait naître & dont l'influence les auroit fait élire.

CHAPITRE LI.

Continuation du même Sujet.

A QUEL moyen aurons-nous donc recours pour maintenir dans la pratique cette essentielle séparation des pouvoirs, que la Constitution établit? Puisque tous les remèdes extérieurs sont sans effet, c'est dans l'organisation même du Gouvernement qu'il faut en chercher un nouveau; il faut que chacune de ses parties soit posée de manière à retenir toutes les autres dans leur place. Sans entreprendre de développer pleinement cette idée, je chercherai par un petit nombre d'observations générales, à l'éclaircir & à nous mettre à portée de juger plus sainement du Gouvernement proposé par la Convention.

Pour maintenir la séparation des pouvoirs, il faut évidemment que chacun d'eux ait une volonté qui lui soit propre; & par conséquent soit organisé de manière que ceux qui l'exercent, aient le moins d'influence possible sur la nomination des dépositaires des autres pouvoirs. Il faut pour l'observation exacte de ce principe, que cette nomination toujours dépendante du Peuple, s'opère par des canaux, qui soient sans aucune communication entr'eux. Peut-être cette manière d'organiser les différens pouvoirs sera-t-elle dans l'exécution moins difficile qu'on ne l'imagine. Pour prévenir quelques difficultés & quelques dépenses nouvelles que son exécution entraîneroit peut-être, on pourroit sans inconvénient se permettre de déroger sur quelques points à la rigueur du principe, particulièrement dans l'organisation du pouvoir judiciaire; premièrement parce qu'il faut dans les hommes qui l'exercent, des connoissances particulières, & que le premier soin doit être d'adopter le mode d'élection qui sera le plus favorable aux hommes doués de ces connoissances indispensables; en second lieu, parce que les juges étant nommés à vie, ne seront pas dans la dépendance de ceux à qui ils devront leur nomination.

Il

Il eſt également évident que les fonctionnaires publics, chargés de l'exercice de chacun des pouvoirs, doivent être indépendans de ceux qui exercent les autres pouvoirs, quant aux émolumens attachés à leurs offices. Si le Magiſtrat exécutif, ou les juges dépendoient de la légiſlature ſur cet article, leur indépendance ſur tous les autres ſeroit abſolument illuſoire.

Mais le vrai moyen d'empêcher que tous les pouvoirs ne ſoient ſucceſſivement concentrés dans les mêmes mains, c'eſt de donner à ceux qui les exercent, des moyens ſuffiſans & un intérêt perſonnel, pour réſiſter aux uſurpations. Les moyens de défenſe doivent être dans ce cas, comme dans tous les autres, proportionnés aux dangers d'attaques. Il faut oppoſer l'ambition à l'ambition & attacher l'intérêt des hommes au maintien des droits conſtitutionnels de leurs places. C'eſt peut-être une choſe humiliante pour la nature humaine, que la néceſſité de ces moyens compliqués. Mais l'exiſtence même des Gouvernemens n'eſt-elle pas humiliante pour l'humanité? Si les hommes étoient des anges, il ne leur faudroit pas de Gouvernement; ſi les hommes étoient gouvernés par des anges, il ne faudroit aucun moyen intérieur ou extérieur pour régler la marche du Gouvernement. Lorſqu'on fait un Gouvernement pour des hommes & qu'on en confie les rênes à des hommes, le grand problême est de mettre le Gouvernement en état de régler la conduite des gouvernés & de le forcer à régler la sienne. La dépendance où le Gouvernement est du Peuple, est sans doute son premier régulateur; mais l'expérience en a démontré l'insuffisance.

Ce systême qui consiste à employer au défaut de motifs plus estimables, l'opposition & la rivalité des intérêts, se retrouve dans tout le cours des affaires humaines, publiques & privées. Nous le voyons particulièrement mis en pratique dans la distribution des pouvoirs inférieurs, où l'on s'attache à diviser & à combiner les différens offices de manière qu'ils se servent réciproquement de frein, & que les droits publics soient sous la garde des intérêts particuliers. Faut-il moins d'art & de prudence dans la distribution des principaux pouvoirs de l'Etat?

Mais il n'est pas possible de donner à chaque pouvoir assez de force pour sa propre défense. Dans les Gouvernemens républicains, le pouvoir législatif prédomine nécessairement. Le remède à cet inconvénient, est de diviser la Législature en plusieurs portions & de les rendre par la différence du mode de leur élection & de leurs principes d'action, aussi étrangères l'une à l'autre, que le permettent des fonctions communes & la dépendance commune où elles sont de la société. Il peut même être nécessaire d'opposer de nouveaux moyens au danger des usurpations. Si l'excès d'influence du Corps législatif exige qu'il soit ainsi divisé, la foiblesse du pouvoir exécutif demande peut-être qu'il soit fortifié. Un véto absolu semble au premier coup-d'œil, l'arme la plus naturelle pour la défense du Magistrat exécutif. Mais l'usage pourroit en être dangereux & quelquefois insuffisant. Dans les occasions ordinaires, il pourroit n'être pas exercé avec la fermeté nécessaire & dans des occasions extraordinaires, on pourroit en faire un abus perfide; mais au défaut du véto absolu, ne pourroit-on pas établir entre le pouvoir exécutif & la plus foible portion du Corps législatif, certains rapports qui la disposeroient à soutenir les droits constitutionnels du premier, sans abandonner la défense des droits du Corps dont elle feroit partie?

Les principes sur lesquels sont fondées ces observations & que je crois justes, sont plus d'accord avec la Constitution fédérale, qu'avec celles des Etats.

Il est encore deux considérations particulièrement applicables au système fédéral de l'Amérique & qui en font sentir les avantages.

Premièrement dans une république ſimple, toute l'autorité déléguée par le Peuple, eſt confiée à un ſeul Gouvernement, & la diviſion des pouvoirs prévient les uſurpations. Dans la république compoſée qu'a formée l'Amérique, l'autorité déléguée par le Peuple, eſt premièrement partagée entre deux Gouvernemens bien diſtincts, & la portion que chacun d'eux reçoit en partage, eſt ſubdiviſée en trois différentes portions. Delà réſulte une double ſécurité pour les droits du Peuple. Chacun des différens Gouvernemens retenu dans ſes bornes conſtitutionnelles par tous les autres, ſe dirige & ſe règle encore lui-même.

En ſecond lieu, il eſt d'une grande importance dans une république, non-ſeulement de garantir la Nation de la tyrannie de ſes chefs, mais encore de défendre une partie de la ſociété, de l'injuſtice d'une partie plus nombreuſe. Il exiſte néceſſairement des intérêts divers dans les différentes claſſes de Citoyens. Si la majorité eſt unie par un intérêt commun, les droits de la minorité ſeront en danger. Il n'y a que deux manières de prévenir cet inconvénient : la première, en créant dans la ſociété, une volonté indépendante de la majorité, c'eſt-à-dire de la ſociété elle-même : la ſeconde, en y faiſant entrer aſſez de claſſes différentes de Citoyens pour prévenir ou du moins éloigner la possibilité d'un projet injuste formé par la majorité. La première méthode existe dans un Gouvernement fondé sur un pouvoir héréditaire ou établi par la force. Mais l'effet en est au moins douteux; en effet un pouvoir indépendant de la société peut favoriser les projets injustes de la majorité, aussi bien que défendre les droits légitimes de la minorité, & quelquefois il opprime les deux partis. La république fédérative des Etats-Unis offre un exemple de la seconde méthode. Toute autorité dans ce Gouvernement viendra de la société & en sera dépendante; la société elle-même sera divisée en un si grand nombre de partis, renfermera tant d'intérêt divers & de différentes classes de Citoyens, que les droits des individus ou de la minorité seront difficilement attaqués par la majorité. Dans un Gouvernement républicain, les droits civils doivent être défendus par le même moyen que les droits religieux. Ce moyen est la multiplicité des sectes dans un cas, & dans l'autre la multiplicité des intérêts, & leur nombre est en proportion de l'étendue du pays & de sa population. Cette considération prouve toute l'utilité de la Confédération pour le maintien du Gouvernement républicain; si le territoire de l'Union étoit divisé en Confédérations moins étendues, en plus petits Etats, cette division faciliteroit la réunion de la majorité pour des projets injustes, affoibliroit la plus puissante sauve-garde des droits individuels, qui puisse exister dans un Gouvernement républicain, & pour y suppléer il ne resteroit d'autres moyens que de donner à l'un des pouvoirs dont le Gouvernement se compose, plus de stabilité & d'indépendance. L'observation de la justice est le but de tout Gouvernement, de toute société civile. C'est le but vers lequel tendent toujours les Nations jusqu'à ce qu'elles l'aient atteint, ou qu'en faisant de vains efforts pour l'atteindre, elles aient perdu la liberté. Dans une société où une faction plus puissante peut aisément se réunir pour en opprimer une moins nombreuse, l'anarchie régne aussi bien que dans l'état de nature où l'individu plus foible n'est point défendu des entreprises du plus fort : & de même que dans l'état de nature, les inconvéniens d'un Etat incertain & précaire décident les plus forts individus à se soumettre à un Gouvernement qui protége les foibles, ainsi qu'eux-mêmes : dans un Gouvernement anarchique les mêmes motifs conduiront peu-à-peu les factions ou les partis les plus puissans à souhaiter un Gouvernement qui protége & les foibles & les forts. On ne peut guère douter que si Rhode-Island étoit séparé de la Confédération & livré à lui-même, l'incertitude des droits ſous un Gouvernement populaire reſtreint dans un ſi petit eſpace, ne fût tellement manifeſtée par les injuſtices ſans nombre d'une majorité factieuſe, qu'à la fin un pouvoir entièrement indépendant du Peuple, ne fût invoqué par les factieux mêmes dont les violences en auroient fait ſentir la néceſſité. Dans une république auſſi étendue que celle des Etats-Unis, qui renfermera un grand nombre d'intérêts, de partis & de sectes différentes, la majorité ſera rarement coaliſée par d'autres motifs que la juſtice & l'intérêt général, & comme la minorité aura moins à craindre ſes entrepriſes, on pourra moins aiſément, ſous prétexte de l'en garantir, introduire dans le Gouvernement une volonté indépendante de la majorité, ou en d'autres termes, de la ſociété elle-même. C'eſt une vérité non moins inconteſtable qu'importante, quoique contraire à l'opinion commune, que plus une ſociété eſt étendue, pourvu qu'on ne veuille pas l'étendre au-delà des bornes de la poſſibilité, plus elle eſt en état de ſe gouverner elle-même ; & heureuſement pour l'intérêt des Gouvernemens républicains, les bornes du poſſible à cet égard, peuvent être portées juſqu'à une immenſe étendue, par une modification & une combinaiſon judicieuſe des principes de la Confédération.

CHAPITRE LII.

De la chambre des Repréſentans, des conditions de l'élection & de l'éligibilité, & de la durée du ſervice des Repréſentans.

DES réflexions générales auxquelles ont été conſacrés les quatre derniers chapitres, je paſſe à un examen plus particulier des différentes parties du Gouvernement. Je commencerai par la chambre des Repréſentans.

Le premier objet qui ſe préſente, ce ſont les conditions requiſes pour élire & pour être élu. Quant au premier, les conditions ſont les mêmes que celles qui ſont requiſes dans les électeurs de la plus nombreuſe ſection de la Légiſlature de chaque Etat. La fixation du droit de ſuffrage eſt avec raiſon regardée comme un article fondamental du Gouvernement républicain. La Convention ne pouvoit donc ſe diſpenſer de fixer & d'établir ce droit dans la Conſtitution. Soumettre cet objet aux déciſions du Congrès, c'eſt ce que ſon importance ne permettoit pas; le même motif défendoit de le laiſſer décider aux Légiſlatures des Etats; en outre c'eut été rendre trop dépendante des

Gouvernemens des Etats, cette portion de la Légiſlature fédérale, qui ne doit dépendre que du Peuple. Réduire les différentes conditions requiſes dans les différens Etats à une régle uniforme, eût été auſſi déſagréable à quelques-uns des Etats, que difficile à la Convention. Ainſi la Convention ſemble avoir fait à cet égard la meilleure diſpoſition qu'elle ait pu faire. Elle ſera ſatisfaiſante pour chaque Etat, parce qu'elle ſera conforme à celle qu'il aura adoptée, ou qu'il adoptera par la ſuite. Elle ſera ſûre pour les Etats-Unis; parce que fixée par les Conſtitutions des Etats, elle ne peut être changée par leurs Gouvernemens, & l'on ne peut que craindre que le Peuple en altérant cette partie de ſa Conſtitution, ne s'ôte à lui-même une partie des droits qui lui ſont aſſurés par la Conſtitution fédérale.

Les conditions d'éligibilité, ayant été moins ſoigneuſement & moins bien déterminées par les Conſtitutions des Etats, étant en même-temps plus ſuſceptibles d'uniformité, ont été avec raiſon priſes en conſidération & fixées par la Convention. Un Repréſentant des Etats-Unis ne peut avoir moins de vingt-cinq ans; il faut qu'à l'époque de ſon élection, il ait été habitant de l'Etat qu'il doit repréſenter, & il ne peut pendant la durée de ſes fonctions occuper aucun office conféré par les Etats-Unis. Avec ces ſages limitations, cette partie du Gouvernement fédéral est ouverte au mérite de tous les genres, qu'il se trouve dans un homme natif de ce pays ou naturalisé, vieux ou jeune, sans aucune distinction relative à la pauvreté, à la richesse ou aux opinions religieuses.

Le temps pour lequel les Représentans sont élus, est le second objet qui se présente à l'examen. Pour juger de l'article qui prononce à cet égard, il faut examiner d'abord, si par les élections biennales la chambre des Représentans sera assez fréquemment renouvelée pour que la liberté ne soit pas en danger; secondement, si elles seront nécessaires ou utiles.

Premièrement, s'il est nécessaire à la liberté que le Gouvernement en général ait un intérêt commun avec le Peuple; il est particulièrement essentiel que la partie du Gouvernement que nous examinons soit dans une dépendance immédiate du Peuple & qu'elle ait avec lui une parfaite sympathie; or le seul moyen d'assurer cette dépendance & cette sympathie, est incontestablement la fréquence des élections. Mais quel est le degré de fréquence absolument nécessaire pour cet effet? C'est ce qu'il n'est pas aisé de déterminer avec précision parce que cela dépend d'une multitude de circonstances différentes. Consultons l'expérience, c'eſt elle qu'il faut toujours prendre pour guide quand elle s'offre à nous.

Les anciens ne connoiſſant du moins que très-imparfaitement le ſyſtême repréſentatif, ce n'eſt que dans les temps modernes que nous pouvons trouver des exemples inſtructifs, & même pour éviter des recherches trop étendues, il faut choiſir ceux qui ont le plus d'analogie avec l'objet de notre examen. Le premier qui ſe préſente eſt celui de la chambre des communes de l'Angleterre. L'hiſtoire de ce corps, antérieurement à l'époque de la Grande Chartre, eſt trop obſcure, pour que nous puiſſions en tirer des lumières. Son exiſtence même fait une queſtion parmi les ſavans. Les plus anciens monumens qui nous reſtent du temps qui a ſuivi la Grande Charte, prouvent que les parlemens devoient ſiéger tous les ans, & non être élus tous les ans; & même ces ſeſſions annuelles étoient tellement ſubordonnées à la volonté des Rois, que leur ambition mit ſouvent entre les ſeſſions de ce Corps, de longs & dangereux intervalles. Pour remédier à cet inconvénient, il fut décidé par un ſtatut, ſous le regne de Charles ſecond, que les intervalles ne pourroient être prolongés au-delà de trois ans. A l'avénément de Guillaume III, une révolution ayant changé la forme du Gouvernement, cette queſtion fut traitée avec plus d'attention, & il fut déclaré que la convocation fréquente des parlemens étoit au nombre des droits fondamentaux du Peuple. Un autre ſtatut paſſé peu d'années après ſous le même règne, détermina d'une manière plus préciſe, le ſens du premier & décida qu'il ſeroit convoqué un nouveau parlement tous les trois ans. Tout le monde ſait que le dernier changement de trois à ſept ans eut lieu vers le commencement de ce ſiècle, & que des craintes relatives à la ſucceſſion de la maiſon d'Hanovre en furent la cauſe. D'après ces faits, il paroît que dans le royaume d'Angleterre, les élections triennales parurent toujours ſuffiſantes pour enchaîner les Repréſentans à la volonté de leurs commettans. D'après le degré de liberté que conſerve l'Angleterre, avec les élections ſeptennales & les autres vices qu'on peut reprocher à l'organiſation de ſon parlement, pouvons-nous douter que le changement de ſept à trois ans, accompagné des autres réformes néceſſaires, n'étendît extrêmement l'influence du Peuple ſur ſes Repréſentans, & que parmi nous, ſous un Gouvernement fédératif, des élections biennales ne tiennent toujours les Repréſentans dans la dépendance où ils doivent être de leurs commettans? Les élections en Irlande, furent juſqu'aux derniers temps réglées par la ſeule volonté des Rois d'Angleterre, & n'étoient guère renouvelées qu'à l'avénement d'un nouveau Prince, ou à l'occaſion de quelqu'autre événement d'une égale importance. Le parlement qui commença avec George III, fut continué pendant tout ſon regne qui dura environ trente-cinq ans. Le Peuple n'avoit d'autre droit que celui de remplir les places vacantes, par l'élection de nouveaux membres & de les renouveler tous par une réélection générale quand elle étoit ramenée par quelqu'événement particulier. Tel étoit le ſeul moyen d'influence qu'il eut ſur ſes Repréſentans; & ſi les membres du parlement d'Irlande étoient diſpoſés à défendre les droits de leurs commettans, leur pouvoir pour cet effet étoit ſoumis à celui du Roi qui leur preſcrivoit les objets de leurs délibérations. Ces entraves ont enfin été détruites, & les membres du parlement d'Irlande ſont aujourd'hui élus tous les huit ans. L'expérience nous montrera quel effet on doit attendre de cette réforme partielle. D'après ce coup-d'œil, l'exemple de l'Irlande ne peut être pour nous extrêmement inſtructif. La ſeule conſéquence qu'on pourroit en tirer, c'eſt que ſi, avec tous ces déſavantages, le Peuple de ce pays a conſervé quelqu'ombre de liberté, l'avantage des élections biennales lui aſſureroit toute la liberté que peuvent procurer à un pays les rapports intimes qui doivent exiſter entre le Peuple & ſes Repréſentans.

Portons nos regards plus près de nous. L'exemple de nos Etats, quand ils étoient des Colonies angloises, mérite une attention particulière, & nous est assez bien connu pour ne pas nous obliger à entrer dans de longs détails. Le systême représentatif étoit établi dans tous les Etats, du moins quant à l'une des portions de la Législature; mais l'époque des élections étoit différente; elle varioit depuis un an jusqu'à sept. Conclurons-nous de la conduite des Représentans du Peuple antérieurement à la révolution, que des élections biennales eussent mis la liberté publique en danger? Le courage qui se déploya par-tout au commencement de la guerre & qui triompha de tous les obstacles opposés à l'indépendance, prouve bien qu'il existoit alors assez de liberté parmi nous, pour nous en faire sentir le prix & nous inspirer un ardent desir d'en acquérir davantage. Cette observation s'applique aux Colonies où les élections étoient le plus rares, comme à celles où elles étoient le plus fréquentes. La Virginie fut la première qui opposa quelque résistance aux usurpations du parlement d'Angleterre; elle fut aussi la première à adopter par un acte public, le projet d'indépendance. En Virginie cependant, si je ne suis pas mal instruit, les élections dans l'ancienne forme de Gouvernement, étoient septennales. Si nous citons l'exemple de cet Etat, ce n'eſt pas pour lui attribuer un mérite particulier, car ce fut vraiſemblablement au haſard qu'il dut la priorité dans les démarches qui nous menèrent à l'indépendance. C'eſt encore moins pour vanter les élections ſeptennales, car elles doivent être ſans doute plus fréquentes; mais c'eſt pour prouver qu'à bien plus forte raiſon, le terme de deux ans ne peut inſpirer d'allarmes pour notre liberté.

Nous rappellerons trois circonſtances qui fortifient l'autorité de ces exemples. Premièrement, la Légiſlature fédérale n'aura qu'une partie du pouvoir légiſlatif ſuprême que le parlement d'Angleterre exerce dans ſa plénitude, & qui, à quelques exceptions près, étoit attribué aux Aſſemblées coloniales & au parlement d'Irlande, & c'eſt un principe reconnu, que plus un pouvoir eſt borné, plus ſa durée peut être étendue ſans danger. En ſecond lieu, on a déjà fait voir qu'outre l'influence du Peuple ſur la Légiſlature fédérale, elle ſera encore ſurveillée & contenue dans ſa marche par les Légiſlatures particulières. Les autres Nations n'ont pas ce moyen de réprimer les uſurpations de leurs Aſſemblées légiſlatives. En troiſième lieu, les membres du Gouvernement dont les fonctions ont une durée beaucoup plus étendue, dans le cas où ils ſeroient diſpoſés à corrompre la chambre des Repréſentans, auront toujours ſur elle beaucoup moins de moyens d'influence, que les Légiſlatures particulières. Ainſi avec moins de pouvoir pour abuſer, la chambre des Repréſentans éprouvera moins de tentations & ſera plus exactement ſurveillée que les Aſſemblées légiſlatives des autres pays.

CHAPITRE LIII.

Continuation du même Sujet ; réflexions ſur la durée des fonctions des Membres de la chambre des Repréſentans.

ON me rappellera peut-être cette obſervation commune, « où finiſſent les élections annuelles, là commence la tyrannie ». S'il eſt vrai que les mots qui deviennent proverbes, ſont généralement vrais, il n'eſt pas moins vrai qu'ils peuvent être mal appliqués. Ce cas-ci nous en offre une preuve. Quel eſt le fondement de cette obſervation proverbiale ? Il n'eſt point d'homme qui puiſſe ſérieuſement prétendre qu'il exiſte un rapport naturel entre le cours des ſaiſons qui compoſent une année, & l'eſpace de temps durant lequel la vertu peut réſiſter aux ſéductions du pouvoir. Heureuſement

ſement pour le genre-humain, la liberté à cet égard n'eſt point circonſcrite dans un eſpace de temps déterminé, invariable ; elle peut recevoir toutes les modifications qu'exigent les ſituations & les circonſtances différentes où ſe trouvent les ſociétés civiles. L'élection des Magiſtrats peut être & a été quelquefois renouvelée ſuivant qu'on l'a jugé utile, tous les jours, toutes les ſemaines, tous les mois, auſſi bien que tous les ans ; & ſi les circonſtances peuvent exiger qu'on s'écarte de la rigueur du principe ſur un point, pourquoi pas ſur un autre ? Si nous examinons les époques du renouvellement de la chambre la plus nombreuſe dans les Légiſlatures des Etats, nous trouverons que leurs Conſtitutions ne s'accordent pas plus à cet égard, que ſur les élections des autres Magiſtrats civils. Dans Connecticut & Rode-Iſland, les élections ſe font tous les ſix mois, elles ſont annuelles dans tous les autres Etats, excepté la Caroline du Sud où elles ſont biennales, comme dans le Gouvernement fédéral propoſé par la Convention. Ainſi la différence entre les époques les plus éloignées & les plus rapprochées, eſt dans la proportion de quatre à un. Il ne ſeroit cependant pas aiſé de prouver que Connecticut ou Rode-Iſland ſont mieux gouvernés, ou jouiſſent d'un plus grand degré de vraie liberté, que la Caroline du Sud, ou que les différences dans les époques des élections établissent à cet égard une différence réelle entre les autres Etats.

En cherchant les fondemens de cette opinion, je n'en vois qu'un, & il nous est entièrement inapplicable. La distinction importante si généralement reçue en Amérique, entre une Constitution établie par le Peuple, à laquelle le Gouvernement ne peut faire subir aucune altération, & une loi faite par le Gouvernement, qu'il peut changer à son gré, semble avoir été méconnue ou négligée dans tous les autres pays. Par-tout où est le pouvoir législatif suprême, on a cru voir le droit de changer la forme du Gouvernement. Même en Angleterre, dans le pays où les principes de la liberté civile & politique ont été le plus discutés, où l'on entend le plus parler de droits constitutionnels, l'autorité du parlement est regardée comme absolue & illimitée, tant à l'égard de la Constitution, que des objets de Législation ordinaire. Il a souvent changé par des actes législatifs, les principes fondamentaux du Gouvernement. Il a, en particulier, changé plusieurs fois les époques des élections, & en dernier lieu non-seulement il les a rendues septennales, de biennales qu'elles étoient, mais par le même acte il s'est prorogé quatre ans au-delà du terme pour lequel il avoit été nommé. Allarmés de ces opérations, les amis de la liberté, penſant avec raiſon que la fréquence des élections en étoit le principal appui, ont cherché quelque nouveau moyen de défenſe contre les dangers dont ils la voyoient menacée. Elle n'étoit pas défendue comme ici par une Conſtitution placée au-deſſus du pouvoir du Gouvernement. Il a donc fallu lui chercher quelqu'autre appui; on n'en pouvoit trouver un plus ſûr que de fixer un terme ſimple, familier à tout le monde, comme celui d'un an, pendant lequel le danger des innovations pût être jugé, le vœu National reconnu, & les efforts des bons Citoyens réunis. C'eſt donc pour oppoſer quelqu'obſtacle aux uſurpations ſucceſſives d'un Gouvernement illimité, qu'on a cherché à faire enviſager comme un premier pas vers la tyrannie, toute dérogation au ſyſtême des élections annuelles. Mais quelle néceſſité d'appliquer ce remède au Gouvernement fédéral limité par l'autorité ſupérieure d'un Conſtitution inattaquable? Peut-on nier que la liberté de l'Amérique ne ſoit mieux aſſurée par des élections biennales, invariablement fixées par une ſemblable Conſtitution, que celle d'aucune autre Nation ne pourroit l'être par des élections annuelles ou même plus fréquentes, mais ſujettes aux changemens opérés par le pouvoir ordinaire du Gouvernement.

La second question à examiner, eſt de ſavoir, ſi les élections biennales ſont néceſſaires ou utiles : elle eſt décidée à l'affirmative par deux conſidérations très-ſimples.

Un homme ne peut être un bon Légiſlateur ſans unir à une intention pure & à un jugement ſain, un certain degré de connoiſſance relativement aux objets de la Légiſlation. Une partie de ces connoiſſances peut s'acquérir par des moyens qui ſont à la portée des hommes vivant dans une condition privée, auſſi-bien que des hommes revêtus d'emplois publics. L'autre ne peut ſe former ou ſe perfectionner que par une expérience acquiſe dans les places qui en exigent l'uſage. La durée des fonctions doit donc être proportionnée à l'étendue des connoiſſances pratiques néceſſaires pour les bien remplir. Dans la plupart des Etats les membres de la plus nombreuſe portion du Corps légiſlatif ſont élus pour un an. D'après cela on peut poſer la queſtion dans ces termes : s'il faut un an pour acquérir les connoiſſances requiſes pour la Légiſlation des Etats, un eſpace de deux ans n'eſt-il pas encore plus néceſſaire pour parvenir aux connoiſſances qu'exige la Légiſlation fédérale ? Cette manière de poſer la queſtion indique la réponſe qu'on y doit faire.

Pour la Légiſlation d'un Etat, les connoiſſances requiſes ſe bornent aux loix exiſtantes qui ſont uniformes dans tout l'Etat & que tous les Citoyens connoiſſent plus ou moins exactement, & aux affaires générales de l'Etat, circonſcrites dans un petit eſpace & qui ſont l'objet de l'attention & de la converſation des Habitans de toutes les claſſes. Placés ſur un plus grand théâtre, les Légiſlateurs des Etats-Unis ont auſſi des rôles différens. Les loix, loin d'être uniformes, varient dans chaque Etat; les affaires publiques diſſéminées ſur une immenſe étendue, ſont diverſifiées à l'infini par les affaires locales avec leſquelles elles ſe trouvent liées, & ne peuvent, ſans difficulté, être exactement connues que dans une aſſemblée centrale où des députés de toutes les parties de l'Empire en apportent la connoiſſance. Les députés de chaque Etat doivent avoir une connoiſſance générale des affaires & même des loix de tous les Etats. Comment régler le commerce étranger par des loix ſages & uniformes, ſans connoître le commerce, les ports, les uſages, & les réglemens des différens Etats? Comment régler convenablement le commerce entre les Etats, ſans connoître leur ſituation relative ſur cet objet & ſur pluſieurs autres? Comment les impôts ſeroient-ils ſagement établis & exactement perçus, s'ils n'étoient d'accord avec les loix diverses & les circonstances locales qui s'y rapportent dans les différens Etats? Comment faire des réglemens uniformes pour la milice, sans une égale connoissance de certaines circonstances particulières qui à cet égard établissent quelque différence entre les Etats? Laissons les principaux objets de la Législation fédérale. Les objets inférieurs exigent toujours un degré d'instruction proportionné à leur importance & à leur difficulté.

Il est vrai que ces difficultés seront par degrés considérablement diminuées. Quand le Gouvernement sera entré avec succès dans l'exercice de ses fonctions, quand il aura été rédigé un premier code fédéral, le plus difficile sera fait, & les améliorations successives qu'exige toujours l'imperfection d'un premier plan, deviendront chaque année plus aisées & moins nombreuses. Les nouveaux agens du Gouvernement trouveront une source d'instructions toujours faciles & toujours utiles dans les actes des délibérations de leurs prédécesseurs. Les affaires de l'Union deviendront de plus en plus l'objet de la curiosité & de la conversation de tous les Citoyens; & une communication plus fréquente entre les Etats, en y répandant plus de connoissances sur leurs affaires réciproques, tendra encore à assimiler leurs mœurs & leurs loix. Mais avec toutes ces diminutions la Législation fédérale toujours plus nouvelle & plus difficile pour ceux qui en exerceront les fonctions, exigera un plus long exercice.

Un membre de la chambre des Représentans de l'Union ne doit pas ignorer non plus, ce qui regarde les affaires étrangères. En réglant notre commerce, il doit connoître les traités entre les Etats-Unis & les autres Nations, il doit connoître encore le systême politique & les loix des autres Nations ; & comme les questions relatives au droit des gens qui peuvent être décidées par des loix nationales, seront soumises au Gouvernement fédéral, il faut qu'il ne soit point étranger au droit des gens. Quoique la chambre des Représentans ne doive pas participer immédiatement aux négociations & aux stipulations avec les puissances étrangères, d'après la liaison qui existe toujours entre tous les genres d'affaires publiques, celui-ci attirera souvent l'attention du Corps législatif & quelquefois ne pourra se conclure sans sa sanction & sa coopération. Quelques-unes de ces connoissances pourront sans doute s'acquérir par l'étude & dans la retraite; mais il en est que l'habitude des affaires publiques pourra seule donner, & le meilleur moyen de les acquérir toutes, sera d'exercer ſoi-même les fonctions légiſlatives & d'obſerver attentivement les faits.

Il eſt d'autres conſidérations d'un ordre inférieur, mais qui méritent auſſi quelqu'attention. La diſtance où ſe trouveront quelques-uns des Repréſentans, pourra empêcher des hommes capables de bien remplir ces fonctions, de les accepter, ſi elles ſont bornées à un terme d'un an. On ne peut s'autoriſer à cet égard de l'exemple des Députés au Congrès actuel. Il eſt vrai qu'ils ſont élus tous les ans, mais leur réélection eſt regardée par les aſſemblées légiſlatives, preſque comme une choſe de droit. L'élection des Repréſentans par le Peuple ne ſera pas réglée par le même principe.

Un petit nombre de membres doués de talens ſupérieurs, comme il s'en trouve toujours dans les aſſemblées délibérantes, parviendront à perpétuer pour ainſi dire la durée de leurs fonctions par des réélections fréquentes, & ſe rendant maîtres des affaires publiques, feront peut-être diſpoſés à abuſer de leurs avantages. Plus il y aura de nouveaux membres, moins la partie nombreuſe de l'aſſemblée ſera inſtruite, & plus elle ſera expoſée à tomber dans les piéges qu'on lui tendra.

Un inconvénient attaché à la fréquence des élections, même dans les Etats particuliers, lorſqu'ils sont étendus & n'ont qu'une session du Corps législatif par an, c'est que les élections défectueuses ne peuvent être examinées & annulées assez tôt pour que les décisions reçoivent leur effet. Les membres qui ont pris séance en vertu de pouvoirs obtenus par des moyens illégitimes, sont sûrs de la conserver assez de temps pour parvenir à leur but. Cet abus encourage l'emploi des moyens illégitimes pour obtenir des pouvoirs irréguliers. Ces manœuvres se reproduiroient & pourroient avoir un effet funeste dans la Législature fédérale, si les élections étoient annuelles; l'inconvénient seroit plus grand encore pour les Etats éloignés du centre. Chaque chambre juge comme de raison des élections & de l'éligibilité de ses membres, & vérifie leurs pouvoirs : quelques moyens qu'on pût employer pour accélérer la décision des questions contentieuses à cet égard, il s'écouleroit nécessairement une si grande partie de l'année, avant qu'on pût expulser un membre illégalement élu, que la crainte de l'expulsion n'opposeroit qu'un frein impuissant à l'emploi des manœuvres illicites pour obtenir une place parmi les Représentans.

Le résultat de ces observations prouve que les élections biennales seront aussi utiles pour les affaires publiques, que sans danger pour la liberté.

CHAPITRE LIV.

Continuation du même Sujet ; du mode de repréſentation.

LE ſecond objet à examiner, relativement à la chambre des Repréſentans, c'eſt le nombre de membres que chaque Etat doit y envoyer.

On ne nie pas que le nombre des Repréſentans de chaque Etat ne doive être proportionné à ſa population. On reconnoîtra auſſi facilement ſans doute que la répartition de l'impôt direct entre les Etats doit être ſoumiſe à la même régle, quoique dans les deux cas cette régle ne ſoit pas fondée ſur les mêmes principes. Dans le premier elle a pour baſe les droits du Peuple, auxquels elle eſt parfaitement conforme. Dans le ſecond, elle eſt fondée ſur les richeſſes proportionnelles, dont elle eſt une meſure toujours inexacte. Mais malgré ſon imperfection, elle eſt encore la moins défectueuſe de celles qu'on peut mettre en uſage, & elle a trop récemment obtenu l'approbation de l'Amérique, pour que la Convention pût lui refuſer la préférence.

Tout cela eſt reconnu, mais on dira peut-être:

en adoptant la population comme meſure de la repréſentation, on ne doit pas y comprendre les eſclaves, comme quand il s'agit de l'impôt. Les eſclaves ſont conſidérés comme propriété & non comme perſonnes. Ils doivent donc entrer dans le calcul de l'impôt qui eſt fondé ſur la propriété, & être exclus de la repréſentation qui doit dépendre du nombre des perſonnes. Voilà l'objection, je crois, dans toute ſa force, j'expoſerai la réponſe avec autant de ſincérité.

Nous reconnoiſſons, pourroit dire un habitant du Sud, que la repréſentation eſt plus particulièrement fondée ſur le nombre des perſonnes, & l'impôt ſur la ſomme des propriétés ; mais il eſt faux que les eſclaves ſoient toujours enviſagés comme propriétés, & jamais comme perſonnes. Le fait eſt que nos loix les conſidèrent alternativement ſous ces deux rapports. Forcé à travailler non pour lui, mais pour un maître, pouvant être vendu, gêné à tout moment dans l'exercice de ſa liberté & châtié corporellement ſuivant le caprice d'un autre, l'eſclave peut paroître dégradé au-deſſous de la condition humaine & placé dans la claſſe des animaux privés de raiſon, qui ſont la propriété des hommes. Mais d'un autre côté la loi qui protége la vie & le corps de l'eſclave contre les violences de tous les autres & même du maître de ſon travail & de ſa liberté, qui le punit lui-même d'une violence commiſe contre un autre, le conſidère évidemment comme membre de la ſociété, non comme appartenant à la claſſe des êtres privés de raiſon, comme une perſonne morale & non comme un être paſſif faiſant partie de la propriété d'un maître. C'eſt donc avec raiſon que la Conſtitution fédérale les conſidère à la fois, comme hommes & comme propriétés. Les loix auxquelles ils ſont ſoumis leur impriment ce double caractère, & c'eſt évidemment ces loix qui ont dû ſervir de baſe à la déciſion de la queſtion qui nous occupe ; en effet c'eſt ſous le ſeul prétexte que les loix ont fait des négres la propriété de quelques blancs, qu'on refuſe de les faire entrer dans le calcul de la population ; ſi ces loix leur rendoient les droits qu'ils ont perdus, ils auroient à la repréſentation un droit égal à celui des autres habitans.

La queſtion peut être enviſagée ſous un autre point de vue. Il eſt généralement reconnu que la population eſt la meſure la moins imparfaite de l'impôt, & la ſeule exacte meſure de la repréſentation. La conduite de la Convention eût-elle été impartiale ou conſéquente, ſi elle eut rejetté les eſclaves de la liſte des habitans pour la repréſentation & les y eut placés pour l'impôt ? Peut-on croire que les Etats du midi ſe fuſſent ſoumis à un ſyſtême qui conſidère leurs eſclaves comme des hommes quand il s'agit de leur impoſer des charges, & qui leur en refuſe la qualité, lorſqu'il peut en réſulter pour eux un avantage? N'eſt-il pas étonnant d'entendre ceux qui reprochent aux Etats du Sud les loix barbares qui les autoriſent à regarder leurs ſemblables comme leur propriété, ſoutenir que le Gouvernement fédéral doit leur imprimer ce caractère, contraire au vœu de la nature, plus complettement encore que les loix contre leſquelles ils s'élevent avec tant de raiſon?

On répliquera peut-être que les eſclaves n'influent point ſur la repréſentation dans les Etats qui en poſſédent, qu'ils ne votent point eux-mêmes & n'ajoutent point une valeur additionnelle au vote de leur maître. D'après quel principe influent-ils donc ſur la repréſentation dans le Gouvernement fédéral? En les rejettant entièrement, la Conſtitution ſe conformeroit aux loix mêmes qu'elle a conſultées & dont on s'appuie pour la défendre.

Une ſeule obſervation ſuffira pour détruire cette objection. C'eſt un principe fondamental de la Conſtitution propoſée, que le Gouvernement fédéral doit fixer d'après la population de chaque

Etat, le nombre de Repréſentans qu'il doit envoyer, & que ce nombre fixé de Repréſentans doit être élu par ceux des habitans à qui les loix particulières de l'Etat en auront conféré le droit. Il n'eſt peut-être pas deux Etats dont les loix s'accordent ſur le droit de ſuffrage. Pluſieurs different eſſentiellement à cet égard, mais il n'en eſt pas un dont la Conſtitution ne prive de ce droit un certain nombre d'habitans, compris cependant dans le dénombrement qui fixera le nombre des Repréſentans de chaque Etat. D'après cela les Etats du Sud ne pourroient-ils pas réclamer à leur tour l'obſervation du principe établi par la Convention, qui exige qu'on n'ait aucun égard aux loix particulières des Etats relatives à leurs habitans ? Ne pourroient-ils pas demander que les eſclaves entraſſent dans le dénombrement comme les habitans à qui les autres Etats refuſent le droit de Citoyen ? Ils ne réclament pas l'obſervation rigoureuſe du principe qui les favoriſe, ils demandent ſeulement une modération égale à leurs adverſaires. Les eſclaves ſont dans un cas particulier. Adoptons à leur égard le parti mitoyen propoſé par la Convention, qui les regarde comme habitans, mais placés par la ſervitude au-deſſous des Citoyens libres, enfin qui regarde l'eſclave comme dépouillé des trois cinquièmes des droits de l'humanité.

Jusqu'ici nous sommes toujours partis de l'idée que la représentation ne regardoit que les personnes & jamais les propriétés. Est-ce une idée juste ? Le Gouvernement est institué pour la défense de la propriété comme de la personne des Citoyens. L'une & l'autre sont donc également représentées par ceux qui exercent les fonctions du Gouvernement. Dans quelques Etats, dans celui de New-York en particulier, une des parties de la Législature est plus particulièrement considérée comme protectrice des propriétés, & est en conséquence élue par la partie de la société la plus intéressée à leur défense. Dans la Constitution fédérale, les droits de propriété sont confiés aux mêmes personnes que les droits personnels. Il faut donc faire quelqu'attention à la propriété dans le choix de ces personnes.

Il existe encore un motif pour consulter la richesse comparative des Etats dans la distribution des votes que chacun d'eux doit avoir dans la Législature fédérale. Les Etats n'ont pas comme les individus, l'un sur l'autre une influence résultante de la supériorité de richesse. Si la loi ne donne à un Citoyen opulent qu'une voix pour l'élection de son Représentant, sa fortune lui donne sur plusieurs autres une influence au moyen de laquelle il dirige souvent leur choix. Un Etat ne peut avoir ſur les autres Etats, un ſemblable empire. Aucun d'entr'eux n'influera jamais ſur le choix d'un ſeul des Repréſentans d'aucun autre ; & les Repréſentans des Etats les plus grands & les plus riches n'auront ſur ceux des Etats plus petits ou plus pauvres, d'autre avantage, que celui qui réſultera de la ſupériorité du nombre. Si donc la ſupériorité de richeſſe ou d'importance leur donne droit à quelqu'avantage, ils ne peuvent l'obtenir que d'une plus grande part dans la repréſentation. La Conſtitution nouvelle diffère à cet égard de celle qui exiſte aujourd'hui, de celle de la Hollande & de pluſieurs autres Confédérations ſemblables, où les réſolutions du Corps fédéral ſont ſoumiſes aux réſolutions ſubſéquentes des Etats, qui compoſent l'Union. Dans ce cas, les Etats quoiqu'ayant chacun un vote égal dans l'Aſſemblée fédérale, ont dans le fait une influence inégale, parce que leurs réſolutions ſubſéquentes n'ont pas toutes le même poids dans la balance. Dans la Conſtitution propoſée, les déciſions du Congrès recevront leur exécution, ſans avoir beſoin de l'intervention des Etats particuliers. Elles ſeront formées par la majorité des votes dans la Légiſlature fédérale, ainſi chaque vote, qu'il vienne d'un Etat plus ou moins étendu, riche ou puiſſant, aura la même valeur ; de même que dans

la

la Légiſlature d'un Etat particulier, les votes individuellement donnés par les Repréſentans de Comtés ou de Diſtricts inégaux produiſent préciſément le même effet, ou s'il y a quelque différence, elle tient au caractère de l'individu & non à l'étendue du Diſtrict qu'il repréſente.

Tel eſt le raiſonnement qu'on pourroit faire ſur ce ſujet, pour défendre les intérêts des Etats du Sud. Quoique pouſſé trop loin à quelques égards, j'avoue qu'il me paroît concluant en faveur du mode de repréſentation adopté par la Convention.

L'établiſſement d'une meſure commune pour la repréſentation & pour l'impôt, aura encore un important avantage. Comme pour l'exactitude du dénombrement, le Congrès aura beſoin de trouver dans les Etats, ſinon des ſecours, du moins une diſpoſition favorable, il eſt extrêmement important qu'ils ne ſoient pas portés à tromper ſur leur population. Ils auroient intérêt à l'exagérer, s'il ne s'agiſſoit que de la repréſentation. Ils auroient un intérêt contraire, s'il ne s'agiſſoit que de l'impôt. En ſoumettant l'un & l'autre au même calcul, deux intérêts oppoſés ſe contrebalanceront, & de leur conflit réſultera l'impartialité dont nous avons beſoin.

CHAPITRE LV.

Continuation du même Sujet; du nombre de Membres dont la chambre des Représentans sera composée.

LE nombre des Représentans n'est pas moins important que le mode de leur élection. L'article de la Constitution qui le détermine, combattu par des autorités respectables & par des raisonnemens forts en apparence, mérite une attention particulière. On lui reproche d'abord de mettre en danger les intérêts publics, en les confiant à un très-petit nombre de Représentans; on observe en second lieu, que ces Représentans ne pourront avoir une connoissance suffisante des circonstances locales où se trouvent leurs nombreux commettans; troisièmement, qu'ils seront tirés de la classe de Citoyens, qui partage le moins les sentimens du Peuple & qui sera le plus disposée à fonder l'élévation de quelques individus sur l'abaissement général; enfin que les inconvéniens du nombre aujourd'hui fixé & déjà trop petit, deviendront de jour en jour plus sensibles par l'accroissement de la population & par la difficulté de l'accroiſſement proportionnel du nombre des Repréſentans.

La détermination du nombre le plus convenable pour une Aſſemblée légiſlative, eſt de tous les problêmes politiques, le moins ſuſceptible d'une ſolution exacte, & c'eſt auſſi ſur ce point que les loix des différens Etats different le plus ſenſiblement, ſoit qu'on compare l'une à l'autre leurs Aſſemblées légiſlatives, ou que l'on conſidère la proportion qui exiſte dans chacune d'elles entre les Repréſentans & les repréſentés. Sans parler de la différence qui ſe trouve entre les plus grands & les plus petits Etats, tels que celui de Delaware, où la chambre la plus nombreuſe eſt composée de vingt & un Repréſentans, & Maſſachuſſetts où elle a de trois à quatre cens membres, on remarque une très-grande différence entre des Etats preſqu'égaux en population. Le nombre des Repréſentans de la Penſylvanie forme à peu-près un cinquième de ceux de Maſſachuſetts. New-York dont la population eſt à celle de la Caroline du Sud, comme ſix à cinq, n'a guère plus du tiers du nombre de ſes Repréſentans. Il y a une auſſi grande différence entre les Etats de Géorgie, de Delaware, ou Rode-Iſland. Dans la Penſylvanie, les Repréſentans ſont avec leurs Commettans dans la proportion d'un ſur quatre à cinq mille. Dans le Rode-Iſland, ils ſont au moins un par mille. D'après ſa Conſtitution, la Géorgie a un Repréſentant ſur dix électeurs, tous les autres Etats ſont aſſurément bien loin de cette proportion.

Il faut obſerver encore, que la proportion entre les Repréſentans & le Peuple, doit varier ſuivant l'étendue & la population du pays. Si le nombre des Repréſentans de la Virginie étoit fixé par la regle établie dans l'Etat de Rode-Iſland, il ſeroit aujourd'hui de quatre à cinq cens, & dans trente ans ſeroit porté à mille. La regle ſuivie par la Penſylvanie, appliquée à l'Etat de Delaware, réduiroit ſon Aſſemblée légiſlative à ſept ou huit membres. Rien de plus trompeur que de fonder des calculs politiques ſur les regles de l'arithmétique. Un degré de pouvoir donné peut être mieux placé entre les mains de ſoixante ou ſoixante-dix hommes, que de ſix ou ſept : mais il ne s'enſuit pas qu'il fût encore mieux dans les mains de ſix ou ſept cens perſonnes : & il ſeroit aſſurément beaucoup plus mal, ſi le nombre étoit porté à ſix ou ſept mille. La réunion d'un certain nombre d'hommes eſt toujours néceſſaire pour obtenir les avantages d'une délibération & d'une diſcuſſion libre & pour prévenir l'exécution trop facile des complots contraires à l'intérêt public : mais ce nombre ne doit pas excéder des limites déterminées, ſi l'on veut éviter le déſordre & les excès inſéparables de la multitude. Dans toutes les aſſemblées nombreuſes, de quelques hommes qu'elles ſoient compoſées, les paſſions détruiſent toujours l'empire de la raiſon. Quand même tout Citoyen d'Athènes eût été un Socrate, l'aſſemblée des Athéniens n'eût jamais été qu'un attroupement.

Il faut encore ſe rappeler ici les obſervations faites au ſujet des élections biennales. La limitation des pouvoirs du Congrès & la ſurveillance qu'exercent ſur lui les Légiſlatures des Etats, en rendant inutiles à la ſûreté publique des élections plus fréquentes, permettront auſſi de circonſcrire ſans inconvénient le nombre des membres qui le compoſeront.

Après ces idées générales, examinons les objections faites contre le nombre propoſé. On nous dit en premier lieu, qu'un pouvoir ſi étendu ne peut ſans danger être confié à un ſi petit nombre d'hommes.

Ce nombre doit être de ſoixante-cinq dans le principe. Dans l'eſpace des trois premières années il doit être fait un dénombrement, d'après le réſultat duquel le nombre des Repréſentans pourra être porté à un ſur trente mille habitans ; dans l'eſpace des dix années conſécutives, le dénombrement ſera renouvelé, & ſi la population ſe trouve accrue, le nombre des Repréſentans ſera toujours augmenté ſuivant la proportion indiquée. On peut conjecturer ſans extravagance, que le premier dénombrement portera le nombre des Repréſentans à cent au moins. On ne peut guère douter que la population de l'Amérique, en y comprenant les trois cinquièmes du nombre total des nègres, ne monte à trois millions à cette époque, ſi même elle n'y va pas dès à préſent. D'après le calcul des progrès de la population, le nombre des Repréſentans ira à deux cens dans vingt-cinq ans, à quatre cens dans cinquante ans, & je penſe que cet accroiſſement ſuffira pour raſſurer ceux qu'allarme le nombre actuel. Je ſuppoſe ici ce que je démontrerai dans la ſuite, en répondant à la quatrième objection, c'eſt que le nombre des Repréſentans ſera augmenté aux époques & ſuivant la méthode indiquées par la Conſtitution. Dans la ſuppoſition contraire, l'objection que je combats ſeroit d'une grande force.

La véritable queſtion eſt donc de ſavoir, ſi ſoixante cinq perſonnes pendant quelques années, cent ou deux cens durant quelques autres, pourront, ſans danger pour la liberté publique, exercer le pouvoir légiſſatif des Etats-Unis avec des restrictions nombreuses & sous une surveillance exacte ? Conserver le moindre doute à cet égard, ce seroit effacer toutes les idées que nous avons du caractère du Peuple de l'Amérique, des dispositions des Législatures particulières, & des principes de politique aujourd'hui répandus dans toutes les classes de Citoyens. Je ne conçois pas comment le Peuple de l'Amérique dans sa disposition actuelle, en supposant toutes les modifications que des circonstances prochaines pourroient lui faire éprouver, éliroit & rééliroit tous les deux ans, soixante-cinq ou cent hommes disposés à former & à exécuter des plans d'oppression ou de trahison. Comment cette conspiration ne seroit pas découverte & détruite par les Législatures des Etats qui auront tant de motifs pour surveiller la conduite du Corps législatif, & tant de moyens d'en arrêter l'effet. Enfin je ne conçois davantage, comment il se trouveroit aujourd'hui, ou d'ici à peu de temps, dans l'étendue des Etats-Unis, soixante-cinq ou cent hommes capables de s'attirer la confiance du Peuple, & qui élus par lui pour deux ans, pussent avoir le desir & l'audace de le trahir. Pour prévoir l'effet d'un changement de circonstances & d'une population plus nombreuse, il faudroit un esprit prophétique auquel je ne prétends pas, mais à

N 4

juger par les circonſtances actuelles, & par celles qui ſuivant toute apparence ſe ſuccéderont d'ici à un certain nombre d'années, on peut décider que la liberté de l'Amérique ne ſera point en danger dans les mains du nombre d'individus fixé par la Conſtitution ſoumiſe à notre examen.

D'où peut venir le danger? Eſt-ce l'or étranger que nous craignons? Si l'or étranger peut ſi aiſément corrompre les chefs de l'Union & leur donner avec la volonté, les moyens d'attirer dans le piége & de trahir leurs commettans, par quel miracle ſommes-nous aujourd'hui une Nation libre & indépendante? Le Congrès qui nous dirigea dans le cours de la révolution étoit un corps moins nombreux que celui qui doit lui ſuccéder; ſes membres n'étoient pas choiſis par leurs Concitoyens, & n'étoient aſſujettis à aucune reſponſabilité vis-à-vis d'eux; quoique nommés tous les ans & révocables à volonté, ils étoient généralement continués pour trois ans & même pour un plus long terme, avant la ratification des articles de la Confédération; leurs délibérations étoient toujours ſecrettes; ils avoient ſeuls le manîment des affaires étrangères, & jamais, il faut l'eſpérer, nos Repréſentans n'auront à l'avenir notre deſtin entre leurs mains, comme il fut dans celles du Congrès durant la guerre. L'importance du prix pour lequel on combattoit, l'ardeur de nos ennemis à nous le disputer, fait croire qu'ils n'eussent pas dédaigné d'employer d'autres moyens que la force: & cependant nous savons que la confiance publique ne fut point trahie ; jamais les murmures mêmes de la calomnie n'attaquèrent la confiance due à nos conseils nationaux.

Craindra-t-on les autres agens du Gouvernement fédéral ? Mais quels sont les moyens que pourroient mettre en usage le Président, le Sénat, ou tous les deux réunis ? Les émolumens de leurs offices n'iront pas, & à moins qu'on ne suppose la chambre des Représentans déjà corrompue, ne pourront s'élever au-dessus des dépenses auxquelles ils sont assujettis : ils seront nécessairement citoyens de l'Amérique, & leurs fortunes personnelles ne seront pas assez considérables pour inspirer de justes allarmes. Le seul moyen qui soit dans leurs mains, est la distribution des places. Est-ce là que se fixent les soupçons ? Quelquefois on nous dit que ce fonds de corruption sera épuisé pour vaincre la résistance du Sénat. Maintenant c'est pour la fidélité de l'autre chambre que nous devons en redouter l'effet. L'invraisemblance de cet accord mercenaire & perfide dans les membres d'un Gouvernement fondé sur des bases aussi différentes que peut le permettre la nature du Gouvernement républicain, & responsable envers la société sur laquelle s'exerce son pouvoir, suffit pour dissiper toute inquiétude à cet égard. Mais heureusement la Constitution a opposé à ce danger un nouveau préservatif. Les membres du Congrès sont inéligibles à tout office civil qui pourroit être créé, ou dont les émolumens pourroient être accrus durant le terme de leurs fonctions. Ainsi on ne pourroit traiter avec eux, que des places que le hasard rendroit vacantes. Supposer qu'elles seroient en assez grand nombre pour acheter les défenseurs du Peuple, choisis par lui, c'est mettre à la place de la raison & de l'observation, une inquiétude sans objet & sans bornes sur laquelle le raisonnement ne peut rien. Les vrais amis de la liberté qui se livrent aux excès de cette folle défiance, ne savent pas le tort qu'ils font à leur propre cause. Si le genre-humain nous offre un degré de dépravation qui nécessite jusqu'à un certain point la circonspection & la réserve, on y trouve aussi des vertus qui méritent l'estime & la confiance. Le Gouvernement républicain en suppose plus qu'aucun autre l'existence. Si les tableaux, formés par les défiances politiques, retraçoient fidèlement le caractère humain, il faudroit en conclure qu'il n'y a point assez de vertus parmi les hommes pour le maintien d'un Gouvernement libre, & que les chaînes du despotisme peuvent seules les empêcher de se détruire & de se dévorer l'un l'autre.

CHAPITRE LVI.

Continuation du même Sujet envisagé sous le même rapport.

LE second reproche qu'on fait à la chambre des Représentans, est d'être trop peu nombreuse pour que les membres connoissent assez exactement les intérêts de leurs Commettans.

Comme cette objection est évidemment fondée sur la comparaison du nombre des Représentans avec l'étendue de ce pays, le nombre de ses Habitans & la diversité de leurs intérêts, sans aucune attention aux circonstances qui distingueront le Congrès des autres Corps législatifs, la meilleure réponse sera d'exposer briévement ces circonstances.

Les Représentans doivent connoître les intérêts de leurs Commettans & les circonstances où ils se trouvent. C'est une vérité aussi importante qu'incontestable. Mais elle ne s'étend qu'aux circonstances,

& aux intérêts relatifs à l'autorité & aux fonctions des Représentans. Pour exercer les fonctions législatives, il n'est pas nécessaire de connoître tous les objets de détail étrangers à la Législation. En général pour fixer les bornes de l'instruction qu'exige l'exercice d'une autorité, il faut savoir quels sont les objets soumis à cette autorité.

Pour régler ce qui regarde le commerce, il faut, nous l'avons déjà dit, des connoissances fort étendues. Mais en tant qu'elles portent sur les loix & la situation locale de chaque Etat particulier, elles peuvent se trouver réunies dans un petit nombre de représentans.

L'impôt consistera en grande partie en droits, qui seront compris dans les loix relatives au commerce, & auxquels par conséquent peut s'appliquer la remarque précédente. Pour les impositions intérieures, il faudra une connoissance plus étendue des circonstances particulières à chaque Etat. Mais si elles ne peuvent se trouver réunies à un degré suffisant dans un petit nombre d'hommes indistinctement élus dans chaque Etat, en divisant l'Etat le plus étendu en dix ou douze districts, il ne pourra exister dans aucune de ces subdivisions, un si petit intérêt local qui ne soit connu du Représentant qu'elle aura choisi. Indépendamment de ce moyen, les loix de l'Etat faites par des Représentans pris dans toutes ses parties, seroient presqu'elles seules des guides suffisans. Chaque Etat a fait jusqu'ici, & continuera à faire par la suite des réglemens qui ne laisseront à la Législature, d'autre soin que celui de revoir les différentes loix & de les réduire en un acte général. Un individu intelligent, sans autre secours que les codes particuliers des Etats, pourroit rédiger pour les Etats-Unis une loi générale sur plusieurs objets d'imposition, & il faut espérer que pour les impôts intérieurs, particulièrement dans les cas qui nécessiteront l'uniformité dans toute l'étendue des Etats-Unis, on choisira toujours les objets d'imposition, qui présenteront le moins de difficultés. Pour juger avec exactitude de la facilité que pourront donner les codes des Etats pour cette partie de la Législation fédérale, supposons pour un moment que cet Etat ou tout autre fût divisé en un certain nombre de parties dont chacune exerceroit elle-même dans son intérieur le pouvoir législatif. N'est-il pas évident que les détails & les travaux préparatoires que nous trouverions dans les registres de leurs délibérations abrégeroient les travaux de la Législature générale & les mettroient à la portée d'un plus petit nombre d'hommes? La Législature fédérale aura encore un avantage. Les Représentans de chaque Etat, indépendamment de la connoiſſance de ſes loix & de la connoiſſance locale de leur diſtrict, auront preſque toujours été membres de la Légiſlature de l'Etat, où ils auront trouvé tous les renſeignemens & tous les intérêts réunis, & l'inſtruction qui en réſultera pourra être aiſément portée par un petit nombre d'hommes à la Légiſlature fédérale.

Relativement à la Milice, il eſt peu de circonſtances pour leſquelles il faille une connoiſſance exacte des circonſtances locales. La diſpoſition générale du pays, égal ou montueux, plus commode pour les mouvemens de l'infanterie ou de la cavalerie, eſt preſque le ſeul objet de détail qui mérite attention. L'art de la guerre renferme des principes généraux d'organiſation, de mouvement, de diſcipline, qui ſont d'une application univerſelle.

Un lecteur attentif ſentira que les raiſonnemens employés ici pour prouver qu'un nombre de Repréſentans médiocre ſera toujours ſuffiſant, ne ſont point en contradiction avec ce qui a été dit de la néceſſité d'une inſtruction étendue pour les Repréſentans & du temps qu'il leur faudra pour l'acquérir. Cette inſtruction ſur ce qui regarde les circonſtances locales, eſt auſſi néceſſaire que difficile à acquérir, non par la différence des loix & des localités dans un ſeul Etat, mais par celle qui ſe trouve entre les différens Etats; en conſidérant iſolément un ſeul Etat, ſes loix ſont les mêmes & ſes intérêts peu diverſifiés. Un petit nombre d'hommes pourront donc aiſément réunir les connoiſſances néceſſaires pour le repréſenter. Si les intérêts & les affaires de chaque Etat étoient ſimples & uniformes, les connoître dans une de ſes parties, ce ſeroit les connoître dans toutes, & tout l'Etat pourroit être bien repréſenté par un ſeul député. En comparant l'un à l'autre les différens Etats, nous trouverons de grandes différences dans leurs loix & dans toutes les circonſtances liées à la Légiſlation, & qu'aucun des membres de la Légiſlature fédérale ne doit ignorer. Un petit nombre de Repréſentans pourront donc apporter avec eux toutes les connoiſſances néceſſaires relativement à leur Etat en particulier; mais il faudra que chaque Repréſentant acquière un certain degré d'inſtruction relativement à tous les autres Etats. Le temps amenera un nouvel ordre de choſes. Les changemens qu'il opérera, tendront à aſſimiler la ſituation relative des Etats. Il aura un effet directement contraire ſur les affaires de chaque Etat particulier abſtractivement conſidéré. A préſent quelques-uns des Etats ne ſont guère que des aſſociations de laboureurs. Il en eſt très-peu qui ayent fait quelques progrès dans ces branches d'induſtrie dont l'effet eſt de rendre les affaires d'une Nation plus variées & plus compliquées. Mais elles s'introduiront ſucceſſivement dans tous & y ſuivront l'accroiſſement de la population ; elles exigeront une repréſentation plus complette de l'Etat où elles exiſteront. En conſéquence la Convention a pris ſoin d'augmenter le nombre de Repréſentans en proportion de l'accroiſſement de la population.

Je citerai à l'appui de ces réflexions l'Angleterre, qui a inſtruit le monde par ſon exemple & par ſes lumières en politique, & dont nous avons déjà ſi ſouvent invoqué l'autorité dans le cours de cet écrit. Le nombre des Habitans des deux royaumes d'Angleterre & d'Ecoſſe ne peut être porté à moins de huit millions. Les Repréſentans de ces huit millions d'hommes, dans la chambre des Communes, ſont au nombre de cinq cent cinquante-huit. De ce nombre, un neuvième eſt élu par trois cent ſoixante-quatre perſonnes & une moitié par cinq mille ſept cent vingt-trois perſonnes (*). On ne croira pas que la moitié ainſi élue, composée d'hommes qui ne ſont pas diſſéminés dans l'étendue de tout l'empire, puiſſe ajouter à la ſécurité du Peuple contre les entre-

(*) Recherches politiques de Burgh.

prises

prises du Gouvernement, ou mieux faire connoître sa position ou ses intérêts dans une Assemblée législative. Au contraire, il est reconnu qu'ils sont plus fréquemment les Représentans & les instrumens du Magistrat exécutif, que les défenseurs des droits du Peuple. Loin donc de pouvoir être comptés au nombre des vrais Représentans de la Nation, ils sont en opposition à ses intérêts. Contentons-nous de les excepter, sans étendre cette déduction à un grand nombre d'autres qui n'habitent pas parmi leurs commettans, ont peu de rapport avec eux & sont très-peu instruits de leurs affaires, & nous trouverons que l'intérêt & la prospérité de huit millions d'hommes sont entre les mains de deux cent soixante & neuf personnes; c'est-à-dire, qu'un Représentant est chargé de défendre les droits & d'exposer la situation de ving-huit mille six cent soixante individus dans une assemblée exposée à toute l'influence du pouvoir exécutif, & dont le pouvoir s'étend à tous les objets de Législation dans une Nation dont les affaires sont compliquées & diversifiées au plus haut degré possible : & cependant il est certain qu'avec ces inconvéniens l'Angleterre a conservé une portion de liberté considérable, & que parmi les défauts qu'on reproche à ses loix, il en est fort peu qui ayent pour cause le défaut d'instruction de la Législature, relativement aux besoins & aux intérêts du Peuple. En donnant à cet exemple l'attention qu'il mérite, lui opposant la chambre des Représentans si différente & par l'étendue de son pouvoir & par son organisation, nous nous convaincrons que cette dernière exercera avec succès & sans dangers pour la liberté les pouvoirs qui lui seront confiés.

CHAPITRE LVII.

Continuation du même Sujet; de la tendance qu'on suppose au plan de la Convention à favoriser l'inégalité.

LE troisième reproche qu'on fait à la chambre des Représentans, porte sur ce que ses membres seront pris, assure-t-on, dans cette classe de Citoyens dont les sentimens sont le moins d'accord avec ceux de la plus nombreuse partie du Peuple, & dont l'ambition doit le plus naturellement tendre à sacrifier l'intérêt général à l'aggrandissement de quelques hommes.

De toutes les objections qu'a éprouvées la Constitution fédérative, celle-ci est peut-être la plus extraordinaire. Elle semble dans la forme n'attaquer qu'une prétendue oligarchie, mais dans son principe, elle frappe la base même du Gouvernement républicain.

Le but de toute Constitution est ou doit être de mettre les rênes du Gouvernement entre les mains des hommes qui ont le plus de sagesse pour discerner le bien public, & le plus de vertu pour en faire l'objet de leurs travaux; en second lieu, de prendre les précautions les plus efficaces pour préserver leur vertu de toute atteinte pendant la durée de leurs fonctions. Ce qui distingue un Gouvernement républicain, c'est que ceux qui en exercent les fonctions, sont élus par le Peuple. Il est plusieurs moyens d'empêcher qu'ils ne dégénèrent. Le plus efficace, est de fixer à la durée de leur pouvoir un terme qui assure l'effet de la responsabilité à laquelle ils sont soumis envers le Peuple.

Je demanderai à présent, si dans cette partie de la Constitution qui regarde la chambre des Représentans, il est quelque disposition qui blesse les principes du Gouvernement républicain & qui tende à élever quelques hommes aux dépens de la société entière; si au contraire toutes ces dispositions ne sont pas parfaitement conformes aux principes républicains & ne placent pas au même rang les droits & les prétentions des Citoyens de toutes les classes.

Quels doivent être les électeurs des membres de la chambre des Représentans de la Législature fédérale ? Ce seront les pauvres comme les riches, les ignorans comme les hommes instruits, les hommes nés dans l'obscurité & la mauvaise fortune, comme les fiers héritiers d'un nom illustre. Les Electeurs seront la totalité du Peuple des Etats-Unis. Ce seront les mêmes qui exercent dans chaque Etat, le droit d'élire les membres de la chambre des Représentans de la Législature particulière.

Quels seront les hommes honorés du choix du Peuple ? Tous ceux à qui leur mérite attirera l'estime & la confiance de leur pays. Aucune condition relative à la richesse, à la naissance, aux opinions religieuses, ou à la profession particulière, n'enchaînera le jugement & ne contrariera le vœu du Peuple.

Si nous examinons la situation des hommes qui devront au suffrage libre de leurs Concitoyens le titre de Représentans, nous verrons qu'elle nous donne tous les garans possibles de leur fidélité à leurs Commettans.

D'abord il est à présumer que distingués par la préférence de leurs Concitoyens, ils le seront aussi par les qualités qui la leur auront méritée, gages d'un zèle sincère pour l'accomplissement de leurs devoirs.

En second lieu, le vœu de leurs Commettans à qui ils devront le titre de Représentans, leur inspirera pour eux une affection au moins de quelque temps. Il n'est point d'hommes que des marques de considération, de faveur, de confiance ou d'estime ne disposent à la reconnoissance & à l'attachement, indépendamment de toute considération d'intérêt. L'ingratitude des hommes est le lieu commun sur lequel s'appesantissent avec le plus de complaisance, tous ceux qui déclament contre la nature humaine, & il faut avouer qu'on en voit & dans la vie privée & dans la vie publique des exemples trop fréquens & trop révoltans. Mais l'indignation forte & universelle qu'ils inspirent, suffit pour prouver l'énergie & la prépondérance du sentiment contraire.

En troisième lieu, les liens qui unissent un Représentant à ses Commettans, sont resserrés par des motifs plus personnels. Son orgueil & sa vanité l'attachent à une forme de Gouvernement qui lui donne part aux honneurs & aux distinctions. Quels que puissent être les espérances ou les projets de quelques ambitieux, il est certain que la plus grande partie des hommes qui doivent leur avancement à leur influence sur le Peuple, auront plus d'intérêt à conserver sa faveur, qu'à détruire son autorité par des changemens dans la forme du Gouvernement.

Tous ces moyens feroient encore insuffisans ; sans la fréquence des élections. A cet égard encore la chambre des Représentans est constituée de manière à rappeler habituellement à ses membres la dépendance où ils sont du Peuple. Avant que l'habitude du pouvoir ait effacé les sentimens que le mode de leur nomination leur aura inspirés, il leur faudra prévoir le moment où leur pouvoir cessera & où l'on examinera l'usage qu'ils en auront fait ; où ils redescendront au point d'où ils sont partis, pour y rester toujours, à moins qu'en remplissant fidèlement leurs fonctions, ils n'aient mérité d'en être une seconde fois chargés.

J'ajouterai encore que la chambre des Représentans ne pourra faire de loix dont l'effet ne porte sur ses membres & sur leurs amis, comme sur le reste du Peuple. Cette circonstance a toujours été regardée comme un des liens les plus sûrs qui puissent unir le Peuple à ceux qui le gouvernent. Il établit entr'eux une communauté d'intérêts & un accord de sentimens dont peu de Gouvernemens offrent l'exemple, mais sans lesquels tout gouvernement devient tyrannique. Si l'on demande ce qui empêchera la chambre des Représentans de faire des exceptions légales en faveur de ses membres ou d'une classe particulière de la société, je répondrai, l'esprit général du

Gouvernement, de ſages loix conſtitutionnelles & par-deſſus tout le courage vigilant & infatigable qui anime le Peuple de l'Amérique, ce courage qui conſerve le depôt de la liberté & eſt à ſon tour entretenu par elle.

Tels ſeront les rapports qui exiſteront entre les Repréſentans & leurs Commettans. Devoir, reconnoiſſance, intérêt, ambition, tout les attachera aux intérêts du Peuple & les ramenera aux mêmes ſentimens que lui. Il eſt cependant poſſible que tous ces moyens ſoient inſuffiſans pour vaincre le caprice & la méchanceté des hommes. Mais ne renferment-ils pas tout ce qu'un Gouvernement peut permettre & tout ce que peut inventer la prudence humaine ? Ne ſont-ce pas les vrais moyens par leſquels les Gouvernemens républicains peuvent aſſurer la liberté & le bonheur du Peuple ? Ne ſont-ce pas préciſément les moyens employés à cet effet par tous les Gouvernemens des Etats qui compoſent l'Union ? Quel eſt donc le ſens de l'objection que nous combattons ? Que dirons-nous à des hommes qui ſe vantent d'un zèle ardent pour le Gouvernement républicain & oſent en attaquer le principe fondamental ; qui ſe prétendent les défenſeurs du droit que le Peuple a de nommer ceux qui doivent le gouverner & de ſon diſcernement pour les bien choisir, & qui en même-temps soutiennent qu'il sera infailliblement trahi par ceux qu'il aura choisis? En lisant cette objection, sans connoître le mode d'élection prescrit par la Constitution, on croiroit que le droit de suffrage est soumis à quelque condition relative à la propriété & contraire à la raison; que le droit d'éligibilité est exclusivement réservé à un certain nombre de familles ou à certain degré de fortune; ou du moins qu'on s'est à cet égard extrêmement éloigné du mode prescrit par les Constitutions des Etats. Nous avons vu combien on se tromperoit quant aux deux premiers points. On ne seroit pas moins dans l'erreur sur le troisième. La seule différence que l'on puisse remarquer, c'est que chaque Représentant des Etats-Unis sera élu par cinq ou six mille Citoyens; & chaque Représentant d'un Etat particulier par cinq ou six cens. Prétendra-t-on que cette différence peut suffire pour faire aimer les Gouvernemens des Etats & détester celui de l'Union? Si cette idée est la base sur laquelle repose l'objection dont il s'agit, elle mérite une attention particulière.

Est-elle d'accord avec la raison? On ne peut le prétendre sans soutenir que cinq ou six cens Citoyens seront moins en état de choisir un bon Représentant, ou plus aisément corrompus pour en choiſir un mauvais. La raiſon décide au contraire, que dans un plus grand nombre d'hommes il ſera plus aiſé de trouver un bon Repréſentant, & que le mérite ſera moins facilement combattu par l'intrigue & la corruption. Pourroit-on admettre la conſéquence qui réſulteroit de l'admiſſion d'un tel ſyſtême ? Si nous décidons que des Citoyens ne peuvent exercer conjointement leur droit de ſuffrage au nombre de plus de cinq ou ſix cens, ne priverions-nous pas le Peuple du droit de choiſir lui-même les fonctionnaires publics toutes les fois que leur nombre ne feroit pas dans la proportion d'un ſur cinq ou ſix cens Citoyens ?

Enfin ce ſyſtême eſt-il d'accord avec les faits ? Il a été prouvé dans le dernier chapitre que le nombre des vrais Repréſentans de la Nation Angloiſe dans la chambre des Communes n'excède guère un ſur trente mille Habitans. Indépendamment de pluſieurs cauſes puiſſantes, qui n'exiſtent pas ici, & qui favoriſent dans ce pays les prétentions attachées à la ſupériorité du rang & de la fortune, il faut pour être éligible à la place de Repréſentant d'un Comté, poſſéder en propriétés foncières la valeur de ſix cens livres ſterling de revenu, à celle de Repréſentant d'un Bourg ou d'une Ville, la moitié de ce revenu. Les fonctions d'électeurs dans les Comtés ſont réſervées à ceux qui possèdent un bien en franc-aleu de plus de vingt livres sterling de revenu. Malgré des circonstances si défavorables, malgré plusieurs autres loix qui favorisent l'inégalité, on ne peut dire que les Représentans du Peuple Anglois aient élevé un petit nombre d'hommes aux dépens de la Nation entière.

Mais nous n'avons pas besoin d'invoquer à ce sujet l'expérience des autres; la nôtre est claire & décisive. Dans le New-Hampshire, les Districts où les Sénateurs sont immédiatement élus par le Peuple, sont presqu'aussi étendus qu'il faudra pour l'élection des Représentans au Congrès. Ceux de Massachusetts le sont davantage. Ceux de New-York sont plus étendus encore. Dans ce dernier les membres de l'assemblée pour les Villes & Comtés de New-York & d'Albany sont élus par un nombre de votans presqu'aussi grand que celui qui élira les Représentans au Congrès, en les supposant au nombre de soixante-cinq seulement. Il ne résulte point de différence, de ce que chaque électeur vote en même-temps pour un certain nombre de Représentans. Si les mêmes électeurs peuvent en même-temps élire quatre ou cinq Représentans, ils en peuvent certainement élire un. La Pensylvanie offre un nouvel exemple. Quelques-uns des Comtés qui élisent les Repréſentans de cet Etat, ſont preſqu'auſſi grands que les Diſtricts qui nommeront ſes Repréſentans au Congrès. On croit que la ville de Philadelphie contient entre cinquante & ſoixante mille ames; ainſi elle formera près de deux diſtricts pour le choix des membres du Congrès, & cependant elle ne forme qu'un Comté pour l'élection des Repréſentans de l'Etat. Mais ce qui a un rapport plus direct avec la queſtion qui nous occupe, toute la ville élit un ſeul membre pour le Conſeil exécutif. Tous les Comtés qui compoſent cet Etat, ſont dans le même cas.

Ces faits ne ſont-ils pas la preuve la plus convaincante de la fauſſeté du reproche fait à la partie du Gouvernement fédéral que nous examinons? Notre expérience nous a-t-elle montré que les Sénateurs de New-Hampshire, Maſſachuſetts ou New-York, le Conſeil exécutif de Penſylvanie, ou les membres de l'aſſemblée dans ces deux derniers, aient manifeſté une diſpoſition particulière à ſacrifier le grand nombre au petit? Sont-ils à quelqu'égard moins dignes de leurs places que les Repréſentans & les Magiſtrats élus par de plus petites portions du Peuple?

Mais il eſt des faits plus concluans encore que ceux que j'ai cités. Une des chambres de la Légiſlature de Connecticut eſt organiſée de manière que chaque membre est élu par tout l'Etat; son gouverneur, celui de New-Hampshire, de New-York, & le président de New-Hampshire sont élus de la même manière. Je laisse à chaque homme à décider, si le résultat de ces faits confirme l'idée que la méthode de faire élire les Représentans par un grand, tend à élever des traîtres, & à détruire la liberté publique.

CHAPITRE LVIII.

Continuation du même Sujet; de l'augmentation du nombre des Membres de la chambre des Représentans.

ON suppose encore que le nombre des membres de la chambre des Représentans ne pourra être augmenté à mesure que les progrès de la population l'exigeront. Il est certain que si cette supposition étoit conforme à la vérité, il en résulteroit une objection très-forte & nous l'avons déjà reconnu. Mais les observations suivantes démontreront qu'elle est le fruit ou de cette attention superficielle qui n'envisage qu'un côté de la question, ou de cette défiance qui fait voir les objets sous des formes & sous des couleurs qu'ils n'ont pas.

Les auteurs de cette objection semblent perdre

de vue que la Constitution fédérale n'assure pas moins que celles des Etats, l'augmentation graduelle du nombre des Représentans. D'après ses termes, le nombre qu'elle indique aujourd'hui, n'est fixé que pour l'espace de trois ans.

Il doit être fait tous les dix ans un dénombrement des Habitans du pays. Le but de ces dispositions est évidemment, de rétablir à des époques déterminées, la proportion qui doit exister entre le nombre des Représentans & celui des Habitans, de manière cependant que chaque Etat ait au moins un Représentant : secondement d'augmenter aux mêmes époques le nombre des Représentans, qui ne pourra cependant s'élever au-dessus d'un sur trente mille Habitans. Si nous examinons les Constitutions des différens Etats, nous trouverons qu'il en est qui ne contiennent à cet égard aucune disposition précise; que les autres sont d'accord avec la Constitution fédérale, & qu'il n'en est aucune dont les dispositions soient autre chose que de simples avertissemens.

2°. Nous voyons cependant que dans les Gouvernemens des Etats, l'accroissement successif du nombre des Représentans a au moins suivi celui de leurs Commettans; & que les premiers n'ont pas eu moins d'empressement pour opérer ce changement, que les derniers pour le demander.

3°. Dans la Conſtitution fédérale une circonſtance particulière nous aſſure que l'augmentation du nombre des Repréſentans ſera l'objet de l'attention du Peuple & de la Légiſlature. L'une des chambres repréſente les Citoyens ; l'autre les Etats : dans la première, les plus grands Etats auront plus d'influence ; dans la ſeconde, l'avantage ſera du côté des petits. En conſéquence, les plus grands Etats plaideront avec force pour l'augmentation du nombre & de la puiſſance de cette partie de la Légiſlature dans laquelle ils auront une influence prédominante. Or, quatre des plus grands Etats formeront ſeuls la majorité dans la chambre des Repréſentans, & dans le cas où les Repréſentans ou le Peuple des plus petits Etats s'oppoſeroient à une augmentation raiſonnable du nombre des Repréſentans, l'oppoſition ſeroit bientôt vaincue par la coalition d'un très-petit nombre d'Etats, coalition qui ſouvent empêchée par des rivalités ou des préventions locales, auroit certainement lieu, lorſqu'elle ſeroit non-ſeulement motivée par un intérêt commun, mais juſtifiée par l'équité & les principes de la Conſtitution.

On dira peut-être que les mêmes motifs produiront dans le Sénat une coalition contraire, & que ſa participation étant néceſſaire, les réſolutions de l'autre chambre, conformes à la juſtice

& à la Conſtitution, ne pourront être exécutées. C'eſt vraiſemblablement cette difficulté qui a allarmé ceux qui tiennent avec le plus de force à une repréſentation nombreuſe. Heureuſement cette difficulté apparente s'évanouit à un examen ſérieux. J'eſpère que les réflexions ſuivantes la feront entièrement diſparoître.

Quoique l'autorité des deux chambres ſoit égale ſur tout ce qui ne regarde pas les loix burſales, il eſt certain que la chambre compoſée du plus grand nombre de membres, ſoutenue par les Etats les plus puiſſans, exprimant le vœu certain & connu de la majorité du Peuple, aura un avantage marqué dans un conflit qui mettra à l'épreuve leurs forces reſpectives ; à cet avantage le même parti joindra la certitude encourageante d'avoir pour lui la juſtice, la raiſon, la Conſtitution, & le parti oppoſé ſentira qu'il combat contre de ſi puiſſantes conſidérations.

Il faut obſerver encore que les Etats qui tiendront le milieu entre les plus grands & les plus petits, ne ſeront pas aſſez loin des premiers en étendue & en population pour entrer dans des plans d'oppoſition à leurs prétentions juſtes & conſtitutionnelles. Ainſi il n'eſt pas certain que même dans le Sénat, la majorité ſoit contraire à des augmentations raiſonnables du nombre des Repréſentans.

On peut ajouter, ſans craindre d'être démenti par l'expérience, que vraiſemblablement les Sénateurs des nouveaux Etats pourront être ramenés aux vues raiſonnables de la chambre des Repréſentans, par un moyen fort ſimple. Comme la population de ces Etats s'accroîtra pendant aſſez long-temps par une progreſſion extrêmement rapide, ils auront intérêt à ce que la répartition entre les Etats, du nombre total des Repréſentans ſoit fréquemment renouvelée. D'après cela les plus grands Etats qui domineront dans la chambre des Repréſentans, n'auront qu'à attacher à chaque répartition nouvelle, la condition indiſpenſable d'une augmentation proportionnelle; ces deux opérations étant ainſi devenues inſéparables, les Sénateurs des Etats qui prendront le plus d'accroiſſement, ſeront obligés de ſoutenir la dernière par l'intérêt que leurs Etats auront à la première.

Ces conſidérations devroient ſuffire pour diſſiper tous les doutes & toutes les craintes. Mais en ſuppoſant qu'elles ne puiſſent nous raſſurer ſur la poſſibilité de voir former aux plus petits Etats des prétentions injuſtes & ſur leur influence prépondérante dans les délibérations du Sénat; les plus grands Etats auront encore une reſſource conſtitutionnelle toujours ſuffiſante pour l'accompliſſement de leurs juſtes projets. La chambre des

Repréſentans

Repréſentans non-ſeulement pourra refuſer, mais pourra ſeule propoſer les ſecours d'argent néceſſaires au maintien du Gouvernement. En un mot, elle pourra ouvrir ou fermer la ſource des revenus publics, moyen puiſſant à l'aide duquel nous voyons dans l'hiſtoire de la Conſtitution d'Angleterre, un Corps de Repréſentans du Peuple, humble & ſans force dans ſa naiſſance, aggrandir ſucceſſivement la ſphère de ſon activité & de ſon pouvoir, & enfin réduire à ſon gré, l'excès des prérogatives uſurpées par les autres membres du Gouvernement. Ce pouvoir pécuniaire eſt l'arme la plus efficace que la Conſtitution puiſſe mettre entre les mains des Repréſentans immédiatement nommés par le Peuple pour la deſtruction des abus & l'exécution des meſures juſtes & raiſonnables.

Mais la chambre des Repréſentans intéreſſés autant que le Sénat au maintien du Gouvernement, voudra-t-elle riſquer ſon exiſtence pour la ſatisfaction de faire céder le Sénat ? Ou ſi ces deux chambres ſont dans le cas de meſurer ainſi leurs forces, peut-on prévoir laquelle des deux cédera la première ? Ces queſtions ne pourront embarraſſer quiconque ſongera que des fonctionnaires publics moins nombreux, & revêtus d'un pouvoir dont la durée eſt plus longue & l'exercice plus exposé aux regards, éprouveront chacun en particulier un intérêt plus grand pour tout ce qui concerne le Gouvernement. Ceux qui représentent leur pays aux yeux des autres Nations, plus intéressés à le faire respecter, s'allarmeront plus aisément à l'aspect des dangers qui le menaceront, & redouteront plus une stagnation dans les affaires publiques qui le rendroit l'objet de leur mépris. C'est à ces causes que nous devons attribuer les victoires continuelles remportées par la chambre des Communes de l'Angleterre toutes les fois que le ressort de l'argent a été mis en jeu. Elle n'a jamais craint & jamais éprouvé de la part des autres agens du Gouvernement une inflexibilité absolue, qui n'eut pas manqué de jetter tout l'Etat dans une confusion générale. En un mot, le Sénat ou le Président de l'Union ne pourront jamais déployer assez de force pour vaincre une résistance justifiée par le patriotisme & la Constitution.

Je n'ai pas parlé des motifs d'économie qui ont pu influer sur la décision relative au nombre des Représentans, & qui s'ils eussent été négligés, eussent pu ouvrir encore une vaste carrière aux déclamations contre la Constitution. Je ne m'étendrai pas non plus sur la difficulté de trouver pour remplir les fonctions du Gouvernement général, un grand nombre d'hommes dignes du choix du Peuple. Je ne ferai qu'une observation qui me semble mériter quelqu'attention. Plus les Assemblées législatives sont nombreuses, plus elles sont en effet dirigées par un petit nombre d'hommes. Premièrement, on sait que dans une assemblée nombreuse, quels que soient les hommes qui la composent, la passion a plus d'ascendant sur la raison. En second lieu, plus une assemblée est nombreuse, & plus les hommes d'un sens foible & d'une instruction bornée y ont l'avantage du nombre. Or on sait que c'est précisément sur des hommes de cette espèce que l'éloquence & l'adresse produisent tout leur effet. Dans les anciennes républiques où tout le Peuple s'assembloit individuellement, un seul orateur ou un habile politique regnoit avec autant de pouvoir qu'un monarque absolu. Une assemblée nombreuse de Représentans participera aux désordres inséparables des assemblées populaires. L'ignorance sera la dupe de l'artifice; la passion obéira aux sophismes & à la déclamation. Le Peuple ne peut errer plus grossièrement que lorsqu'il croit se garantir du danger d'être gouverné par un petit nombre d'hommes en multipliant au-delà d'une certaine limite ses Représentans. L'expérience l'avertit au contraire qu'après avoir fixé un nombre d'hommes, qui puiſſent pourvoir à ſa ſûreté, réunir les connoiſſances locales néceſſaires, & ſe trouver d'accord avec le vœu général de la Nation, il s'écarteroit de ſon but en l'augmentant. L'aſpect du Gouvernement pourroit devenir plus démocratique; mais l'eſprit qui l'animeroit, ſeroit plus oligarchique. La machine ſeroit aggrandie, mais les mouvemens ſeroient dirigés par des reſſorts moins nombreux & ſouvent plus ſecrets.

Je parlerai ici d'une objection qui a quelque rapport avec le ſujet de ce chapitre. On a prétendu que la Conſtitution n'auroit pas dû attribuer la compétence pour délibérer ſur les queſtions de Légiſlation, à la ſimple majorité du nombre total des Repréſentans, & que dans des cas particuliers elle auroit dû exiger pour la déciſion plus que la ſimple majorité du nombre compétent. On ne peut diſſimuler que de cette diſpoſition, il fût réſulté quelques avantages. Elle auroit pu prêter un nouvel appui à quelques intérêts particuliers & ſuſpendre des meſures injuſtes ou précipitées. Mais ſes inconvéniens euſſent outrepaſſé ſes avantages. Dans tous les cas où la juſtice ou le bien général euſſent exigé des loix nouvelles, ou des meſures promptes, le principe fondamental des Gouvernemens libres eût été ſubverti. Ce n'auroit plus été à la majorité à décider, le pouvoir eut été transféré à la minorité. Si ce pouvoir négatif eût été borné à des cas particuliers, une minorité intéressée auroit pu en profiter pour se dispenser de faire au bien général de justes sacrifices ou pour exiger des complaisances condamnées par la raison. Enfin elle auroit facilité & entretenu l'usage pernicieux de la retraite d'une partie de l'assemblée, usage dont l'exemple nous a été offert même par des Etats où la simple majorité étoit requise; usage destructeur de tous principes d'ordre & de gouvernement régulier, qui mène plus directement à des convulsions générales & à la destruction des Gouvernemens populaires, qu'aucun des abus qui se sont manifestés parmi nous jusqu'à ce jour.

CHAPITRE LIX.

Des Elections.

L'ORDRE naturel de notre discussion nous mène à examiner ici l'article de la Constitution qui autorise la Législature nationale à décider en dernier ressort ce qui regarde l'élection de ses membres. Il est conçu en ces termes : « le temps, le lieu, la forme des élections des Sénateurs &

des Représentans, seront déterminés dans chaque Etat par la Législature locale; mais le Congrès pourra faire à cet égard des loix nouvelles, ou modifier celles des Législatures particulières, excepté sur ce qui concerne le lieu de l'élection des Sénateurs (*) ». Cette disposition a non-seulement été comprise dans les déclamations générales dirigées contre la Constitution par certaines personnes; elle a été pour des adversaires plus modérés, l'objet d'une attaque particulière, & en dernier lieu elle a été combattue par un homme qui s'est déclaré le défenseur de toutes les autres parties de la Constitution.

Je suis bien trompé cependant, s'il en est de plus à l'abri de tout juste reproche. En effet, *Tout Gouvernement doit avoir en lui les moyens de pourvoir à sa conservation.* Tout homme doué d'un sens droit, doit savoir gré à la Convention de ne s'être pas écartée de ce principe & désapprouver toute atteinte qui lui seroit portée sans nécessité. Dans ce cas même, il doit en regarder la violation comme une imperfection partielle qui pourra devenir dans la suite, un germe de foiblesse & peut-être d'anarchie.

(*) Première clause, quatrième Section du premier article.

On ne prétendra pas qu'il eût été possible de faire & d'insérer dans la Constitution une loi sur les élections applicable à tous les changemens que doit naturellement éprouver ce pays, & en conséquence on conviendra qu'il falloit qu'il existât quelque part un pouvoir sans restriction pour statuer sur cet objet. On accordera aussi aisément, j'espère, qu'il n'étoit que trois moyens de placer & de modifier raisonnablement ce pouvoir nécessaire; savoir, de le donner tout entier à la Législature nationale, tout entier aux Législatures particulières, ou de le faire exercer en premier lieu par les Législatures particulières, en dernier ressort par celle de l'Union. Ce dernier moyen, est celui que la Convention a adopté avec raison. Dans les cas ordinaires & lorsqu'il n'existe pas de dispositions contraires à l'intérêt public, les administrations locales sont plus à portée de régler convenablement & avec l'approbation générale ce qui concerne les Elections; mais il faut que l'autorité nationale puisse intervenir toutes les fois que sa sûreté l'exige.

Il est évident, que laisser entre les mains des Législatures des Etats, un pouvoir exclusif sur les Elections des agens du Gouvernement national, ce seroit mettre à leur disposition l'existence de l'Union. Elles pourroient à tout moment l'anéantir en négligeant de pourvoir à l'élection de ceux qui doivent adminiſtrer ſes affaires. Il feroit inutile de prétendre qu'une ſemblable omiſſion eſt invraiſemblable. Quel que ſoit le danger, il faudroit un motif pour s'y expoſer, & l'on ne peut donner ce nom aux extravagantes rêveries d'une défiance exagérée. Si nous voulons ſuppoſer des abus de pouvoir, nous pouvons en ſoupçonner les Gouvernemens des Etats comme le Gouvernement général, & il eſt plus conforme aux loix de la raiſon de confier à l'Union le ſoin de ſon exiſtence, que de le livrer à d'autres mains. Si des deux côtés, nous avons à craindre des abus de pouvoir, il eſt plus raiſonnable d'en laiſſer l'exercice à ceux qui doivent naturellement en être revêtus.

Suppoſé qu'on eût inſéré dans la Conſtitution un article qui eût donné aux Etats-Unis le pouvoir de régler les Elections pour les Etats particuliers, perſonne eût-il balancé à le proſcrire, comme contenant une abſurde tranſpoſition de pouvoir, & comme un inſtrument forgé à deſſein pour la deſtruction des Gouvernemens des Etats? Dans ce cas, la violation du principe n'eut pas eu beſoin de commentaire; un obſervateur impartial le verroit également enfreint dans une loi qui ſoumettroit l'exiſtence du Gouvernement national à la volonté des Gouvernemens des Etats. Il faut donc que chacune de ces deux autorités rivales puiſſe pourvoir par elle-même à ſa conſervation.

On obſervera peut-être que la Conſtitution du Sénat national nous expoſera au même danger que la diſpoſition qui donneroit aux Légiſlatures particulières un pouvoir excluſif ſur les élections fédérales. On obſervera qu'en refuſant de nommer les Sénateurs, elles pourroient porter à l'Union un coup mortel, & on en conclura que puiſqu'on les a rendues maîtreſſes de ſon exiſtence en ce point eſſentiel, on peut ſans inconvénient la leur ſoumettre relativement à l'objet qui nous occupe. L'intérêt de chaque Etat à conſerver ſa repréſentation dans les délibérations nationales, ajoutera-t-on, nous garantit de l'abus qu'ils pourroient faire du pouvoir dont il s'agit.

Cet argument ſpécieux peut-être ne ſoutient pas l'examen. Il eſt certain que les Légiſlatures des Etats, en refuſant de nommer les Sénateurs, peuvent détruire le Gouvernement national. Mais il ne s'en ſuit pas que parce qu'ils ont ce pouvoir dans une circonſtance, il faille le leur donner dans toutes. Il eſt des cas où l'effet de ce pouvoir peut être plus dangereux & plus inévitable, ſans être juſtifié par un motif auſſi preſſant que celui qui a déterminé la Convention dans l'organiſation du Sénat. L'organiſation de ce corps expoſe l'Union aux effets de la malveillance des Légiſlatures des Etats, & c'eſt un mal; mais c'eſt un mal qu'on ne pouvoit éviter, ſans refuſer aux Etats conſidérés comme Corps politiques, une place dans le Gouvernement national. Si on l'eût fait, cela eût été regardé comme un abandon abſolu du principe fédéral & eût certainement privé les Gouvernemens des Etats de la ſauvegarde que la Conſtitution leur aſſure. Mais quelque ſage qu'il ait pu être de s'être réſigné à un inconvénient, pour en obtenir un avantage néceſſaire ou ſeulement un plus grand bien, il n'en réſulte pas qu'il faille favoriſer l'accroiſſement du mal ſans néceſſité & ſans eſpérance d'un plus grand bien.

Il eſt aiſé de voir auſſi que le Gouvernement national auroit plus à redouter du pouvoir des Légiſlatures particulières ſur les élections de la chambre des Repréſentans, que de celui qu'elles ont ſur les nominations des Sénateurs. Chaque Sénateur ſera nommé pour ſix ans, & le Sénat ſera renouvelé par tiers tous les deux ans: aucun Etat ne pourra nommer plus de deux Sénateurs, & ſeize membres de ce Corps formeront un nombre compétent. Il réſulte de ces circonſtances que la réſolution momentanée que prendroient un petit nombre d'Etats, de ſuſpendre la nomination des Sénateurs, ne pourroit ni détruire l'exiſtence ni arrêter l'activité de ce Corps: un accord général & permanent des Etats pour le même objet n'eſt pas ce que nous devons craindre ici. La première de ces diſpoſitions tiendroit à des projets ſiniſtres dans les membres exerçant le plus d'influence dans quelques Légiſlatures des Etats; la ſeconde ſuppoſeroit dans la maſſe totale du Peuple, une malveillance décidée & profondément enracinée, qui, ſi elle pouvoit jamais exiſter, ne tiendroit vraiſemblablement qu'à ce que l'expérience lui auroit prouvé que le Gouvernement général ne peut faire ſon bonheur, auquel cas nul bon Citoyen ne pourroit deſirer de le voir ſubſiſter.

Mais quant à la chambre des Repréſentans, elle doit être entièrement renouvelée tous les deux ans par une élection générale. Si les Légiſlatures des Etats avoient le pouvoir excluſif de régler ces élections, leur époque deviendroit une criſe allarmante dont l'iſſue pourroit être la diſſolution de l'Union, ſi les chefs d'un petit nombre des plus importans Etats avoient formé d'avance une conſpiration pour empêcher l'élection.

On a obſervé que l'intérêt de chaque Etat à être repréſenté dans la Légiſlature fédérale, ne permettroit pas aux Légiſlatures des Etats d'abuſer du pouvoir qu'elles auroient ſur les élections. Cette obſervation n'eſt pas ſans quelque force; mais il faut diſtinguer entre l'intérêt du Peuple à la félicité générale, & l'intérêt de ceux qui le gouvernent à l'agrandiſſement & à l'importance de leurs places. Tandis que le Peuple de l'Amérique eſt fortement attaché au Gouvernement de l'Union, les chefs particuliers de différens Etats, aiguillonés par la rivalité naturelle des pouvoirs, par l'eſpérance de leur élévation perſonnelle & ſoutenus dans leurs Etats par des factions puiſſantes ; peuvent être dans des diſpoſitions abſolument différentes. Quelques Etats offrent aujourd'hui, relativement à la queſtion qui nous occupe, l'exemple de cette différence de ſentimens entre la majorité du Peuple & les individus qui exercent le plus d'influence ſur les aſſemblées qui le gouvernent. Le plan des Confédérations ſéparées qui multiplieroit les chances favorables à l'ambition, ſera toujours un appas invincible pour les hommes exerçant le plus d'influence ſur les Gouvernemens des Etats & qui ſeront diſpoſés à ſacrifier le bien public à leur intérêt & à leur ambition. Avec une arme auſſi puiſſante que le pouvoir excluſif de régler les élections pour le Gouvernement national, un petit nombre d'hommes de cette eſpèce dans quelques-uns des Etats les plus conſidérables où la tentation seroit toujours plus forte, pourroient détruire l'Union en profitant de quelque mécontentement du Peuple, ou accidentel, ou qu'ils auroient eux-mêmes fait naître, pour cesser d'élire les membres de la chambre des Représentans de l'Union. Il ne faut pas oublier que vraisemblablement plusieurs Nations de l'Europe ne verront pas sans crainte s'établir parmi nous une solide Union & se former un Gouvernement énergique; que pour les détruire, elles prépareront quelquefois des complots par leurs intrigues, & ne manqueront jamais de les soutenir quand ils seront formés. Il ne faut donc confier la conservation de l'Union qu'à ceux qui par leur position ont un intérêt direct à la maintenir.

CHAPITRE LX.

Continuation du même Sujet.

Nous avons vu qu'on ne pouvoit sans danger confier aux Législatures des Etats un pouvoir illimité sur les élections des Agens du Gouvernement fédéral. Voyons à présent quel danger il peut y avoir à conférer sur cet article un pouvoir en dernier ressort au Gouvernement fédéral lui-même. On n'a jamais prétendu qu'il en uferoit pour priver aucun des Etats de la part qu'il doit avoir dans la repréfentation. L'intérêt de tous doit néceffairement opérer à cet égard du moins, la fécurité de tous. Mais on a voulu faire croire qu'il pourroit s'en fervir pour diriger les choix fur une claffe de Citoyens favorifée à l'exclufion des autres, en placant le fiége des élections dans un petit nombre de Diftricts particuliers & en privant ainfi la plus grande partie des Citoyens de l'exercice de leur droit de fuffrage. Mais on ne voit pas comment le Congrès pourroit fe livrer à la difpofition, dont une conduite fi extraordinaire & fi violente feroit l'effet, & s'il en étoit jamais atteint, elle fe manifefteroit fous une forme abfolument différente & bien plus décifive.

Pour fe convaincre du peu de vraifemblance d'une tentative femblable, qu'on fonge qu'elle ne pourroit être faite fans caufer auffi-tôt une infurrection de tout le Peuple conduit & dirigé par les Gouvernemens des Etats. Le droit de fuffrage, ce droit qui fait la bafe de la liberté, peut dans des temps de troubles & de factions, être violé dans une claffe particulière de Citoyens, par une majorité victorieufe; mais que dans un pays fitué & éclairé comme celui-ci, il puiffe être ôté à la plus nombreufe partie de la Nation, par l'effet d'un ſyſtême réfléchi dans le Gouvernement, c'eſt ce qu'on ne peut ni croire ni comprendre.

Indépendamment de cette réflexion générale, il eſt des conſidérations plus préciſes, qui ne laiſſent aucune crainte à cet égard. L'extrême différence des élémens qui composeront le Gouvernement national, l'extrême différence de leurs mouvemens & de leurs fonctions, formeront toujours un puiſſant obſtacle à l'accord qui pourroit exiſter pour influer ſur les élections. Il y a aſſez de diverſité dans la nature des propriétés, le caractère, les manières & les habitudes du Peuple des différentes parties de l'Union, pour que les diſpoſitions de ſes Repréſentans ne ſoient pas les mêmes vis-à-vis des différentes claſſes de Citoyens. Et quoiqu'une communication journalière dans l'exercice des mêmes fonctions puiſſe tendre à aſſimiler les diſpoſitions & les ſentimens, il y a des cauſes morales & phyſiques qui entretiendront toujours des différences plus ou moins grandes à cet égard. Mais la circonſtance qui doit naturellement produire le plus d'effet, c'eſt la différence dans la manière de compoſer les diverſes parties du Gouvernement. La chambre des Repréſentans ſera immédiatement élue par le Peuple ; le Sénat par les Légiſlatures des Etats ; le préſident, par des Electeurs choiſis à cet effet par le Peuple ; il eſt peu vraiſemblable que des fonctionnaires publics ſi diverſement élus, ſoient jamais menés par un intérêt commun à favoriſer la même claſſe d'électeurs.

Quant au Sénat, il eſt impoſſible qu'un réglement relatif au temps ou à la forme des élections, ſeuls objets qu'on propoſe de ſoumettre à la déciſion du Gouvernement national, relativement à ce corps, puiſſe influer ſur l'eſprit qui dirigera le choix de ſes membres. Le vœu des Légiſlatures des Etats ne ſera jamais influencé par des circonſtances extérieures de cette nature, & cette réflexion ſeule devroit ſuffire pour nous prouver que nous ne verrons jamais tenter le projet injuſte qu'on ſemble redouter de la part du Congrès. Quel motif auroit le Sénat pour ſe livrer à une partialité dont l'effet n'influeroit pas ſur le choix de ſes membres? Ou à quel propos accorderoit-on relativement à l'une des chambres du Corps légiſlatif, des préférences, qui ne s'étendroient pas juſqu'à la ſeconde? La compoſition de l'une dans ce cas, contrarieroit celle de l'autre, & nous ne pouvons ſuppoſer que les nominations des Sénateurs fuſſent infectées du même vice, ſans ſuppoſer que les Légiſlatures des Etats auroient volontairement participé à l'exécution du complot, & dans cette dernière ſuppoſition, il ſeroit très-indifférent que le pouvoir dont il s'agit, fût

fût entre leurs mains ou dans celles de l'Union.

Mais quel feroit l'objet de cette capricieufe partialité dans le Congrès ? S'exerceroit-elle entre les différens genres d'induftrie, entre les différens genres de propriétés, ou les différens degrés de propriétés ? Favoriferoit-elle les Agriculteurs, les Capitaliftes, les Marchands, ou les Manufacturiers ? Ou pour fe fervir du langage reçu parmi les adverfaires de la Conftitution, favoriferoit-elle l'élévation des hommes riches & bien nés, à l'exclufion & au préjudice du refte des Citoyens ?

Si cette partialité avoit pour but quelque branche particulière d'induftrie ou de propriétés, ce feroient les terres ou le commerce ; & j'affirme fans fcrupule que fi la claffe des propriétaires de terre ou celle des commerçans peuvent prendre l'une fur l'autre quelqu'afcendant, c'eft dans les Légiflatures particulières beaucoup plutôt que dans la Légiflature nationale, & qu'ainfi l'une ou l'autre peut y devenir plus aifément l'objet d'une préférence injufte.

Les différens Etats font plus ou moins livrés au commerce ou à l'agriculture ; dans le plus grand nombre, fi ce n'eft dans tous, l'agriculture domine. Dans quelques-uns cependant le commerce partage prefque fon empire, & il n'en eft pour ainfi dire aucun où il n'ait une influence très-confidérable.

Les Agriculteurs & les Commerçans auront dans la représentation nationale une part proportionnée à leur nombre. La Législature de l'Union formée par la réunion d'un plus grand nombre d'intérêts différens, qu'il n'en existe dans chaque Etat, sera moins disposé à favoriser aucun d'eux, que la Législature d'un Etat.

Dans un pays principalement composé de Cultivateurs, & où sont observées les regles d'une exacte représentation, l'intérêt de l'agriculture doit prédominer. Tant que cet intérêt dominera dans le plus grand nombre des Etats, il conservera la même supériorité dans le Sénat national qui retracera toujours un fidèle tableau de la majorité de toutes ces assemblées particulières. On ne peut donc craindre que la classe des Cultivateurs soit jamais sacrifiée à celle des Marchands par cette chambre de la Législature fédérale. En appliquant ainsi en particulier au Sénat, une observation générale fondée sur la nature du pays, je me conforme à l'opinion des partisans sincères du pouvoir des Etats, qui d'après leurs principes mêmes, ne peuvent soupçonner les Législatures des Etats de s'écarter jamais de leurs devoirs. Mais dans le fait, la même cause produira le même effet, au moins pour la composition primitive de la chambre des Représentans; ainsi on ne peut craindre d'y voir régner non plus que dans l'autre un préjugé favorable à la classe des Commerçans.

Peut-être afin de soutenir à quelque prix que ce soit, l'objection dont il s'agit, demandera-t-on si l'on ne peut craindre dans le Gouvernement national, un préjugé contraire qui le disposeroit à essayer d'assurer exclusivement les fonctions de l'administration fédérale aux propriétaires de terres ? Comme la supposition de ce danger n'alarmera vraisemblablement pas ceux qui y seroient immédiatement exposés, on peut se dispenser de répondre bien sérieusement à cette question ; il suffira d'observer, que par les raisons déjà exposées, la Législature de l'Union sera moins sujette à la partialité qu'aucune des Législatures particulières. En second lieu, on sera moins tenté d'enfreindre la Constitution en faveur de la classe des Agriculteurs, qui aura dans l'ordre naturel des choses toute la prépondérance qu'elle pourra desirer. Troisièmement, des hommes accoutumés à chercher avec des vues un peu étendues les sources de la prospérité publique, seront trop bien convaincus de l'utilité du commerce pour écarter du soin de ses intérêts, ceux qui les connoissent le mieux. L'importance du commerce relativement aux revenus publics, le garantira seule de l'inimitié d'un corps à qui les besoins publics rappelleront fréquemment la protection qu'il lui doit.

Je discute en peu de mots la possibilité d'une préférence relative aux différens genres d'industrie & de propriété : en effet si j'entends bien le sens de l'objection que je combats, elle porte plus particulièrement sur une distinction d'un autre genre. On veut nous effrayer par la crainte d'une préférence qui éleveroit cette classe d'hommes qu'on appelle *riches & bien nés*, à une odieuse prééminence sur leurs Concitoyens. Tantôt, suivant nos adversaires, leur élévation seroit l'effet nécessaire du petit nombre des membres de la chambre des Représentans, & tantôt on y parviendroit en privant le Peuple de la facilité d'exercer son droit de suffrage pour le choix de ses Représentans.

Mais comment la partialité dont il s'agit, pourroit-elle atteindre à son but en fixant tel ou tel lieu pour les élections ? Les hommes riches & bien nés, puisque c'est ainsi qu'on les appelle, sont-ils dans chaque Etat tous réunis dans un espace particulier ? Ont-ils par un instinct, par une prévoyance miraculeuse, choisi le même lieu pour leur résidence ? Ne les trouve-t-on que dans les bourgs ou dans les cités, ou ne sont-ils pas au contraire épars sur toute la surface du pays au gré du hasard ou des différens genres d'industrie qui ont fixé leur ſort ou celui de leurs ancêtres? S'il eſt vrai qu'ils ſoient ainſi diſſéminés (& aucun homme inſtruit de l'état de ce pays n'en doutera), n'eſt-il pas évident que la partialité coupable qui afin de les favoriſer, fixeroit pour les élections un petit nombre de Diſtricts particuliers, iroit directement contre ſon but? Le fait eſt qu'il n'eſt d'autre moyen d'aſſurer aux hommes riches, la préférence qu'on redoute, que d'indiquer des conditions d'élection & d'éligibilité. Or le Gouvernement national n'a pas ce pouvoir, il n'a que celui de fixer le temps, le lieu, la forme des élections. Les conditions requiſes pour élire & pour être élu, ſont fixées par la Conſtitution & ne peuvent être changées par la Légiſlature.

Suppoſons cependant, que ce projet pût s'exécuter ſans obſtacle; admettons encore que les membres de la Légiſlature nationale ne ſeroient retenus ni par la crainte, ni par les ſcrupules, on ne prétendra pas, j'imagine, qu'ils puiſſent jamais eſpérer de réuſſir ſans une force militaire ſuffiſante pour vaincre la réſiſtance du Peuple. On a déja démontré l'impoſſibilité de l'exiſtence d'une ſemblable force; mais afin de montrer plus clairement la futilité de l'objection que je combats, je ſuppoſerai pour un moment que cette force puiſſe exiſter. Qu'en réſulteroit-il? Avec la volonté

& les moyens d'attaquer les droits eſſentiels de la Nation, les uſurpateurs s'amuſeroient-ils au ſoin ridicule de faire des loix d'élection pour favoriſer une claſſe particulière de Citoyens ? Leur conduite ne tendroit-elle pas plus directement à leur aggrandiſſement perſonnel ? Ne prendroient-ils pas la réſolution hardie de ſe perpétuer dans leurs places par un acte d'uſurpation déciſive, plutôt que de ſe fier à des expédiens précaires, qui, en dépit de toutes les précautions, finiroient toujours par le renvoi, la honte & la perte de leurs auteurs ? Les Citoyens qui connoiſſent & ſavent défendre leurs droits, n'accourroient-ils pas en foule des extrêmités de tous les Etats, aux lieux indiqués pour les élections, afin de renverſer leurs tyrans & de leur ſubſtituer des hommes diſpoſés à punir l'atteinte portée aux droits du Peuple.

CHAPITRE LXI.

Continuation & fin du même Sujet.

CEUX qui combattent de bonne-foi l'article de la Conſtitution qui regarde les élections, obligés quelquefois par la force des argumens, de convenir qu'il eſt conforme à la raiſon, ſoutiennent cependant qu'il devroit être ſuivi d'une clauſe qui déclarât que chaque Comté aura pour les élections une aſſemblée qui ne pourra être transférée hors de ſes limites. Cette clauſe qu'ils regardent comme une précaution néceſſaire contre les abus du pouvoir, ſeroit ſans inconvénient ſans doute, & quand elle n'auroit d'autre avantage que celui de tranquilliſer, ne ſeroit pas ſans utilité. Mais l'omiſſion d'une précaution contre un danger imaginaire ne pourra jamais paroître l'objet d'un reproche ſérieux ou d'une objection péremptoire contre la Conſtitution. J'ai prouvé dans les deux derniers chapitres que ſi la liberté publique eſt jamais ſacrifiée à l'ambition des Agens du Gouvernement fédéral, ce n'eſt pas le pouvoir dont il s'agit qu'il faudra en accuſer.

Si les hommes qui s'abandonnent ſi aiſément à

leurs inquiétudes, vouloient examiner attentivement les Conſtitutions des Etats, ils y trouveroient d'auſſi juſtes ſujets d'allarmes; il ſuffiroit d'examiner leur ſituation à cet égard, pour détruire toutes les idées défavorables à la Conſtitution fédérale qui pourroient ſubſiſter encore. Mais comme cet examen nous entraîneroit dans de longs & faſtidieux détails, je me bornerai au ſeul exemple de l'Etat où j'écris. La ſeule diſpoſition qui exiſte dans la Conſtitution relativement aux lieux où doivent ſe faire les élections, porte que les membres de l'Aſſemblée ſeront élus dans les Comtés, ceux du Sénat dans les grands Diſtricts qui exiſtent ou ſeront formés par la ſuite dans cet Etat; ils ſont aujourd'hui au nombre de quatre & comprennent chacun de deux à ſix Comtés. Il eſt aiſé de voir qu'il ne ſera pas plus difficile à la Légiſlature de New-York, en fixant certains lieux pour les élections, de priver les Citoyens de cet Etat de leur droit de ſuffrage, qu'à la Légiſlature de l'Union d'en priver tous les Citoyens des Etats-Unis. Suppoſons, par exemple, que la ville d'Albani ſoit marquée comme le ſeul lieu d'élection pour le Comté & le Diſtrict dont elle fait partie, les Habitans de cette ville ne ſeroient-ils pas les ſeuls Electeurs du Sénat & de l'Aſſemblée dans ce Diſtrict? Pouvons-nous penſer que les Electeurs qui habitent les ſubdiviſions éloignées du Diſtrict d'Albany, Saratoga, Cambridge, &c. ou quelque partie du Comté de Montgommery, priſſent la peine de venir à la ville d'Albany donner leurs ſuffrages pour les membres de l'Aſſemblée ou du Sénat, plutôt qu'à New-York, pour participer au choix des membres de la chambre des Repréſentans du Congrès? L'indifférence allarmante pour l'exercice de ce droit ineſtimable, ſous des loix qui le facilitent au plus haut degré, n'indique que trop la réponſe que l'on doit faire à cette queſtion, & indépendamment des lumières que nous offre l'expérience, n'eſt-il pas certain que quand le lieu de l'élection eſt placé à une trop grande diſtance de l'Electeur, que ce ſoit à vingt ou à deux cent milles, le degré d'éloignement ne fait plus rien. Delà nous devons juger que les motifs qui exigeroient une modification dans le pouvoir conféré aux Etats-Unis ſur les élections, s'appliqueroient également à celui que les Etats ont ſur le même article, & qu'on ne peut approuver l'un en condamnant l'autre. Le réſultat d'une comparaiſon ſemblable avec les Conſtitutions de la plus grande partie des Etats ſeroit abſolument le même.

Si l'on me dit que les défauts des Conſtitutions

des Etats ne peuvent ſervir d'excuſe à ceux du plan propoſé, je répondrai, que comme on n'a jamais reproché aux premiers trop peu d'attention pour le maintien de la liberté, & que le reproche que l'on fait à la Conſtitution fédérale leur eſt également applicable, il doit être regardé comme l'argument captieux d'une oppoſition déterminée d'avance à tout déſapprouver, & non comme le réſulat d'une ſincère recherche de la vérité. Il n'y a rien à dire à des hommes qui pardonnent aux Conſtitutions des Etats, l'omiſſion qu'ils font enviſager dans le plan de la Convention comme un défaut inexcuſable, ou l'on ne peut que leur demander de nous donner quelque ſolide raiſon pour nous prouver que les Repréſentans du Peuple dans un ſeul Etat, ſeront plus inacceſſibles au deſir d'exercer un grand pouvoir ou à d'autres diſpoſitions coupables, que les Repréſentans du Peuple des Etats-Unis. S'ils ne peuvent ſatisfaire à cette demande, il faudra du moins qu'ils nous prouvent qu'il eſt plus aiſé de détruire la liberté de trois millions d'hommes, dont la réſiſtance ſeroit ſoutenue & conduite par des Gouvernemens particuliers, que celle de deux cent mille hommes dépourvus du même avantage. Relativement au ſujet qui nous occupe, il faut qu'ils nous démontrent que nous devons moins redouter de voir dans un ſeul Etat, une faction dominante, afin de maintenir ſa ſupériorité, favoriſer une claſſe particulière d'Electeurs, que de trouver une diſpoſition ſemblable dans les Repréſentans de treize Etats, épars ſur la ſurface d'un vaſte pays, & auxquels des circonſtances locales, des préjugés & des intérêts différens laiſſent peu de moyens de rapprochement.

Juſqu'ici mes obſervations n'ont eu d'autre but que de juſtifier en théorie, la diſpoſition dont il s'agit, de prouver que le pouvoir confié pour cet objet au Congrès ne pouvoit être ſans danger placé en d'autres mains, & qu'il n'y en a aucun à le lui laiſſer. Il me reſte à parler d'un avantage qui réſultera de cette diſpoſition & que n'auroit pu produire aucune autre: je parle de l'uniformité dans l'époque des élections pour la chambre des Repréſentans du Congrès. Il eſt vraiſemblable que l'expérience prouvera l'avantage de cette uniformité, & pour empêcher qu'un même eſprit ne ſe perpétue dans ce corps & pour remédier aux déſordres occaſionnés pat les factions. Si chaque Etat peut déterminer le moment de ſon élection, il eſt poſſible qu'il ſe trouve autant de différentes époques qu'il y a de mois dans l'année. Celles que les Etats ont aujourd'hui fixées pour leurs élections particulières ſont placées à de grandes distances depuis le mois de Mars, par exemple, jusqu'au mois de Novembre. Il résulteroit de cette diversité, que la chambre des Représentans n'éprouveroit jamais une dissolution ou un renouvellement total. S'il y regnoit un mauvais esprit, il se propageroit dans les nouveaux membres à mesure qu'ils succéderoient aux anciens. La masse totale resteroit toujours la même, parce que les nouveaux élémens que des changemens successifs y feroient entrer, s'assimileroient bientôt à sa nature. Peu d'esprits ont la force de résister à la contagion de l'exemple. Je crois qu'un corps dont les membres seroient nommés pour trois ans, mais qui seroit complettement renouvelé par une dissolution totale à une époque déterminée, seroit moins redoutable pour la liberté, que s'il étoit renouvelé tous les ans par des changemens graduels & successifs.

L'uniformité dans l'époque des élections n'est pas moins nécessaire, pour que le renouvellement successif du Sénat puisse s'opérer régulièrement & que la Législature puisse s'assembler tous les ans à une époque déterminée.

On demandera peut-être pourquoi la Constitution n'a pas elle-même fixé l'époque de l'élection ? Comme les plus violens adversaires du plan de la Convention parmi nous, sont aussi les plus grands admirateurs de la Conſtitution de New-York, on peut leur faire la même queſtion relativement à la Conſtitution de cet Etat. Et alors la meilleure réponſe qu'ils auront à faire, c'eſt que ce ſoin a pu être ſans danger confié à la Légiſlature, & que ſi l'on eût d'avance marqué une époque, à l'expérience on eût peut-être reconnu qu'elle étoit mal choiſie. Cette réponſe s'applique également à la Conſtitution fédérale, & l'on peut ajouter que la crainte d'un danger imaginaire n'a pas dû faire admettre une diſpoſition conſtitutionnelle, dont l'effet eût privé quelques Etats de l'avantage réel de pouvoir ſans difficulté placer les élections pour leurs propres Gouvernemens à la même époque que les élections pour le Gouvernement fédéral.

CHAPITRE LXII.

De la Conſtitution du Sénat ; des conditions requiſes dans ſes Membres ; de la forme de leurs nominations ; de l'égalité de repréſentation ; du nombre des Sénateurs ; de la durée de leurs fonctions.

Après avoir examiné l'organiſation de la chambre des Repréſentans, & répondu aux objections qui m'ont paru mériter une réponſe, je paſſe à l'examen de l'organiſation du Sénat & des pouvoirs dont ce Corps eſt revêtu.

Les conditions requiſes dans les Sénateurs ne ſont pas les mêmes que la Conſtitution a fixées pour les Repréſentans. Il faut pour être Sénateur, avoir au moins trente ans, & être Citoyen depuis neuf ans, tandis qu'on peut être Repréſentant à vingt-cinq ans & après avoir été ſept ans Citoyen. Cette différence eſt fondée ſur la nature des fonctions des Sénateurs ; elles exigent plus d'inſtruction & de ſtabilité dans le caractère ; il faut donc qu'un Sénateur ait atteint l'âge où ces qualités ſe trouvent le plus ſouvent réunies. Elles conſiſtent ſouvent en négociations avec les puiſſances étrangères ; elles ne doivent donc être exercées que par des hommes entièrement dégagés des préventions & des dispositions que donnent une naissance & une éducation étrangères. La fixation du terme de neuf ans tient un juste milieu entre deux partis extrêmes. Il eut été bien dur d'exclure à jamais des Citoyens adoptifs que leur mérite & leurs talens peuvent rendre dignes de la confiance publique ; en les admettant sans précaution, on ouvriroit une route à l'influence des puissances étrangères dans la Législature nationale.

Il est également inutile de s'appesantir sur la nomination des Sénateurs par les Législatures des Etats. Des différentes manières de composer cette partie du Gouvernement, celle-ci est vraisemblablement la plus conforme à l'opinion publique. Elle a le double avantage d'assurer un choix plus éclairé & de donner aux Gouvernemens des Etats une influence sur la formation du Gouvernement fédéral, qui maintiendra leur autorité & formera entre les deux systêmes un lien utile.

L'égalité de représentation est évidemment le résultat d'une transaction entre les prétentions opposées des grands & des petits Etats. S'il est vrai que parmi des hommes réunis en un seul corps de Nation, chaque District doive avoir part au Gouvernement en proportion de sa grandeur, & que parmi des Etats indépendans & ſouverains unis par une ſimple ligue, les différens membres de cette aſſociation, quoiqu'inégaux en grandeur, doivent avoir une influence égale dans les aſſemblées communes, ce n'eſt pas ſans raiſon, que dans une république composée, qui ſe rapproche du Gouvernement fédératif à quelques égards, & s'en éloigne à quelques autres, on propoſe de ſuivre en même temps dans la compoſition de la Légiſlature, les principes de la repréſentation égale & de la repréſentation proportionnelle. Mais il eſt ſuperflu d'appliquer les regles de la politique à une partie de la Conſtitution qui, de l'aveu de tout le monde, n'eſt pas le réſultat de la théorie, mais « d'un attachement & d'une déférence mutuelle qu'exigeoit notre ſituation politique ». L'Amérique veut un Gouvernement commun, revêtu d'un pouvoir ſuffiſant, & ſa ſituation politique l'exige impérieuſement. Les plus grands Etats n'auroient jamais obtenu des petits un Gouvernement plus conforme à leurs vœux. Ils n'ont donc que le choix d'adopter le Gouvernement propoſé ou d'en recevoir un plus imparfait encore. Dans cette alternative, la prudence conſeille de choiſir le moindre mal, & au lieu de prévoir inutilement les inconvéniens qui en pourroient réſulter, de ſonger plutôt aux avantages qui compenſeront ce ſacrifice.

Il

Il faut remarquer que le ſuffrage égal accordé à chaque Etat, eſt en même-temps la reconnoiſſance conſtitutionnelle de la portion de ſouveraineté qui reſte aux Etats particuliers, & un moyen de la maintenir. Sous ce point de vue, l'égalité ne paroîtra pas moins deſirable aux grands Etats qu'aux petits, car ils ont également le deſir de ſe garantir par tous les moyens poſſibles d'une conſolidation générale des Etats en une ſeule république.

Un autre avantage qui réſultera de la même diſpoſition, c'eſt un nouvel obſtacle à l'admiſſion des mauvaiſes loix. Il ne pourra être pris de réſolution ou paſſé de loi ſans la concurrence de la majorité du Peuple en premier lieu & enſuite de la majorité des Etats. Il eſt vrai que ce double frein pourra dans quelques circonſtances faire autant de mal que de bien, & que le moyen de défenſe particulier qu'il aſſure aux plus petits Etats, ſeroit encore mieux juſtifié par la raiſon, s'il étoit vrai qu'ils euſſent à défendre des intérêts communs, différens de ceux des autres Etats & qui ſans cette clauſe ſe trouvaſſent en danger. Mais comme les plus grands Etats auront toujours par leur pouvoir en matière d'impôts le moyen de combattre cette prérogative des petits Etats, dans le cas où ils en abuſeroient, comme d'ailleurs l'excessive facilité de faire des loix nouvelles, paroît être un des inconvéniens auxquels notre Gouvernement sera le plus exposé, il est possible que l'expérience fasse juger cette partie de la Constitution plus favorablement que la théorie.

Nous allons examiner le nombre des Sénateurs & la durée de leurs fonctions. Pour en juger sainement, il est bon de chercher quel est le but de l'établissement d'un Sénat, & quels seroient les inconvéniens auxquels une république seroit exposée sans une institution de cette nature.

Il peut arriver dans un Gouvernement républicain, plus difficilement cependant que dans tout autre, que ceux qui en exercent les fonctions, trahissent leurs devoirs. Sous ce point de vue, le Sénat formant une seconde partie de l'Assemblée législative, partageant le pouvoir de la première, peut être un frein utile. Son existence doit doubler la sûreté du Peuple, puisqu'avec lui il faudroit la concurrence de deux corps différens pour exécuter des complots perfides, qui sans lui pourroient être exécutés par l'ambition ou la corruption d'un seul. Il faut observer que plus ces deux corps différeront par leur esprit, plus il leur sera difficile de s'accorder pour des projets contraires à l'intérêt public. Il sera donc sage d'établir entr'eux toutes les différences qui ne détruiront pas l'harmonie qui doit exister dans la marche du Gouvernement & qui pourront s'accorder avec les principes simples des Gouvernemens républicains.

La nécessité d'un Sénat est également indiquée par la disposition que toutes les assemblées seules & nombreuses ont à céder à l'impulsion des passions violentes qui s'y élevent d'un moment à l'autre & à être entraînées par des chefs de factions, dans des résolutions précipitées & imprudentes. On pourroit citer sur ce sujet des exemples nombreux, tirés de notre histoire comme de celle des autres Nations. Mais il est inutile de démontrer une proposition qui n'éprouvera pas de contradiction. Il est bon d'observer seulement que le corps fait pour corriger les défauts de l'Assemblée des Représentans, doit en être lui-même exempt; il faut donc qu'il soit moins nombreux. Il doit en outre avoir une grande fermeté; il faut donc que son autorité dure plus long-temps.

L'utilité du Sénat est encore de suppléer aux connoissances nécessaires que n'aura point la première chambre sur les principes de la Législation & les objets qui lui sont soumis. Il n'est pas possible qu'une assemblée d'hommes pris pour la plupart dans une condition privée où des affaires particulières remplissoient le cours de leur vie, nommés pour un temps fort court, & qu'aucun motif permanent n'engagera à se dévouer, pendant les intervalles de leurs fonctions publiques, à l'étude des loix, des affaires, & des intérêts si multipliés de leur pays, puissent échapper à une foule d'erreurs importantes dans l'exécution de leurs fonctions publiques. On peut affirmer avec confiance qu'une grande partie des embarras où se trouve aujourd'hui l'Amérique a pour cause les fautes de nos Gouvernemens ; fautes qu'on doit attribuer à une raison bornée beaucoup plutôt qu'à des intentions coupables. En effet, ces loix qui révoquent, expliquent, ou corrigent des loix antérieures, n'attestent-elles point un défaut de prudence ? Ne sont-ce pas autant d'accusations intentées par chaque session contre la session précédente, autant d'avertissemens qui doivent faire sentir au Peuple toute l'utilité d'un Sénat bien organisé ?

Un bon Gouvernement suppose deux conditions essentielles dans ceux qui en exercent les fonctions, une occupation constante du bonheur du Peuple, unique objet du Gouvernement, & la connoissance des moyens qui conduisent le plus sûrement à ce but. Ces deux conditions manquent à quelques Gouvernemens ; il en est un grand nombre où la première est négligée. J'ose assurer qu'en Amérique, on s'eſt trop peu occupé de la ſeconde. On ne peut reprocher cette erreur à la Conſtitution fédérale. Elle tend à aſſurer au Peuple des Repréſentans auſſi éclairés que fidèles.

L'inconſtance inévitable dans les diſpoſitions d'une Aſſemblée légiſlative fréquemment renouvelée, néceſſite quelqu'inſtitution ſtable dans le Gouvernement. A chaque élection nouvelle, les Etats doivent changer la moitié de leurs Repréſentans; de ce changement d'hommes doit réſulter un changement dans les opinions & dans les meſures. Mais un changement continuel de meſures, même en les ſuppoſant toutes raiſonnables, ne peut s'accorder avec les regles de la prudence & bannit tout eſpoir de ſuccès. Cette obſervation eſt confirmée par l'expérience même dans la vie privée; elle eſt plus juſte & plus importante encore quand il s'agit des affaires publiques.

Pour détailler tous les pernicieux effets de l'inconſtance des Gouvernemens, il faudroit un volume. Je vais en indiquer quelques-uns qui peuvent évidemment devenir la ſource d'une infinité d'autres.

En premier lieu, elle détruit l'eſtime & la confiance des autres Nations & fait perdre tous les avantages qui dépendent du caractère national. Quand un individu eſt inconſtant dans ſes plans ou n'en obſerve aucun pour la conduite de ſes affaires, tous les hommes ſages prévoyent qu'il ſera bientôt la victime de ſa légéreté & de ſa folie. Ses amis le plaignent; mais perſonne ne veut lier ſa fortune à la ſienne; & beaucoup de gens cherchent à faire leur fortune à ſes dépens. Les Nations ſont entr'elles comme les individus, avec cette différence peut-être que moins ſujettes aux impulſions de la bienveillance, elles ſe font moins de ſcrupule de tirer avantage de leur imprudence mutuelle. Ainſi toute Nation qui dans l'adminiſtration de ſes affaires, laiſſe voir un défaut de prudence ou de ſtabilité, doit s'attendre à toutes les pertes que des voiſins plus ſages pourront lui faire éprouver par une politique plus conſtante. Mais l'Amérique ne peut trouver à cet égard de leçon plus forte que celle que lui offre ſa propre ſituation. Mépriſée par ſes alliés mêmes, elle eſt le jouet de ſes ennemis, & deviendra la proie de toute Nation qui aura intérêt à ſpéculer ſur l'inconſtance de ſon Gouvernement & l'embarras de ſes affaires.

Les effets intérieurs de l'inconſtance du Gouvernement ſont encore plus déſaſtreux. Elle empoiſonne les bienfaits de la liberté même. Qu'importe au Peuple d'avoir des loix faites par des hommes de ſon choix, ſi elles ſont tellement volumineuſes & incohérentes, qu'il ne peut ni les lire, ni les comprendre; ſi toujours révoquées ou revues avant leur promulgation, elles éprouvent des changemens tellement fréquens, qu'il eſt impoſſible à un homme qui connoît aujourd'hui la loi, de ſavoir quelle elle ſera demain? La loi eſt la regle des actions des Citoyens; mais qu'eſt-ce qu'une regle qui n'eſt ni connue ni invariablement fixée?

Un autre effet encore de cette diſpoſition au changement, eſt de donner un injuſte avantage à l'habileté de quelques capitaliſtes entreprenans ſur l'induſtrie de la partie la plus nombreuſe & la moins éclairée du Peuple. Tout nouveau réglement relatif au commerce & aux finances ou qui affecte la valeur de quelque eſpèce de propriété, préſente à tous ceux qui ſpéculent ſur les variations de ce genre & ſavent en prévoir les effets, une riche moiſſon qu'ils n'ont pas ſemée, & qui a été arroſée par les ſueurs de leurs Concitoyens. C'eſt un état de choſes où l'on peut dire que les loix ſont faites non pour le Peuple, mais pour quelques individus.

Ce n'eſt pas tout. Ce vice du Gouvernement produit encore des effets bien funeſtes. Le défaut de confiance dans le Corps légiſlatif décourage toutes les entrepriſes utiles dont le ſuccès & le profit dépend de la ſtabilité des loix exiſtantes. Quel commerçant prudent riſquera ſa fortune dans une branche de commerce, quand il ſait que les plans qu'il a adoptés peuvent être proſcrits par la loi avant leur exécution ? Quel fermier, quel manufacturier expoſera ſes fonds ou compromettra ſon induſtrie pour l'encouragement de quelque genre d'agriculture, de quelqu'établiſſement nouveau, ſans ſavoir ſi ſes premiers travaux & ſes avances ne le rendront pas victime de l'inconſtance du Gouvernement ? En un mot, on ne peut eſpérer dans cet état de choſes, de voir aucun progrès ſenſible d'un genre d'induſtrie quelconque, s'effectuer, ni s'exécuter aucune entrepriſe utile qui ait beſoin de la protection d'un Gouvernement conſtant & uniforme dans les principes & dans ſa marche.

Mais ſon plus déplorable effet eſt la diminution du reſpect & de l'attachement du Peuple pour un ſyſtême politique qui laiſſe voir tant de marques de foibleſſe & trompe tant d'eſpérances flatteuſes. Aucun Gouvernement, comme aucun homme n'eſt reſpecté s'il ne mérite de l'être & ne peut le mériter ſans un certain degré d'ordre & de conſtance.

CHAPITRE LXII.

Suite de l'examen de l'organision du Sénat; de la durée du pouvoir de ses Membres.

UNE nouvelle considération qui fait sentir l'utilité du Sénat, c'est que sans ce corps, le Gouvernement attacheroit trop peu de prix à l'avantage de faire respecter le caractère national. Sans un Corps choisi & stable dans le Gouvernement, une politique inconstante & peu éclairée, produite par les causes que j'ai déjà exposées, nous feroit perdre l'estime des puissances étrangères, & l'Assemblée de nos Représentans n'auroit pas cette sensibilité à l'opinion du monde, qui n'est pas moins nécessaire peut-être pour mériter son estime & sa confiance, que pour l'obtenir.

Il est important que tout Gouvernement attache quelque prix au jugement des Nations étrangères, pour deux raisons : la première, c'est qu'indépendamment de la sagesse d'un plan ou d'une mesure quelconque, il est important qu'elle soit favorablement jugée par les autres Nations : la seconde est, que dans les cas douteux, particulièrement lorsque le Congrès peut être entraîné par quelque paſſion, ou par quelqu'intérêt du moment, l'opinion préſumée ou connue du monde impartial eſt le meilleur guide qu'il puiſſe ſuivre. Que de maux l'Amérique n'eût-elle pas prévenus, ſi elle eut ſu ſe faire reſpecter des Nations étrangères? Que d'erreurs & de folies elle eût évitées, ſi avant de ſe décider ſur la juſtice ou la prudence d'une meſure publique, on l'eût enviſagée ſous le même jour que la portion éclairée & impartiale du genre-humain.

Il eſt évident qu'un Corps nombreux & fréquemment renouvelé ne ſentira jamais aſſez tout le prix de l'eſtime des autres Nations. Elle ne pourra être bien appréciée que par une aſſemblée aſſez peu conſidérable, pour qu'une partie de l'honneur ou du blâme réſultant des meſures publiques retombe ſur chacun des membres qui la compoſent; il faut qu'ils exercent les mêmes fonctions pendant un eſpace aſſez long pour que l'intérêt de leur orgueil & leur réputation ſoit inſéparablement lié à la gloire & à la proſpérité de la Nation. Les Repréſentans de Rode-Iſland nommés pour ſix mois, dans les délibérations par leſquelles ils ont adopté pour cet Etat des meſures ſi contraires à l'équité, ont vraiſemblablement été peu touchés de l'opinion que leur conduite alloit donner d'eux aux Nations étrangères & aux autres Etats; si pour la confection des loix, la Constitution de Rode-Island eût exigé le concours d'un Corps choisi & stable, l'intérêt de l'honneur national eût vraisemblablement seul garanti ce Peuple égaré des maux dont il gémit aujourd'hui.

J'ajouterai que la fréquence des élections peut, dans des cas importans, rendre impossible cette responsabilité du Gouvernement envers le Peuple qu'elle assure sous d'autres rapports. Cette observation semblera peut-être non-seulement neuve, mais paradoxale. On verra cependant à l'explication, qu'elle est aussi incontestable, que digne d'attention.

La responsabilité pour être raisonnable, doit être limitée aux objets soumis au pouvoir des personnes responsables, & pour qu'elle soit efficace, il faut qu'elle porte sur des opérations relativement auxquelles le Peuple soit en état de former un jugement prompt & sûr. Les différens objets des fonctions du Gouvernement peuvent être divisés en deux classes; il en est auxquels il peut atteindre par des moyens dont chacun pris à part, produit un effet immédiat & sensible; mais le succès de plusieurs d'entr'eux dépend d'une suite de mesures sages & qui s'accordent entr'elles, dont l'effet est graduel & presque insensible. Il est inutile de montrer toute l'importance de ce dernier genre d'affaires pour la prospérité générale & constante de tous les pays. Il est évident qu'une assemblée d'hommes élus pour un temps si court, que dans une longue chaîne de mesures essentielles au bonheur public, à peine un ou deux chaînons ont été son ouvrage, ne peut pas plus être responsable du succès, qu'on ne peut demander compte à un Intendant ou à un Fermier pris pour une année, d'emplois ou d'améliorations qui ne pourroient s'effectuer que dans l'espace de cinq ou six ans; & il est impossible au Peuple de déterminer quel degré d'influence une assemblée annuelle a pu avoir sur des événemens produits par les opérations & les mesures qui ont eu lieu pendant un certain nombre d'années. Il est déjà assez difficile de soumettre à une responsabilité personnelle les membres d'une assemblée nombreuse, pour des actes émanés d'elle & dont chacun pris à part a eu sur le Peuple un effet direct & sensible.

Le remède à cet inconvénient, est la création d'un second corps qui partage les fonctions législatives, & dont les membres par la durée de leurs fonctions, en état de consommer des entreprises qui exigent une attention soutenue & une longue suite de mesures, puissent être justement & efficacement soumis à la responsabilité.

Jusqu'ici je ne me suis occupé de démontrer

la néceſſité d'un Sénat, que relativement aux Repréſentans du Peuple. Je parle à un Peuple ſans préjugés & que la flatterie n'a point corrompu : je n'héſiterai point à ajouter qu'une inſtitution de ce genre peut être quelquefois néceſſaire pour défendre le Peuple de ſes propres erreurs & de ſes illuſions momentanées. Le vœu d'une Nation libre doit toujours prévaloir ſur les intentions de ceux qui la gouvernent ; mais il eſt tel moment où le Peuple ſtimulé par une paſſion irrégulière, par le deſir de s'aſſurer un avantage illégitime, ou trompé par les argumens captieux d'hommes intéreſſés, peut ſolliciter des meſures que bientôt il déſapprouvera & dont il ſera réduit à déplorer l'effet. Dans ces momens critiques, combien ſera ſalutaire l'interpoſition d'un Corps de Citoyens reſpectables & modérés, pour arrêter une impulſion funeſte, ſuſpendre le coup que le Peuple veut ſe porter à lui-même, juſqu'à ce que la raiſon, la juſtice & la vérité reprennent leur empire ſur l'eſprit public ! Quels chagrins amers n'eût pas évité le Peuple Athénien, ſi ſon Gouvernement l'eût défendu par un auſſi puiſſant rempart contre la tyrannie de ſes propres paſſions ? On n'eut pas fait à la liberté populaire le reproche d'avoir fait boire la cigue aux mêmes Citoyens auxquels elle élevoit le lendemain des ſtatues.

On dira peut-être qu'un Peuple disséminé sur la surface d'un grand pays, ne pourra pas comme les nombreux Habitans amoncelés dans un petit canton, être égaré par des passions violentes & se coaliser pour exécuter des projets injustes. Je suis loin de révoquer en doute l'importance de cette distinction; dans un chapitre précédent je me suis efforcé de démontrer que c'étoit un des principaux avantages des républiques fédératives. Mais cet avantage ne rend pas toutes les autres précautions inutiles. Il faut observer même que cette étendue qui garantit les Habitans de l'Amérique de quelques-uns des dangers auxquels sont soumises les républiques plus petites, les exposera plus long-temps à l'influence de ces insinuations perfides que les artifices combinés de quelques intrigans agissant de concert, pourront répandre parmi eux.

On doit sentir mieux la force de ces observations, quand on se rappelle ce que l'histoire nous apprend de la courte existence des républiques qui n'ont point eu de Sénat. Sparte, Rome, Carthage, sont parmi les républiques anciennes, les seules qui aient bien connu cette institution. Dans les deux premières, les Sénateurs étoient nommés pour leur vie. La Constitution du Sénat dans la dernière, est moins connue; mais les circonstances ſemblent indiquer qu'elle ne différoit point des deux autres à cet égard. Il eſt du moins certain que par ſa forme, il ſervoit d'ancre au milieu des agitations populaires, & qu'un conſeil moins nombreux tiré du Sénat, non-ſeulement étoit composé de membres à vie, mais rempliſſoit lui-même les places vacantes. Ces exemples trop éloignés du caractère des Américains pour qu'on puiſſe leur propoſer de les ſuivre, deviennent cependant, quand on les rapproche de l'exiſtence turbulente & paſſagère des autres républiques anciennes, des preuves bien inſtructives de la néceſſité de quelqu'inſtitution qui uniſſe la ſtabilité à la liberté. Je n'ignore pas les circonſtances qui diſtinguent notre Gouvernement de tous les autres Gouvernemens populaires tant anciens que modernes & qui doivent nous rendre très-circonſpects dans les applications que nous faiſons de ces exemples étrangers à notre ſituation politique. Il eſt cependant des rapports qui les rendent dignes de notre attention. Quelques-uns des défauts que nous avons indiqués & auxquels l'établiſſement d'un Sénat peut ſeul remédier, ſont applicables & au Peuple, s'il gouverne par lui-même, & aux aſſemblées nombreuſes fréquemment renouvelées par le choix du Peuple. Mais il en eſt de particuliers à ces dernières qui exigent auſſi l'établiſſement d'un Sénat. Le Peuple ne trahira jamais volontairement ſes propres intérêts; mais ils peuvent être trahis par ſes Repréſentans, & le danger eſt évidemment plus grand, quand la plénitude du pouvoir légiſlatif eſt concentrée dans un ſeul Corps, que lorſque pour tout acte public, il faut le concours de deux Corps bien diſtincts, & qui différent par leur forme.

L'avantage qu'on fait le plus valoir en faveur du Gouvernement américain, conſiſte dans le principe de la repréſentation qui en eſt la baſe, & qu'on croit avoir été inconnu aux autres républiques, du moins aux républiques anciennes. J'ai trop parlé moi-même dans de précédens chapitres de cet important avantage, pour pouvoir être ſoupçonné de vouloir ou en nier l'éxiſtence, ou en rabaiſſer le prix. J'obſerverai donc avec confiance que l'ignorance des républiques anciennes au ſujet de la repréſentation n'étoit pas ſi complette qu'on le croit communément. Sans me livrer ici à des recherches déplacées, je ne citerai à l'appui de mon opinion qu'un petit nombre de faits connus.

Dans les plus pures démocraties de la Grèce, quelques-unes des fonctions exécutives étoient remplies, non par le Peuple, mais par des Magiſtrats de ſon choix & qui le repréſentoient dans l'exercice du pouvoir exécutif.

Avant la réforme de Solon, Athènes étoit gouvernée par neuf Archontes, élus chaque année par le Peuple. Le degré de pouvoir dont ils étoient revêtus se perd dans la nuit des temps. Postérieurement à cette époque, nous trouvons une assemblée composée d'abord de quatre, ensuite de six cens membres élus tous les ans par le Peuple, & qui le représentoient partiellement dans l'exercice du pouvoir législatif; car outre qu'ils faisoient les loix conjointement avec le Peuple, ils avoient seuls le droit de les proposer. Le Sénat de Carthage, quel que fût son pouvoir & la durée des fonctions de ses membres, étoit, à ce qui paroît, élu par les suffrages du Peuple. Tous ou presque tous les Gouvernemens populaires de l'antiquite nous offrent des circonstances semblables.

Enfin à Sparte, nous trouvons des Ephores, à Rome des Tribuns; ces deux Corps peu nombreux à la vérité, étoient élus chaque année par la totalité du Peuple & dans l'exercice d'un pouvoir qui ne reconnoissoit presque point de bornes, ils agissoient comme représentans du Peuple. Les Cosmes de la Crète étoient élus tous les ans par le Peuple & ont été regardés par quelques auteurs comme une institution analogue à celle des Ephores & des Tribuns, avec cette seule différence que pour l'élection de ce Corps représentatif, il n'y avoit qu'une partie du Peuple qui exerçât le droit de ſuffrage.

De ces faits auxquels on pourroit en ajouter beaucoup d'autres, il réſulte évidemment que le principe de repréſentation n'étoit point inconnu des anciens, & qu'il n'étoit point entièrement négligé dans leurs inſtitutions politiques. Dans leur ſyſtême comme dans le nôtre, le Peuple avoit des Repréſentans qui exerçoient une partie des pouvoirs du Gouvernement ; mais la véritable différence entr'eux & nous, c'eſt que dans notre ſyſtême, le Peuple en Corps ne gouverne jamais par lui-même. Cette diſtinction aſſure ſans doute au Gouvernement des Etats-Unis un grand avantage ſur ceux que nous lui avons comparés. Mais pour conſerver cet avantage dans ſa plénitude, il faut éviter de perdre celui que nous trouvons dans l'étendue de notre territoire. Jamais un Gouvernement repréſentatif ne ſe fut établi dans un eſpace auſſi borné que celui qu'occupoient les démocraties de la Grèce.

En réponſe à ces argumens dictés par la raiſon, ſoutenus par des exemples & fortifiés par notre expérience perſonnelle, les adverſaires de la Conſtitution toujours guidés par leurs craintes, ſe contenteront probablement d'aſſurer qu'un Sénat qui n'eſt pas immédiatement nommé par le

Peuple & dont chaque membre doit reſter en place pendant ſix ans, doit néceſſairement acquérir par degrés une prépondérance dangereuſe dans le Gouvernement & finir par le transformer en une ariſtocratie tyrannique.

A cette réponſe générale, il ſuffiroit de répliquer généralement, que nous pouvons avoir à redouter pour la liberté, les abus de la liberté même, auſſi-bien que les abus du pouvoir, que nous en avons vu des exemples tout auſſi fréquens & que vraiſemblablement les Etats-Unis ſeront plus expoſés aux premiers qu'aux ſeconds. Mais nous avons une réplique plus préciſe à oppoſer à nos adverſaires.

Avant que cette révolution s'opère, il faudra d'abord que le Sénat ſoit corrompu lui-même, & qu'enſuite il corrompe ſucceſſivement les Légiſlatures des Etats, la chambre des Repréſentans, enfin la totalité du Peuple. Il eſt évident que pour entreprendre d'établir la tyrannie, il faudra que le Sénat ſoit corrompu lui-même. Sans corrompre les Légiſlateurs, il ne pourra pourſuivre ſon entrepriſe, car autrement il ſeroit régénéré par le changement périodique de ſes membres. Mais ſi les mêmes moyens de corruption n'agiſſent avec le même ſuccès ſur la chambre des Repréſentans, ce Corps revêtu d'une égale autorité fera échouer l'entreprise. Enfin si le Peuple n'est corrompu lui-même, des élections nouvelles rétabliront infailliblement & promptement l'ordre primitif. Or qui croira sérieusement qu'avec tous les moyens que l'adresse des hommes peut mettre en usage, une ambition illégitime parvienne jamais à son but à travers tant d'obstacles ?

Si la raison condamne ce soupçon, l'expérience est d'accord avec elle. La Constitution de Maryland offre à cet égard un exemple décisif. Les membres du Sénat de cet Etat sont élus comme doivent l'être les Sénateurs de l'Union, indirectement par le Peuple & seulement pour un an de moins. Ils ont le droit de nommer eux-mêmes aux places vacantes jusqu'au terme de l'expiration de leur pouvoir, & pendant cet espace, il ne s'opère aucun renouvellement successif & périodique comme celui que doit éprouver le Sénat de l'Union. Il existe entre ces deux corps d'autres différences, & l'on peut faire au Sénat de Maryland des objections plausibles qui ne s'appliquent point à celui de l'Union. Ainsi l'on peut assurer que si ce dernier devoit nous exposer à quelques dangers, le premier eût donné lieu à des dangers semblables ; mais il n'en présente aucun. Au contraire les allarmes qu'il avoit inspirées aux mêmes hommes qui redoutent aujourd'hui le Sénat de l'Union, ont été peu-à-peu diſſipées par le temps & l'expérience, & la Conſtitution de Maryland doit aujourd'hui à l'établiſſement de ce Corps ; une eſtime générale que ne lui diſputera certainement celle d'aucun autre Etat de l'Union.

Mais ſi quelque choſe peut diſſiper toute crainte à cet égard, c'eſt l'exemple de l'Angleterre, où le Sénat, au lieu d'être comme le nôtre, élu pour ſix ans, & de n'admettre, ainſi que lui, aucune diſtinction de famille ou de fortune, eſt une aſſemblée héréditaire de nobles opulens. Les membres de la chambre des Repréſentans, au lieu d'être élus pour deux ans & par la totalité du Peuple, ſont élus pour ſept, & un grand nombre d'entr'eux doivent leur nomination à une très-petite portion du Peuple. C'eſt là qu'on doit voir ſe déployer les uſurpations ariſtocratiques & la tyrannie dont on nous menace pour l'avenir dans les Etats-Unis. Mais malheureuſement pour le ſyſtême des adverſaires de la Conſtitution, l'hiſtoire de l'Angleterre nous apprend que cette Aſſemblée héréditaire n'a pas même été en état de ſe défendre contre les uſurpations de la chambre des Repréſentans, & qu'elle n'a pu perdre un inſtant l'appui du Roi, ſans être à l'inſtant écraſée par le poids de la chambre des Communes.

Tous les exemples que nous offre l'antiquité

viennent à l'appui de mon opinion. A Sparte, les Ephores Représentans annuels du Peuple contrebalançoient un Sénat à vie, empiétoient continuellement sur son autorité & finirent par concentrer dans leurs mains tous les pouvoirs. Les Tribuns de Rome qui étoient des Représentans du Peuple, avoient presque toujours l'avantage dans leurs débats avec un Sénat à vie, & finirent par remporter sur lui une victoire complette. Ce fait est d'autant plus remarquable que l'unanimité étoit requise dans tous les actes des Tribuns, même depuis que leur nombre fut porté à dix. Tout cela prouve l'irrésistible force qu'aura toujours dans un pays libre la portion du Gouvernement qui a le Peuple de son côté. A ces exemples on peut ajouter celui de Carthage dont le Sénat, suivant le témoignage de Polybe, loin d'envahir tous les pouvoirs, avoit perdu vers le commencement de la seconde guerre Punique, presque toute l'autorité qu'il avoit eue dans le principe.

Ces faits nous démontrent que le Sénat de l'Union ne pourra se transformer en un Corps indépendant & aristocratique ; si cependant cette révolution étoit un jour produite par des causes que la prévoyance humaine ne peut prévenir, la chambre des Représentans ayant toujours le Peuple de son côté, auroit assez de force pour ramener la

Conſtitution à ſa première forme & à ſes premiers principes. Le Sénat ne pourra défendre même ſon autorité conſtitutionnelle contre le pouvoir des Repréſentans immédiatement nommés par le Peuple, que par une conduite éclairée, par un zèle pour le bien public, qui lui faſſe partager avec la première chambre, la bienveillance & l'appui du Peuple.

CHAPITRE LXIII.

Continuation de l'examen des fonctions du Sénat; de la confection des traités.

LA prévention qu'inſpire l'eſprit de parti, peut ſeule expliquer la conduite de ceux qui condamnent indiſtinctement tous les articles de la Conſtitution, & particulièrement celui que je vais examiner & qui eſt le plus à l'abri de tout juſte reproche.

La ſeconde ſection de l'article II donne au préſident le pouvoir « de conclure des traités d'après le conſeil & avec le conſentement du Sénat, pourvu qu'il ait le ſuffrage des deux tiers des Sénateurs préſens ».

Le pouvoir de conclure des traités eſt d'une

grande importance, particulièrement en ce qui regarde la guerre, la paix & le commerce, & il faut qu'il soit délégué avec des formes & des précautions qui nous donnent la certitude de le voir exercer par les hommes qui en seront le plus capables & de la manière la plus conforme à l'intérêt public. La Convention semble avoir eu en vue ces deux objets, en décidant que le président sera élu par des Electeurs que le Peuple nommera pour cet effet & en confiant la nomination des Sénateurs aux Législatures des Etats. Cette forme a pour remplir les places dont il s'agit, un grand avantage sur les élections faites immédiatement par le Peuple. En effet dans les élections faites par le Peuple, l'activité de l'esprit de parti profitant de la foiblesse & de l'ignorance, des espérances & des craintes de ceux que l'intérêt guide ou que leur imprudence égare, fait souvent nommer des hommes qui ne réunissent que les suffrages d'un très-petit nombre d'électeurs.

Les assemblées des Electeurs qui nommeront le président, ainsi que les Législatures des Etats qui choisiront les Sénateurs, composées en général des Citoyens les plus éclairés & les plus respectables, accorderont vraisemblablement leur attention & leurs suffrages aux hommes les plus distingués par leurs vertus & leurs talens. C'est à quoi les auteurs de la Conſtitution ſemblent avoir particulièrement ſongé. En excluant les hommes au-deſſous de trente-cinq ans du premier de ces offices, & des derniers ceux qui n'ont pas trente ans, elle borne les choix aux hommes ſur leſquels le Peuple aura eu le temps de former un jugement & à l'égard deſquels il ne pourra être trompé par ces brillantes apparences de génie & de patriotiſme, qui ſemblables à des météores fugitifs, égarent quelquefois en éblouiſſant. S'il eſt vrai que les Rois ſages ſoient toujours ſecondés par des miniſtres habiles, une Aſſemblée d'Electeurs choiſis ayant plus de moyens qu'un Roi pour bien connoître les hommes & les caractères, doit faire voir dans ſes choix plus de prudence encore & de diſcernement. La conſéquence naturelle de ces obſervations eſt, qu'un Préſident & des Sénateurs ainſi élus ſeront toujours au nombre de ceux qui connoîtront le mieux nos intérêts, ſoit relativement aux différens Etats, ſoit à l'égard des Nations étrangères, qui ſeront le plus en état de les bien ménager & dont la probité inſpirera & méritera le plus de confiance. On peut ſans danger confier à de tels hommes le pouvoir de conclure des traités.

Quoique la néceſſité abſolue d'un ſyſtême ſuivi dans toutes les affaires, ſoit généralement reconnue, le Peuple n'en sent pas encore toute l'importance dans les affaires publiques. Ceux qui veulent confier le pouvoir dont il s'agit à une Assemblée populaire, composée de membres qui se succèdent rapidement, ignorent-ils donc qu'une assemblée pareille seroit trop au-dessous de ces opérations importantes qui ne peuvent être conçues & exécutées, non-seulement sans des talens, mais encore sans des connoissances exactes & souvent sans un temps fort long. La Convention a donc eu raison, en faisant en sorte que le pouvoir de conclure des traités fût confié à des hommes dont la capacité égalât la probité, de décider qu'ils resteroient en place assez de temps pour s'instruire parfaitement de nos affaires nationales, concevoir & établir un systême d'après lequel elles seront administrées. La durée fixée est suffisante pour leur donner la facilité d'étendre infiniment leurs connoissances politiques, & de rendre leur expérience progressive, de jour en jour plus utile à leur pays. La Convention n'a pas montré moins de prudence lorsqu'en rendant les élections des Sénateurs fréquentes, elle a prévenu les inconvéniens d'un renouvellement total qui mettroit nos plus grands intérêts dans les mains d'hommes entièrement neufs : en laissant toujours en place une certaine quantité d'anciens membres, l'ordre &

l'uniformité se maintiendront dans le Sénat, & l'on y trouvera toujours les connoissances qui ne peuvent s'acquérir que par l'exercice des fonctions de Sénateurs.

Il est peu d'hommes qui ne reconnoissent que les affaires relatives au commerce & à la navigation, doivent être réglées d'après un systême prudemment conçu & exactement suivi, & que nos loix & nos traités de concert doivent y correspondre & le favoriser. Il est extrêmement essentiel que cette correspondance & cette uniformité soient maintenues, & ceux qui en reconnoissent l'importance, doivent reconnoître aussi qu'elle est assurée par la disposition qui exige la participation du Sénat pour les traités comme pour les loix.

La plûpart du temps, la négociation des traités exige le plus profond secret & la plus grande diligence. Il est des momens où pour acquérir d'utiles intelligences, il suffit d'ôter aux personnes qui peuvent les communiquer, la crainte d'être découvertes; qu'elles soient déterminées par des motifs d'attachement ou d'intérêt, il est certain qu'elles peuvent confier à la discrétion du président, des secrets qu'elles n'exposeroient pas au milieu du Sénat & encore moins d'une Assemblée populaire nombreuse. La Convention a donc eu raison d'organiser le pouvoir relatif aux traités, de manière que le président dans l'impossibilité de les conclure sans l'avis & le consentement du Sénat, peut, pour se procurer des renseignemens & des intelligences, employer les moyens que sa prudence lui suggère.

Ceux qui ont observé la marche des affaires du monde, savent qu'elles sont déterminées & dirigées par différentes impulsions, irrégulières dans leur durée, dans leur force & dans leur direction. C'est à celui que nous avons chargé du soin de nos intérêts à observer ces changemens & à en profiter; & pour cet effet, il est des occasions où un jour, où une heure sont d'une extrême importance. La perte d'une Bataille, la mort d'un Prince, l'éloignement d'un Ministre, ou tout autre événement qui change l'état actuel & la face des affaires, peut dans l'instant où elles semblent le plus favorables pour nous, leur donner une impulsion contraire à nos intérêts. Dans le cabinet, comme sur le champ de bataille, il est des momens qu'il faut saisir au passage, & c'est un soin qu'on doit laisser à la prudence des généraux & des négociateurs. Le défaut de secret & de diligence nous a fait éprouver des inconvéniens si fréquens & si sensibles, que la Convention eût été inexcusable, si elle eût manqué d'attention à cet égard. Les choses qui exigent le plus de secret & de diligence relativement à l'objet qui nous occupe, ſont ces meſures préparatoires & auxiliaires qui nous conduiſent avec plus de facilité au but d'une négociation. Le préſident chargé de ce ſoin le remplira ſans difficulté, & s'il ſe préſente quelque circonſtance qui exige l'avis & le conſentement du Sénat, il pourra dans l'inſtant le convoquer. Ainſi nous voyons que la Conſtitution aſſure à nos négociations politiques tous les avantages qui réſultent des talens, des connoiſſances, de la probité & d'une ſage délibération, d'un côté & de l'autre, tous ceux que donnent le ſecret & la diligence.

Mais cette diſpoſition n'eſt pas plus à l'abri des objections que toutes les autres.

Quelques perſonnes ſans y voir de défaut ou d'inconvénient, obſervent que comme les traités une fois conclus, ont force de loi, ils ne peuvent être faits que par des hommes revêtus du pouvoir légiſlatif. Ces perſonnes oublient que les jugemens de nos tribunaux, les commiſſions données ſuivant la Conſtitution par notre Gouverneur, ſont auſſi valides & auſſi obligatoires pour les perſonnes qu'ils concernent, que les loix faites par notre Légiſlature. Tous les actes conſtitutionnels des pouvoirs exécutif ou judiciaire ont autant de validité & de force légale, que s'ils émanoient de la L gislature. Ainsi quelque nom qu'on donne au pouvoir de faire des traités, quelqu'obligatoires qu'ils soient quand ils sont conclus, il est certain que le Peuple peut sans irrégularité confier ce pouvoir à un Corps faisant partie de la Législature, ou aux agens du pouvoir exécutif ou judiciaire. De ce qu'il a donné à la Législature le pouvoir de faire des loix, il ne s'ensuit pas qu'il doive lui donner le pouvoir de faire tous les autres actes de souveraineté qui lient & obligent le Peuple.

D'autres consentent que les traités soient conclus suivant les formes proposées par la Convention, mais ne veulent pas qu'ils deviennent la loi suprême du pays. Ils soutiennent que les traités, comme les actes de toute assemblée, doivent être révocables à volonté. Mais ils ne songent pas qu'un traité n'est autre chose qu'une convention & qu'il n'est pas une Nation qui voulût faire avec nous une convention par laquelle elle se trouveroit irrévocablement liée, tandis que nous ne le serions qu'autant qu'il nous plairoit d'y obéir. Ceux qui font des loix peuvent sans contredit les corriger ou les révoquer, & ceux qui font des traités peuvent également les changer ou les annuler; mais n'oublions pas que les traités ne sont pas l'ouvrage d'une seule des parties contractantes, mais de toutes les deux, & que le consentement des deux parties nécessaires pour les conclure, ne l'est pas moins pour les changer ou les annuler. La Constitution que nous examinons n'a donc en aucune manière étendu l'obligation qui résulte des traités. Ils sont obligatoires & ne peuvent être détruits par des actes du Corps législatif, comme dans tous les temps & sous toutes les formes de Gouvernement possibles.

Quelqu'utile que soit une certaine inquiétude au maintien d'un Gouvernement républicain, elle peut lui nuire par sa surabondance, comme l'excès de la bile nuit au corps humain, & comme elle en facinant les yeux, prête quelquefois aux objets environnans des couleurs qu'ils n'ont pas. Cette maladie peut seule expliquer les alarmes de ceux qui craignent la partialité du Président & du Sénat pour quelques Etats, dans la confection des traités. D'autres croyent que les deux tiers dont la Constitution exige le consentement, pourront opprimer le tiers qui ne partagera pas leur opinion ; ils demandent si les Sénateurs seront soumis à une responsabilité effective, s'ils pourront être punis dans le cas où ils se seroient laissés corrompre, & quel sera le moyen d'affranchir la Nation des traités désavantageux qu'ils auront pu faire.

Comme tous les Etats sont également repréſentés dans le Sénat & par les hommes qui auront le plus de capacité & de zèle pour défendre leurs intérêts, ils auront dans ce corps un égal degré d'influence, s'ils ont toujours ſoin de bien choiſir leurs Repréſentans & d'exiger d'eux de l'aſſiduité dans l'exercice de leurs fonctions. Plus les Etats-Unis ſe rapprocheront de la forme nationale, plus le Gouvernement s'occupera du bien général; mais il ſeroit bien foible s'il pouvoit oublier que le bien général de la Nation ne peut réſulter que de la proſpérité de chacune des parties qui la compoſent. Le Préſident & le Sénat ne pourront faire de traités, auxquels leur famille & leurs biens ne ſoient aſſujettis, & n'ayant pas d'autre intérêt que celui de la Nation, ne ſeront jamais diſpoſés à le négliger.

Quant à la corruption, il faudroit ou avoir été bien malheureux dans ſes relations avec le monde, ou trouver dans ſon propre cœur de bien fortes raiſons de mal penſer des autres, pour en ſoupçonner le Préſident & les deux tiers du Sénat. On ne peut ſe livrer à cette odieuſe idée. Mais même quand elle ſe réaliſeroit, le traité conclu avec nous par ce moyen ſeroit d'après les loix des Nations, nul & ſans effet comme tous les autres contrats frauduleux.

Relativement à la reſponſabilité, il eſt difficile de

de concevoir comment on pourroit mieux en assurer l'effet. Tous les motifs qui peuvent influer sur les sentimens des hommes, l'honneur, les sermens, l'estime des autres, la conscience, l'amour de la patrie & les affections de la nature, nous garantissent de la fidélité des Sénateurs. Enfin, les auteurs de la Constitution ont pris un tel soin pour réunir dans ce Corps les talens & la probité, que nous devons croire que nos traités seront toujours aussi avantageux que les circonstances le permettront; enfin l'article relatif aux *impéachmens* nous fera trouver dans la crainte de la honte & des punitions, un nouveau garant de la fidélité de nos Magistrats.

CHAPITRE LXV.

*Du Sénat considéré comme Cour d'*Impéachment.

INDÉPENDAMMENT des pouvoirs dont nous venons de parler, le plan de la Convention accorde au Sénat, considéré isolément, la nomination aux offices conjointement avec le pouvoir exécutif & le jugement des *impéachmens*. Comme dans les nominations le pouvoir exécutif joue le principal rôle, les dispositions qui y sont relatives, seront discutées dans l'examen que nous ferons de ce pouvoir. Nous nous occuperons ici du pouvoir judiciaire conféré au Sénat.

Il n'est pas moins difficile qu'important de bien organiser la Cour à laquelle est attribué le jugement des *impéachmens*, dans un Gouvernement totalement électif. Les objets soumis à la jurisdiction de ce tribunal sont les malversations des gens en place, tous les délits commis dans l'exercice d'une fonction publique. Par leur nature, ils peuvent être considérés plus particulièrement comme des délits politiques, parce qu'ils attaquent directement la société elle-même. Par cette raison, leur poursuite ne peut guère manquer d'agiter les passions de la société entière & de la diviser en partis plus ou moins favorables, plus ou moins opposés à l'accusé. Dans bien des cas elle réveillera des factions antérieurement existantes dont les animosités, les affections, l'influence & l'intérêt agiront pour ou contre. Dans un tel état de choses, il est bien à craindre que le jugement soit déterminé par la comparaison des forces relatives des partis rivaux, plutôt que par des preuves réelles de l'innocence ou du crime.

Il est évident qu'une fonction d'où dépend la réputation & l'existence politique de tous les hommes livrés à l'adminiſtration des affaires publiques, eſt auſſi délicate qu'importante. On ſentira combien il eſt difficile de la confier ſans inconvénient à un Gouvernement fondé ſur la baſe des élections périodiques, quand on ſongera que les hommes qui en exerceront les fonctions avec le plus d'éclat, ſeront trop ſouvent par cette raiſon même les chefs ou les inſtrumens de la faction la plus habile ou la plus nombreuſe, & qu'on ne pourra attendre d'eux cette exacte neutralité néceſſaire pour juger la conduite des accuſés.

Les membres de la Convention ont penſé que cette importante fonction ne pouvoit être mieux placée que dans les mains du Sénat; les hommes les plus en état de ſentir la difficulté de faire à cet égard une loi ſatisfaiſante, ſeront vraiſemblablement auſſi ceux qui ſe hâteront le moins de condamner cette opinion & qui ſentiront le mieux la force des raiſons qui l'ont fait naître.

Mais quel eſt, pourra-t-on demander, le vrai but de cette inſtitution? N'eſt-ce pas de ſoumettre la conduite des hommes publics à l'examen de la Nation? Qui doit être chargé de cet examen par la Nation, ſi ce n'eſt ſes Repréſentans? On ne diſconvient pas que le pouvoir de commencer cet examen ne doive appartenir à l'une des parties conſtituantes de la Légiſlature : mais les mêmes raiſons qui nous engagent à le lui confier, ne tendent-elles pas à nous démontrer que la ſeconde partie du même Corps doit être admiſe en partage de cette fonction? Le modèle qui nous a fourni l'idée de cette inſtitution indiquoit à la Convention la marche qu'elle a ſuivie. En Angleterre, c'eſt la chambre des Communes qui déclare l'impéachment; c'eſt la chambre des Pairs qui juge. Quelques-uns des Etats dans leurs Conſtitutions ont ſuivi cet exemple. Ils ont enviſagé avec raiſon l'uſage des *impéachmens* comme un frein mis dans les mains du Corps légiſlatif pour contenir les agens du pouvoir exécutif.

Où trouver hors du Sénat, un tribunal aſſez élevé en dignité, ou aſſez indépendant? Quel autre corps auroit aſſez de confiance dans ſa propre force pour conſerver à l'abri de toute crainte de toute influence, l'impartialité néceſſaire entre un individu accuſé & les Repréſentans du Peuple accuſateurs?

Seroit-ce la Cour ſuprême? Il eſt douteux que les membres de ce tribunal euſſent toujours le courage néceſſaire, & il eſt encore plus douteux qu'ils euſſent aſſez de crédit & d'autorité pour faire adopter & approuver au Peuple des déciſions qui pourroient ſe trouver contraires à l'accuſation portée par ſes Repréſentans directs. Ainſi ou les droits de l'accuſé, ou la tranquillité publique pourroient en ſouffrir. On ne pourroit éviter le danger dans les deux cas, qu'en rendant le tribunal plus nombreux que des conſidérations d'économie ne ſemblent le permettre. La forme de procéder d'une Cour deſtinée au jugement des *impéachmens*, ſemble exiger auſſi impérieuſement qu'elle ſoit nombreuſe. Elle ne peut jamais être liée, ſoit dans la détermination du délit par les accuſateurs, ſoit dans l'interprétation faite par les juges, par ces regles ſtrictes qui dans les cas ordinaires, ſervent à reſtreindre l'autorité des tribunaux, en faveur de la ſûreté perſonnelle. Là, il n'y aura point de *Jury* entre les Juges qui doivent déterminer le ſens de la loi, & l'accuſé qui doit être ſoumis à leur ſentence. Le pouvoir terrible dont une Cour d'*impéachment* doit néceſſairement être armée, ce pouvoir de rendre l'honneur aux hommes les plus conſidérés de la Nation, aux hommes qui ont acquis la confiance publique, ou de les vouer à l'infamie, ne peut être confié à un petit nombre de Juges.

Ces conſidérations ſemblent ſeules ſuffiſantes pour nous autoriſer à conclure que la Cour ſuprême remplaceroit imparfaitement le Sénat pour le jugement des *impéachmens*. Mais cette opinion eſt encore appuyée d'un nouveau motif. A la condamnation prononcée ſur l'*impéachment* ne s'arrêtera pas la punition du coupable. Privé à jamais de l'eſtime, de la confiance, des dignités & des récompenſes de ſon pays, il pourra encore être pourſuivi & puni ſuivant le cours ordinaire des loix. Seroit-il raiſonnable que les mêmes perſonnes qui ont prononcé ſur la vie & les plus précieux droits d'un Citoyen, puſſent être encore dans un ſecond jugement, les arbitres de ſa vie & de ſa fortune ? N'aurions-nous pas lieu de craindre que l'erreur qui auroit dicté une première ſentence, ne fût la ſource d'une ſeconde erreur ? que le préjugé trop puiſſant d'une première déciſion, ne détruisît l'effet des connoiſſances nouvelles qui dans l'intervalle d'un jugement à l'autre auroient pu changer l'aſpect de la cauſe ? Ceux qui connoiſſent un peu la nature humaine, n'héſiteront pas à répondre affirmativement, & verront aiſément que rendre les mêmes perſonnes juges dans les deux cas, ce ſeroit priver les accuſés de la double ſûreté qu'on a voulu leur faire trouver dans un double jugement. La perte de la vie & de la fortune ſeroit trop ſouvent la conſéquence ſecrette d'une ſentence dont les termes ne porteroient que privation d'un office & impoſſibilité d'en obtenir jamais d'autres. On dira peut-être que l'intervention d'un Jury en ſeconde instance préviendroit l'existence du danger que je redoute. Mais les Jurés sont trop fréquemment influencés par l'opinion des Juges. Qui pourroit voir sans terreur sa vie & sa fortune dépendre du *Verdict* d'un Jury, agissant sous les auspices de Juges qui l'auroient condamné d'avance ?

Auroit-il été plus sage de réunir au Sénat la Cour suprême, pour en faire une Cour d'*impéachment* ? Il est certain qu'il fût résulté quelques avantages de la réunion de ces deux Corps. Mais n'eussent-ils pas été trop achetés par l'inconvénient déjà relevé, de faire prononcer deux fois sur le sort d'un accusé par les mêmes Juges ? Mais on acquerroit presque tous les avantages de cette réunion, sans en éprouver les inconvéniens, en faisant dans tous les cas présider la Cour d'*impéachment* par le grand Juge de la Cour suprême.

Ce moyen que l'on a proposé d'ajouter au plan de la Convention seroit peut-être fort sage. Je ne parlerai pas des nouvelles clameurs qui s'éléveroient infailliblement au sujet de cette augmentation du pouvoir judiciaire.

Seroit-il desirable que la Cour d'*impéachment* fût composée de personnes entièrement étrangères aux autres fonctions du Gouvernement ? De puissans motifs peuvent être allégués pour & contre cette opinion. Plusieurs personnes trouveront que c'eſt un inconvénient réel de compliquer davantage la machine politique & d'ajouter au Gouvernement un nouveau reſſort, ſans une utilité bien démontrée. Mais il eſt une obſervation dont tout le monde ſentira l'importance : une Cour formée ſur un tel plan, ou entraîneroit des dépenſes conſidérables, ou donneroit lieu dans l'exécution à une foule d'accidens & d'inconvéniens. Elle ſera compoſée ou d'Officiers réſidens au chef-lieu du Gouvernement, ou d'Officiers des Gouvernemens des Etats qui ſeront convoqués dès qu'un *impéachment* aura été prononcé. Il n'eſt pas aiſé d'imaginer un troiſième moyen qu'on pût raiſonnablement propoſer. Comme la Cour doit être nombreuſe par les raiſons déjà expoſées, le premier plan ſera rejetté par tout homme qui voudra comparer l'étendue des beſoins publics avec les moyens d'y ſubvenir ; le ſecond ſera adopté avec réſerve par tous ceux qui réfléchiront ſérieuſement ſur la difficulté de raſſembler des hommes diſperſés ſur toute la ſurface de l'Union ; le tort que feroient éprouver à l'innocence les lenteurs du jugement, & l'avantage que donneroient au coupable des délais dont il pourroient uſer pour intriguer & pour corrompre ; enfin l'inconvénient qui pourroit réſulter pour l'état de la longue inaction d'un homme que ſa fermeté & ſa fidélité dans l'exécution de ses fonctions, auroit rendu l'objet de la persécution d'une majorité aveugle ou coupable de la chambre des Représentans. Cette dernière supposition semblera peut-être bien rigoureuse, & nous ne la verrons se réaliser que bien rarement sans doute; mais il ne faut pas oublier qu'il est certains momens où le soufle impur des factions infecte toutes les assemblées nombreuses.

Mais quand même on penseroit que l'un des moyens que nous venons d'examiner, ou quelqu'autre est préférable à celui que nous propose la Convention, il n'en résulteroit pas qu'il fallût par cette raison rejetter la Constitution. Si les hommes étoient résolus de ne se soumettre à aucun Gouvernement dont toutes les parties ne fussent parfaites, la société offriroit bientôt le spectacle d'une anarchie universelle, & le monde deviendroit un désert. Où trouver le type de la perfection? Comment accorder sur ce sujet les opinions contradictoires des hommes? Tout faiseur de projets bien convaincu de l'infaillibilité de sa raison, ne voit dans les idées de son voisin qu'imperfection & qu'erreur: comment le décider à s'y soumettre? Pour que les adversaires de la Constitution eussent gagné leur cause, il faudroit qu'ils eussent prouvé, non-seulement qu'elle contient des dispositions auxquelles on pourroit en substituer de meilleures, mais qu'elle est en entier mauvaise & pernicieuse.

CHAPITRE LXVI.

Continuation du même Sujet.

UN examen des principales objections qui ont été faites contre le plan de la Convention relativement à la Cour qui doit juger les *impéachmens* achévera, j'espère, de dissiper les préventions qui pourroient rester contr'elle.

La première objection porte sur ce que la disposition dont il s'agit, confond dans le même Corps l'autorité législative & judiciaire, au mépris de ce principe si important & si généralement reçu, qui exige la séparation des pouvoirs. Le vrai sens de ce principe a déjà été rétabli dans le cours d'une discussion précédente, & j'ai prouvé que sans le blesser, les différens pouvoirs du Gouvernement toujours distincts & séparés dans ce qui en fait la base & la substance, pouvoient quelquefois s'entremêler pour certaines fonctions particulières. Ce partage est même à quelques égards, non-seulement utile, mais néceſſaire pour leur défenſe réciproque. Les plus ſages politiques reconnoiſſent tous la néceſſité d'armer le pouvoir exécutif d'un véto ſur les actes du Corps légiſlatif, qui le garantiſſe de ſes uſurpations : & l'on pourroit ſoutenir avec autant de raiſon que l'*impéachment* eſt dans les mains du Corps légiſlatif un frein néceſſaire pour arrêter les uſurpations du pouvoir exécutif. En partageant ce pouvoir formidable entre les deux ſections du Corps légiſlatif, en donnant à l'une le droit d'accuſer, à l'autre le droit de juger, on évite l'inconvénient de rendre les mêmes hommes accuſateurs & juges & le danger de voir l'eſprit de faction qui peut regner dans l'une ou l'autre des deux chambres, exciter des perſécutions. La néceſſité d'une majorité des deux tiers du Sénat pour prononcer la condamnation, doit ajouter encore à la ſécurité de l'innocence.

On ne peut voir ſans étonnement les mêmes hommes qui profeſſent une admiration ſans réſerve pour la Conſtitution de New-York, attaquer avec fureur le plan de la Convention, d'après le principe dont il s'agit ; dans la Conſtitution de New-York , le Sénat uni au Chancelier & aux Juges de la Cour ſuprême , eſt non - ſeulement Cour d'*impéachment*, mais forme encore un dernier degré de juriſdiction, en matière civile &

criminelle. Le Chancelier & les Juges ſont un ſi petit nombre, comparés au Sénat, qu'on peut dire avec vérité, que dans l'Etat de New-York, le pouvoir judiciaire en dernier reſſort réſide dans le Sénat. Si l'on peut reprocher au plan de la Convention de s'être ſur ce point écarté du célébre principe ſi ſouvent invoqué & ſi mal compris, que faudra-t-il penſer de la Conſtitution de New-York (*)?

On prétend encore que le Sénat, s'il étoit Cour d'*impéachment*, deviendroit un Corps trop puiſſant & donneroit au Gouvernement une forme trop ariſtocrátique. Le Sénat, obſerve-t-on, partagera avec le pouvoir exécutif, le droit de conclure les traités & de nommer aux offices; ſi à ces importantes prérogatives il unit encore celle de juger les crimes d'Etat, il acquerra dans l'Etat une influence prédominante. Comment répondre avec préciſion à une objection ſi peu préciſe? Quelle ſera la meſure du degré d'influence qu'il

(*) Celle de New-Jerſey donne auſſi le pouvoir judiciaire en dernier reſſort à l'une des chambrés de la Légiſlature. Dans New-Hampshire, Maſſachuſetts, la Penſylvanie & la Caroline du Sud, l'une des chambres de la Légiſlature forme le tribunal qui juge les *impéachmens*.

faut donner au Sénat ? Ne seroit-il pas plus utile & plus simple d'écarter des calculs si vagues & si incertains, de considérer en lui-même le pouvoir qui fait l'objet de la discussion & de décider d'après des principes généraux, où il pourra être placé avec le plus d'avantages & le moins d'inconvéniens ?

Cette marche nous menera à des résultats sinon plus certains, du moins plus clairs. L'article de la Constitution relatif au pouvoir de faire des traités semble pleinement justifié par les observations dévelopées dans un des derniers chapitres & le sera encore par des considérations nouvelles. L'utilité de l'Union du Sénat au pouvoir exécutif pour la nomination aux offices, sera aussi clairement prouvée dans les chapitres suivans, & je crois avoir déjà commencé à convaincre mes lecteurs qu'il étoit au moins très-difficile de mieux placer le pouvoir de juger les *impéachmens*. Si tout cela est vrai, il faut écarter de nos raisonnemens le danger imaginaire de donner au Sénat trop de force.

Mais la supposition même de ce danger a déjà été victorieusement combattue par les observations relatives à la durée des fonctions des Sénateurs. Nous avons vu que la raison s'accorde avec l'histoire pour démontrer que l'institution la plus populaire de tout Gouvernement républicain, presque toujours favorisée par le Peuple, si elle ne domine, balance du moins la puissance de toutes les autres parties du Gouvernement.

Mais indépendamment de ce principe actif & efficace qui combattroit si puissamment en faveur de la chambre des Représentans, la Convention a mis dans la balance d'autres poids pour maintenir l'équilibre. La chambre des Représentans aura exclusivement l'initiative en matière d'impôts. Elle aura seule le droit de prononcer l'*impéachment*, droit aussi important que celui de le juger : elle nommera le Président du Congrès lorsqu'aucun des Candidats n'aura réuni en sa faveur la majorité absolue du nombre total des électeurs, ce qui pourra avoir lieu quelquefois, si ce n'est fréquemment. Quoi qu'il en soit, cette possibilité constante sera pour la chambre des Représentans une cause puissante d'influence. Quoique l'exercice de ce droit soit dépendant du hasard, plus on y réfléchira, plus on sentira l'importance du pouvoir de décider en dernier ressort entre les prétentions des plus illustres Citoyens de l'Union, relativement à la première place qu'elle offre à leur ambition. On peut prédire sans témérité que ce moyen d'influence surpassera tous ceux qui sont accordés au Sénat.

La troisième objection que l'on fait contre le projet de rendre le Sénat Cour d'*impéachment*, est fondée sur la part qu'il aura à la nomination aux Offices. On imagine que les Sénateurs jugeront avec trop d'indulgence la conduite des hommes qu'ils auront contribué à nommer. Le systême sur lequel est fondée cette objection, condamneroit un usage dont la plupart des Gouvernemens des Etats nous offrent l'exemple ; je parle des offices révocables par la volonté de ceux qui les ont conférés. On pourroit prétendre avec autant d'apparence de raison que les individus revêtus de ces offices trouveront toujours la certitude de l'impunité de leurs malversations, dans la même disposition favorable qui les aura fait nommer. Mais en adoptant cet usage on a supposé, au contraire, que la responsabilité de ceux qui nomment relativement au choix qu'ils auront fait, & l'intérêt qu'ils ne pourront manquer d'avoir à rendre l'administration à laquelle ils contribueront, heureuse & estimée, les disposera assez à en écarter tous ceux qui se montreroient indignes d'y participer. Si cette présomption, combattue peut-être par quelques faits particuliers, est cependant généralement conforme à la raison & à la vérité, comment supposerions-nous que le Sénat qui ne fera que sanctionner les choix faits par le pouvoir exécutif, éprouvera en faveur de ceux qui auront été l'objet de sa préférence une prévention capable de l'aveugler sur l'évidence d'un crime assez important pour que les Représentans de la Nation s'en soient rendus les dénonciateurs?

S'il falloit un nouvel argument pour démontrer le peu de vraisemblance d'une semblable prévention, on la trouveroit dans la nature du pouvoir que le Sénat exerce relativement aux nominations. Le Président *désignera* la personne destinée à remplir tel ou tel office, & la nommera de l'avis & avec le consentement du Sénat. Ainsi le Sénat pourra annuler l'effet d'un choix du pouvoir exécutif, l'obliger à en faire un nouveau, mais il ne choisira pas lui-même, son autorité se bornera à confirmer ou rejetter le choix du Président. Il pourroit même accorder son consentement à la personne qu'on lui propose en conservant une préférence décidée pour une autre, d'abord parce qu'il pourroit n'avoir point de motif d'exclusion réelle à lui opposer: en second lieu, parce que s'il refusoit son consentement, il n'auroit point la certitude que la nomination subséquente tombât sur celui qu'il favorise, ou sur un homme plus digne de son choix que celui qu'il auroit rejetté. Ainsi le Sénat ne pourra guère éprouver pour les fonctionnaires publics d'autre bienveillance que celle

que

que le mérite lui inspirera & que détruira une conduite peu estimable.

Une quatrième objection contre la disposition qui attribue au Sénat le jugement des crimes d'Etat, est fondée sur ce qu'il partage avec le pouvoir exécutif le droit de conclure les traités. Les Sénateurs seroient, dit-on, leurs propres juges toutes les fois qu'ils seroient accusés de corruption ou de perfidie dans l'exercice de cette fonction. S'ils avoient de concert avec le pouvoir exécutif, trahi les intérêts de la Nation par un traité ruineux, quel moyen de leur faire éprouver la punition qu'ils auroient méritée, lorsque l'accusation du crime dont ils se seroient rendus coupables, seroit soumise à leur décision ?

Cette objection a été présentée avec plus de confiance & plus d'apparence de raison que toutes celles qu'a éprouvées cette partie de la Constitution ; je suis bien trompé cependant si elle ne porte pas sur un faux principe.

Les auteurs de la Constitution ont cherché à nous garantir des effets de la corruption & de la trahison dans la confection des traités, par le nombre & le caractère de ceux qui seront chargés de les conclure. Ils ont regardé l'union du premier Magistrat avec un corps formé par le choix des Législatures des Etats, comme un garant sûr de leur fidélité. La Convention a pu ſonger aux moyens de punir le Préſident pour s'être écarté des inſtructions du Sénat, ou avoir manqué de probité dans les négociations confiées à ſes ſoins: quelques membres du Sénat pour avoir proſtitué à l'or des puiſſances étrangères l'influence dont ils jouiroient dans ce Corps: mais ils n'ont pu avoir eu l'idée de ſoumettre à l'*impéachment* & à une peine quelconque les deux tiers du Sénat pour avoir conſenti à un traité déſavantageux, plutôt que la majorité de cette chambre ou de la chambre des Repréſentans pour avoir conſenti à une loi pernicieuſe ou inconſtitutionnelle : idée qu'on n'a jamais vu réaliſer dans aucun Gouvernement. Comment en effet la majorité de la chambre des Repréſentans pourroit-elle prononcer contre elle-même l'*impéachment* ? Cela ſeroit auſſi impoſſible que de faire juger les deux tiers des membres du Sénat par eux-mêmes. Et quelle raiſon y auroit-il pour accorder l'impunité dans l'un de ces deux cas, plutôt que dans l'autre ? Le fait eſt que pour aſſurer à un corps la liberté, l'indépendance néceſſaire dans ſes délibérations, il faut le ſouſtraire à toute punition, pour les actes émanés de lui collectivement, & que la ſûreté publique dépendra toujours du ſoin qu'on aura pris de bien choiſir les perſonnes à qui le dépôt en ſera confié, d'accorder leurs intérêts avec leurs devoirs & de les empêcher par tous les obstacles possibles de se trouver réunis par quelqu'intérêt contraire à celui de l'Etat.

Quant aux fautes que le président du Congrès aura pu commettre en exécutant mal les instructions ou en contrariant les vues du Sénat, nous pouvons nous en reposer sur lui, du soin de punir l'abus de sa confiance ou de venger son autorité. Nous devons compter sur son orgueil, si sa vertu ne peut nous rassurer. Quant à la corruption de quelques membres, dont les artifices & l'influence auroient pu entraîner la majorité dans des mesures odieuses à la Nation, si elle est évidemment prouvée, nous pouvons juger, d'après la connoissance du caractère humain, que le Corps dont ces individus feront partie sera toujours prêt à se soustraire au ressentiment du Peuple en sacrifiant ceux qui auront causé ses fautes & son déshonneur.

CHAPITRE LXVII.

Du pouvoir donné au Président ; découverte d'un artifice grossier pour égarer l'opinion publique relativement à cette partie du plan de la Convention.

L'ORGANISATION du pouvoir exécutif dans le Gouvernement proposé, va maintenant fixer notre attention.

Il n'est presqu'aucune partie du système général, dont l'organisation ait éprouvé autant de difficultés. Et sans doute, il n'en est point contre laquelle on se soit élevé avec moins de candeur & qu'on ait critiquée avec moins de jugement. C'est ici que les adversaires de la Constitution semblent avoir voulu signaler leur mauvaise foi ; comptant sur l'aversion du Peuple pour le Gouvernement monarchique, ils se sont efforcés de diriger toutes ses inquiétudes, toutes ses terreurs sur l'institution du président des Etats-Unis. Ce n'est pas un foible germe, à les en croire, c'est un colosse formidable qui, né de la royauté, en retrace déjà les traits hideux & en a toute la force. Pour établir cette affinité prétendue, ils ne se sont point fait scrupule de recourir aux fictions. L'autorité d'un Magiſtrat, ſous quelques rapports plus étendue & ſous beaucoup d'autres infiniment plus reſſerrée que celle du Gouverneur de New-York, a été élevée au-deſſus de la prérogative royale, & décorée d'attributs ſupérieurs en dignité, en ſplendeur, à ceux du Roi de la Grande-Bretagne. On nous a montré ce Magiſtrat, le front orné du diadême, vêtu de la pourpre impériale, aſſis ſur le trône, entouré de favoris & de maîtreſſes, & donnant audience aux Ambaſſadeurs étrangers dans la pompe orgueilleuſe de la majeſté. A peine l'image du deſpotiſme & du luxe aſiatique offroit-elle des couleurs pour achever ce tableau exagéré. Nous devions bientôt trembler à l'aſpect des janiſſaires meurtriers, & voir dévoiler les honteux myſtères d'un nouveau ſerrail. Ces tentatives inſenſées faites pour défigurer ou plutôt pour dénaturer les objets, nous forceront à employer une attention plus ſévère, afin que les retrouvant ſous leur forme primitive, nous puiſſions démaſquer la mauvaiſe foi qui s'eſt plu à propager un rapprochement inſidieux & trompeur. Sans doute cette tâche eſt pénible, car ſoit qu'on traite ſérieuſement, ſoit qu'on obſerve de ſang froid les ſophiſmes auſſi foibles que vicieux, dont on s'eſt ſervi pour égarer l'opinion publique, on les trouve tellement au-delà des artifices toujours coupables, mais ſi communs que ſe permet l'eſprit de parti, qu'il eſt impoſſible même avec la diſpoſition la plus tolérante & la plus impartiale, de ne pas éprouver enfin un ſentiment d'indignation & de colère. Comment ſe défendre d'accuſer d'impoſture ceux qui ont cherché à établir cette ſimilitude imaginaire entre le Roi d'Angleterre & le Magiſtrat qui doit remplir les fonctions du Préſident des Etats? Comment juſtifier de la même imputation les mépriſables moyens mis en uſage pour arriver au but qu'on s'étoit propoſé?

Je citerai comme un exemple, la témérité avec laquelle on s'eſt permis de reprocher au Préſident des Etats-Unis le pouvoir qui d'après le texte de la Conſtitution, eſt évidemment confié à l'autorité exécutive de chaque Etat particulier. Je veux parler du pouvoir de remplir les places vacantes dans le Sénat.

Un écrivain eſtimé dans ſon parti (*), quel que ſoit ſon mérite réel, a oſé faire cet eſſai ſur la crédulité de ſes Concitoyens, & de cette donnée fauſſe, il a déduit cette ſérie d'obſervations également fauſſes & mal fondées.

Expoſons ici l'évidence du fait, & que cet

(*) Voyez le journal qui a pour titre *Caton*, n°. 5.

Auteur, s'il en eſt capable, efface ou juſtifie l'outrage qu'il a fait à la vérité.

La ſeconde clauſe de la ſeconde ſection du ſecond article donne au Préſident des Etats-Unis le pouvoir de « déſigner d'après l'avis & le conſentement du Sénat, de nommer les Ambaſſadeurs, autres Miniſtres publics & Conſuls & tous les autres Officiers des Etats-Unis ſur la nomination deſquels la Conſtitution n'aura point décidé & dont les offices pourront être créés par des loix particulières ». Immédiatement après cette clauſe on en trouve une dans les termes ſuivans: « Le Préſident remplira les places qui viendront à vaquer durant les vacances du Sénat, en accordant des commiſſions qui expireront à la fin de la ſeſſion ſuivante ». C'eſt de ce dernier article qu'on a déduit le prétendu pouvoir du Préſident, de remplir les places vacantes dans le Sénat. L'examen le plus léger ſur la liaiſon des deux clauſes entr'elles & la ſignification évidente des termes employés, démontre que l'objection n'eſt pas ſoutenable. La première clauſe tend ſeulement à établir un mode pour la nomination aux offices, dont la Conſtitution ne s'eſt point particulièrement occupée. Ainſi donc il ne peut être ici queſtion des Sénateurs, puiſque la Conſtitution a par une autre diſpoſition fixé le mode de leur nomination,

V 4

& que leurs offices établis par elle, n'auront pas besoin d'être établis par une loi particulière : ce point est incontestable.

Il est également prouvé que la seconde clause ne donne point au Président le droit de nommer aux places vacantes dans le Sénat, car par sa liaison avec la première qui fixe le mode général des nominations, on voit qu'elle n'en est que le supplément, & qu'elle indique une méthode particulière pour les cas où la méthode générale ne peut être adoptée. Le pouvoir de nommer est donné au Président conjointement avec le Sénat, & par conséquent ne peut être exercé que pendant la session du Sénat. Mais ce Corps ne siégeant pas continuellement, le bien public exigeoit qu'on prît des mesures pour que les places qui viendroient à vaquer dans l'intervalle des sessions, fussent remplies sans délais. Cet article a donc réellement pour objet d'autoriser le Président à faire des nominations temporaires en accordant des commissions dont le terme doit être la fin de la session prochaine.

2°. Si cet article est considéré comme le supplément de celui qui le précède, il n'a rapport qu'aux offices que nous avons désignés & parmi lesquels ne peuvent être confondus ceux de membres du Sénat.

3°. La durée de ce pouvoir se borne au temps des vacances du Sénat & celle des commissions au terme de la session suivante ; ceci détermine le sens de la clause, car s'il eût été question des offices des Sénateurs, c'eût été pendant les vacances des Législatures des Etats qui nomment aux offices des Sénateurs, & non pendant celles du Sénat national, qu'on eût placé le pouvoir de remplir les offices vacans, & la durée des offices temporaires eût été fixée jusqu'au prochain rassemblement des Législatures des Etats. Ce ne seront point les membres du Sénat qui rempliront les places qui viendront à vaquer dans son sein ; & comme il ne s'agit ici que du Sénat, les offices désignés ne peuvent être que ceux à la nomination desquels ce Corps pourvoit conjointement avec le Président ; mais enfin la première & la seconde clause de la troisième section préviennent & détruisent la possibilité du doute.

Il est dit que le Sénat des Etats-Unis sera composé de deux Sénateurs choisis pour six ans par la Législature de chaque Etat, & la seconde clause dit, que si pour quelque cause que ce soit des places viennent à vaquer pendant l'intervalle des sessions de la Législature de chaque Etat, le pouvoir exécutif de ces Etats donnera, pour remplir les places vacantes, des commissions temporaires qui dureront jusqu'au prochain rassemblement du Sénat. Voilà donc en termes précis le droit de remplir par des commissions temporaires les places vacantes du Sénat donné au pouvoir exécutif de chaque Etat. On ne peut donc plus supposer que ce droit appartienne au Président. On voit même que cette imputation dénuée de toute vraisemblance n'a pu naître que du projet de tromper le Peuple, & les sophismes ni l'hypocrisie ne peuvent atténuer son évidente fausseté.

J'ai choisi cet exemple pour démontrer le peu de franchise & donner une preuve non équivoque de l'art perfide qu'on a mis en usage pour égarer le jugement impartial du Peuple sur le mérite de la Constitution qui lui a été soumise. Je me suis permis peut-être dans cette occasion si frappante, une sévérité & des marques d'animadversion peu conformes à l'esprit général de cet ouvrage. Mais je n'hésite point à m'en raporter au jugement de tout adversaire honnête du Gouvernement proposé. La langue offre-t-elle des termes assez énergiques pour exprimer l'indignation qu'on ressent en voyant ces moyens employés pour tromper le Peuple américain ?

CHAPITRE LXVIII.

Continuation du même Chapitre ; de l'élection du Président.

LE mode de nomination du Président des Etats-Unis a presque été la seule partie un peu importante de la Constitution, qui ait échappé à la censure & qui ait obtenu de légères marques d'approbation de la part de quelques-uns des opposans. L'un d'eux-mêmes à dit que l'élection du Président étoit entourée de précautions suffisantes : quant à moi je vais plus loin & je n'hésite point d'affirmer que ce mode est sinon parfait, du moins excellent & qu'il réunit au plus éminent degré tous les avantages qu'on pouvoit desirer.

Il falloit que l'opinion du Peuple pût influer sur le choix de l'homme à qui devoit être confiée une place aussi importante. Et ce but est rempli, par la clause qui charge du soin de son élection non des corps déjà existans, mais des personnes choisies par le Peuple pour cette circonstance particulière & spéciale ; il falloit que ces personnes fussent en état d'apprécier les talens des candidats, & que toutes les circonstances favorisassent les délibérations dans lesquelles ils doivent peser & balancer les motifs faits pour déterminer leur choix. Un petit nombre d'hommes élus dans la masse des Citoyens doit problablement offrir les lumières & le discernement nécessaires à cette importante fonction. Il étoit non moins utile de ne laisser que le moins d'occasions possibles au tumulte & au désordre ; car combien cet inconvénient n'étoit-il pas à redouter dans une affaire aussi grave & d'une telle influence sur l'administration publique ! Les précautions prises pour le prévenir ont été si bien concertées dans le plan que nous examinons, qu'elles ne laissent plus aucune crainte sur cet objet.

Le choix de quelques personnes destinées à former le Corps intermédiaire des Electeurs, doit occasionner des secousses moins violentes qui ne le feroit celui du premier Magistrat sur lequel se fixent les regards & l'attention de tous. D'ailleurs les Electeurs choisis par chaque Etat, devant délibérer séparément, & dans le lieu même où ils sont élus, cette mesure prévient la fermentation & la chaleur qu'on pouvoit craindre de voir se communiquer au Peuple, si les délibérations se fussent faites dans le même temps & dans le même endroit.

Ce qui sur-tout étoit desirable, c'étoit d'opposer

les plus puissans obstacles à l'intrigue, la cabale ou la corruption ; on devoit craindre les tentatives des adversaires du Gouvernement républicain, pour obtenir dans nos conseils un perfide & dangereux ascendant. Et quel eût été leur triomphe en voyant une de leurs créatures élevée à la place du premier Magistrat de la république? Mais la Constitution en prévoyant ce danger, s'en est soigneusement garantie. Elle n'a point confié l'élection du Président à d'anciens Corps, mais elle veut que par un acte immédiat du Peuple, plusieurs personnes soient désignées & chargées de ce soin exclusif, & pour cette seule occasion, elle veut encore que tout homme qui par sa charge ou son office pourroit être soupçonné de trop de dévouement au Président actuel, ne soit point éligible. Ainsi, par exemple, un Sénateur, un membre de la chambre des Représentans ou qui que ce soit possédant une place lucrative ou de confiance dans l'administration des Etats, ne peut être admis parmi les Electeurs. Ainsi les agens immédiats de l'élection arriveront purs à la mission dont ils sont chargés : leur existence précaire, leur isolement, nous sont garans qu'ils conserveront la même pureté dans le cours de leurs fonctions. Pour corrompre un si grand nombre d'hommes, il faudroit du temps & des moyens, & il feroit même bien difficile de faire entrer des hommes dispersés sur la surface de treize Etats, dans des complots qui les écarteroient de leurs devoirs.

La réélection du Président ne devoit dépendre que du Peuple, afin que ce Magistrat ne fût pas tenté d'acheter par sa complaisance la prolongation de son pouvoir, & cet avantage est assuré par la disposition qui fait dépendre la réélection d'un Corps de Représentans chargés de cette unique fonction.

La Constitution prescrit que chaque Etat élise un nombre d'Electeurs égal à celui de ses Sénateurs & de ses Représentans au Congrès, qui s'assembleront dans l'Etat & voteront pour le choix d'un Président; leurs votes recueillis seront envoyés au siége du Gouvernement national, & la personne qui aura réuni la majorité, sera président. Dans le cas où la majorité n'existeroit pas, la chambre des Représentans aura le droit de choisir entre les cinq personnes qui réunissent le plus de voix, celle qu'elle jugera digne de remplir la place. De cette manière de procéder dans l'élection du Président, nait la certitude que jamais on n'y verra nommer un homme dénué de vertus & de talens. L'art qui suffit aux basses intrigues, & qui donne quelque popularité, peut obtenir peut-être à celui qui les possède, quelques places éminentes dans un Etat particulier. Mais il faut une autre espèce de mérite pour lui concilier la confiance & l'estime des Etats-réunis. Il est donc probable qu'on verra toujours cette fonction remplie par des hommes distingués en vertu, en habileté. Et sous ce rapport au moins la Constitution méritera les éloges de ceux qui connoissent l'influence nécessaire du pouvoir exécutif sur la bonne ou mauvaise administration de tout Gouvernement. Je suis loin sans doute d'adopter cette hérésie politique.

« Laissez les insensés contester sur la forme du Gouvernement, le mieux administré est toujours le meilleur »; mais je conviendrai que la véritable preuve de la bonté d'une Constitution est son aptitude & sa tendance à produire une bonne administration.

Le Vice-Président doit être élu comme le Président, excepté que le Sénat fera pour le premier ce que fait la chambre des Représentans pour le second. On a trouvé superflue cette nomination d'un Vice-Président; on a allégué qu'il falloit mieux faire choisir par le Sénat, un de ses membres destiné à remplir cette fonction. Mais deux considérations justifient les mesures adoptées dans le système proposé; l'une est que pour assurer dans tous les cas au Sénat la possibilité de prendre une résolution définitive, il a fallu ne donner au Président voix délibérative, qu'en cas de partage; & prendre le Sénateur député par un Etat pour Président, c'eût été lui donner un droit de suffrage conditionnel, au lieu d'un droit de suffrage certain. La seconde considération est qu'il est des momens où le Vice-Président peut devenir le substitut du Président, & les raisons du soin extrême qu'il faut apporter au choix de l'un, existent également pour l'autre. Remarquez d'ailleurs que les objections faites contre le nouveau systême, s'appliquent à la Constitution de cet Etat. Car nous avons un lieutenant de Gouverneur choisi par le Peuple, qui préside le Sénat & qui devient le substitut du Gouverneur dans les mêmes cas où la Constitution autorise le Vice-Président à exercer le pouvoir & à remplir les fonctions du Président.

CHAPITRE

CHAPITRE LXIX.

Continuation du même Sujet; comparaison entre le Président des Etats-Unis & le Roi d'Angleterre, d'une part, & le Président & le Gouverneur de New-York.

JE vais maintenant déveloper le véritable caractère du pouvoir exécutif, tel qu'il est tracé dans le plan de la Constitution, & montrer avec d'autant plus d'évidence, la fausseté des objections qu'on s'est plu à répandre contr'elle.

La première chose qui frape notre attention est, qu'ici l'autorité exécutive n'est à peu de choses près qu'une simple magistrature, & sa ressemblance avec l'autorité du Roi de la Grande-Bretagne n'existe pas plus qu'avec celle du Grand Seigneur, ou du Kan de Tartarie, ou de l'homme des six montagnes, ou du Gouverneur de New-York.

Le Président des Etats-Unis est élu pour quatre ans, & rééligible autant de temps que le Peuple le croit digne de sa confiance. Première différence avec le Roi de la Grande-Bretagne, Monarque héréditaire & qui posséde la couronne comme un patrimoine appartenant à ses descendans. Le Gouverneur de New-York est élu pour trois ans, & comme le Président, rééligible sans intervalle & sans limitation. Mais si nous considérons combien dans un petit Etat, il est facile d'acquérir une dangereuse influence, & combien pour l'obtenir dans les treize Etats réunis, il faudroit de moyens & de temps, nous verrons que la durée de la magistrature du Président est bien moins redoutable pendant quatre ans, que ne l'est celle du Gouverneur de New-York pendant trois. Le Président des Etats est soumis à l'accusation, au jugement, & sur la conviction de faux, de trahison ou tout autre crime, ou de malversation, il est dépouillé de son office & livré aux peines & poursuites ordonnées par la loi. La personne du Roi d'Angleterre est inviolable & sacrée, aucun tribunal constitutionnel ne le juge, aucune punition ne le menace, à moins d'une entière révolution: sous le rapport de la responsabilité personnelle, le Président des Etats n'est pas traité plus sévérement que le Gouverneur de New-York, mais il l'est plus que les Gouverneurs de la Virginie & de Delaware.

Le Président a le droit de renvoyer à la discussion un bill accepté par les deux chambres, & ce bill ne devient loi que lorsqu'après un second examen, il a réuni les deux tiers des suffrages dans les deux parties du Corps législatif. Le Roi d'Angleterre a l'autorité négative absolue sur les actes des chambres du Parlement, & quoique depuis un long espace de temps il n'ait point fait usage de ce pouvoir, le droit n'en existe pas moins. La couronne d'ailleurs a trouvé des moyens de substituer l'influence à l'autorité, & d'acquérir dans les deux chambres, une majorité qui supplée l'emploi d'un pouvoir qu'on ne hasarderoit pas peut-être sans courir le risque de quelques troubles & de quelques désordres. L'autorité négative donnée au Président differe donc entièrement de celle que possede le Monarque Anglois, elle pourroit plutôt être comparée avec celle qu'on a confiée au Conseil de révision de cet Etat, & dont le Gouverneur est partie constituante, excepté néanmoins que le Président exerce seul le pouvoir que le Gouverneur partage avec le chancelier & les juges. La Constitution de Massachusetts semble pour cet objet avoir servi de modèle aux auteurs de la Constitution.

Le Président commande en chef les armées navales & de terre des Etats-Unis, ainsi que la Milice des Etats, lorsqu'elle est appelée au service de l'Union. Il peut accorder le pardon des délits commis contre le Gouvernement, excepté lorsque l'accuſation eſt commencée. Il peut recommander à l'attention du Sénat les meſures qu'il croit inſtantes & néceſſaires. Il peut convoquer dans les cas extraordinaires, les deux chambres ou l'une des chambres de la Légiſlature, & fixer l'époque de leur ajournement lorſqu'elles ne s'accordent point entr'elles ſur cette époque : enfin il eſt chargé du ſoin de l'exécution fidelle des loix, & c'eſt lui qui commet & établit les Officiers pour l'adminiſtration publique. Les fonctions du Préſident ont ici beaucoup de rapport avec celles du Roi d'Angleterre & du Gouverneur de New-York; elles ne diffèrent qu'en ce que le Préſident commande les Milices de la Nation ſeulement, lorſqu'elles ſont appelées au ſervice de l'Union par un Décret du Corps légiſlatif, tandis que le Roi d'Angleterre & le Gouverneur de New-York commandent les Milices de leur pays dans tous les temps.

Le Préſident des Etats eſt, ainſi que le Monarque anglois, Commandant-en chef des armées de terre & de mer ; mais ce commandement ſe borne à la direction des forces publiques comme premier Amiral & Général des troupes Américaines, mais le Roi d'Angleterre peut déclarer la guerre, équiper des flottes, & lever des armées, pouvoir que la Conſtitution n'a confié qu'à la Légiſlature,

D'autre part la Conſtitution de New-York donne au Gouverneur le ſimple commandement des milices & des flottes de ſon pays ; mais dans beaucoup d'autres Etats, le Gouverneur eſt expreſſément nommé Commandant en chef des troupes de terre & de mer. Je ne ſais même, ſi New-Hampshire & Maſſachuſſetts n'ont point revêtu leurs Gouverneurs d'une autorité plus étendue que celle du Préſident des Etats-Unis. Le pouvoir du Préſident par rapport au droit de faire grace, ne s'étend pas au cas où l'impeachment a été prononcé. Le Gouverneur de New-York peut accorder le pardon de tous les crimes, excepté ceux de trahiſon & de meurtre. Ce droit n'eſt-il pas d'une conſéquence bien plus étendue ? Les auteurs de toute conſpiration & de tout complot contre le Gouvernement, qui n'auront pas encore acquis le véritable caractère de la trahiſon, peuvent à la faveur de cette prérogative, être ſouſtraits à la punition méritée ; le Gouverneur peut lui-même être chef d'une conſpiration, & l'impunité abſolue eſt aſſurée à ſes complices auſſi long-temps que leurs projets n'ont point éclaté. Le Préſident, quoiqu'il puiſſe abſoudre de la trahiſon même dans le cours ordinaire des loix, ne peut ſouſtraire aucun coupable aux effets de l'*impéachment* & de la condamnation qui peut en résulter. Or je demande si l'espérance d'une impunité absolue, pour les premières démarches hasardées dans une conspiration, n'inspirera pas une plus grande confiance pour l'entreprendre & pour l'exécuter, que l'espérance d'échapper à la mort ou à la confiscation, dans le cas où la conspiration une foi formée & appuyée de la force des armes, auroit enfin échoué : cette espérance même pourroit-elle encourager les coupables lorsqu'ils savent que celui qui auroit le droit de les absoudre, lui-même enveloppé dans leur punition ne pourroit leur assurer l'impunité? Pour mieux juger de l'état de la question, il faut savoir que la Constitution soumise à notre examen, ne déclare coupables de trahison, que ceux qui auront « fait la guerre aux Etats-Unis ou prêté aide & secours à leurs ennemis », & que la Constitution de New-York ne donne pas une plus grande latitude au crime de trahison.

Le Président des Etats ajourne les chambres de la Législature dans les seules occasions où elles ne peuvent convenir entr'elles de l'époque de leur ajournement. Le Monarque Anglois dissout ou proroge à volonté les sessions du Parlement. Le Gouverneur de New-York peut pendant un temps limité proroger la réunion de la Législature de son pays, ce pouvoir peut dans certaines occaſions être d'une grande importance.

Le Préſident des Etats-Unis doit avec l'avis & le conſentement du Sénat, conclure les traités, pourvu que l'avis paſſe à la majorité de deux tiers au moins des Sénateurs préſens. Le Roi d'Angleterre repréſente ſeul ſa Nation dans toutes les tranſactions faites avec les étrangers. Il forme de ſa ſeule autorité les alliances, les traités de paix & de commerce. On a prétendu que cette autorité n'exiſtoit point, & que chaque tranſaction avec les puiſſances voiſines étoit ſujette à la réviſion du Parlement ; mais cette aſſertion inouie juſqu'ici, n'a jamais été faite que dans cette occaſion, & tous les juriſconſultes anglois ainſi que les hommes les plus verſés dans la connoiſſance de la Conſtitution de leur pays, ont établi que la couronne poſſede dans toute ſa plénitude le droit de faire les traités, & que ces actes revêtus de la ſeule autorité du Roi, ont indépendamment d'aucune autre ſanction, la plus légale validité. Le Parlement a, il eſt vrai, quelquefois altéré les loix exiſtantes pour ſe conformer aux articles ſtipulés dans les traités, & ce fait a donné lieu peut-être à l'erreur que nous relevons ici. Mais l'interpoſition du Parlement n'exiſte dans ces occaſions que par la néceſſité de combiner un nouveau ſyſtême de commerce & d'impôt qui puiſſe s'adapter avec les changemens faits par les nouveaux traités & qui applique de nouvelles mesures à un nouvel ordre de choses. Nous ne voyons donc aucun rapport entre cette partie du pouvoir confié au Roi d'Angleterre & celle du Président, puisque l'un décide seul ce que l'autre ne conclut qu'avec l'adhésion d'une partie de la Législature. Son droit, il est vrai, s'étend sur cet article au-delà de ceux des Gouverneurs de chaque Etat particulier, parce que le soin de faire les traités & les alliances est conféré à l'Union seule. Ce pourroit être une question délicate à traiter, de savoir si dans le cas où la Confédération se dissoudroit, cette importante prérogative pourroit être confiée au seul pouvoir exécutif de chaque Etat. Le Président doit recevoir les Ambassadeurs & les Ministres. Ce droit qui fournit matière à tant de déclamations, est beaucoup plus honorifique que réel, & ne peut être d'aucune conséquence dans l'administration. Cette mesure d'ailleurs ne semble-t-elle pas bien plus convenable que celle qui forceroit à convoquer la Législature, toutes les fois qu'un Ambassadeur ou autre agent d'une puissance étrangère viendroit en remplacer un autre.

Le Président nomme avec l'avis & le consentement du Sénat, les Ambassadeurs & autres agens auprès des puissances étrangères, les juges des cours ſuprêmes & tous les Officiers de l'adminiſtration générale que la Conſtitution n'a pas déſignés. Mais le Roi de la Grande-Bretagne eſt véritablement le diſpenſateur ſuprême, l'unique ſource des honneurs & des dignités. Non-ſeulement il nomme les Officiers, mais il crée les offices, mais il confére les titres de nobleſſe d'après ſa ſeule volonté, & diſpoſe d'un nombre immenſe de graces eccléſiaſtiques. Le pouvoir du Préſident n'eſt pas à beaucoup près auſſi étendu, il eſt moindre même que celui du Gouverneur de New-York, ſi nous jugeons la Conſtitution de cet état d'après les faits que nous y pouvons obſerver. Le droit des nominations eſt conféré au conſeil compoſé du Gouverneur & de quatre membres du Sénat choiſis dans l'aſſemblée. Mais le Gouverneur reclame & a ſouvent exercé le droit de nommer aux offices, il a inconteſtablement le droit de décider en cas de partage (*). S'il a réellement le droit de nommer aux offices, ſon autorité dans

(*) La vérité nous force à avouer que nous ne croyons pas les réclamations du Gouverneur de New-York fondées. N'eſt-il pas permis cependant de raiſonner d'après un uſage obſervé dans un Gouvernement, quoiqu'il ne ſoit pas fondé ſur une diſpoſition conſtitutionnelle ?

ce point eſt égale à celle du Préſident; elle lui eſt ſupérieure dans celui de décider en cas de partage, car d'après la Conſtitution propoſée, la nomination ne peut ſe faire tant que le conſeil eſt diviſé (*). Si nous comparons enfin la publicité qui ſuit néceſſairement le mode d'une nomination faite par une partie de la Légiſlature réunie au Préſident, avec le ſecret qui peut regner dans une délibération entre cinq perſonnes au plus & quelquefois deux enfermées dans un appartement particulier ; ſi nous obſervons combien il doit être plus aiſé d'influencer un conſeil auſſi peu nombreux que celui qui ſe compoſe d'une partie de la Légiſlature, nous n'héſiterons pas à prononcer que le Gouverneur de New-York poſſede ſous ce rapport une autorité plus étendue que celle du Préſident des Etats-Unis. Si l'on excepte même la concurrence du Préſident avec le Sénat dans la formation des traités, la ſupériorité du pouvoir des deux Magiſtrats peut reſter ſur ce point incertaine, mais il eſt hors de doute qu'on ne doit en aucune manière comparer le Préſident

(*) Dans le Gouvernement de New-York, quand le conſeil eſt diviſé, le Gouverneur peut par ſon ſuffrage décider la queſtion, & il peut ainſi confirmer lui-même ſa nomination.

des Etats au Roi de la Grande-Bretagne. Et nous ferons sentir davantage encore cette dissimilitude en en rapprochant les principales circonstances.

Le Président des Etats est un fonctionnaire élu par le Peuple, pour quatre années. Le Roi d'Angleterre est un prince héréditaire ; l'un est soumis aux punitions personnelles, l'autre est inviolable & sacré. L'un exerce un véto suspensif sur les actes du Corps législatif, l'autre a un véto absolu. L'un a le droit de commander les armées de terre & de mer, l'autre ajoute à ce droit, celui de déclarer la guerre, de lever des troupes, d'équiper des flottes en vertu de sa seule autorité. L'un concourt à la formation des traités, l'autre possede seul le droit de les conclure. L'un concourt pareillement à la nomination des officiers, de l'autre dépendent uniquement toutes les nominations. L'un ne peut conférer aucuns priviléges, l'autre peut naturaliser un étranger, conférer la noblesse à un roturier, former des corporations. L'un ne prescrit aucune regle relative au commerce ou au cours des monnoies, l'autre est dans plusieurs occasions l'arbitre du commerce. Il peut établir des marchés & des foires, régler les poids & mesures, battre monnoie, mettre des embargos pour un certain temps, autoriser ou défendre la circulation des espèces étrangères. L'un n'a pas la moindre influence ſur la juridiction ſpirituelle, l'autre eſt chef de l'Egliſe nationale. Quelle réponſe faire après cela, aux perſonnes qui prétendent comparer deux choſes ſi différentes ? la même qu'à celles qui nous aſſurent qu'un Gouvernement dans lequel le pouvoir entier eſt dans les mains d'un Officier du Peuple, électif & temporaire, n'eſt qu'une monarchie, une ariſtocratie ou un Gouvernement deſpotique.

CHAPITRE LXX.

Continuation du même chapitre relativement à l'unité du Pouvoir exécutif ; examen du projet d'un Conſeil exécutif.

C'EST une idée qui n'a pas été ſans apologiſtes que celle de l'incompatibilité de l'énergie dans le pouvoir exécutif, avec le génie du Gouvernement républicain. Les amis éclairés de cette forme de Gouvernement doivent deſirer que cette idée ſoit ſans fondement, puiſqu'ils ne pourroient l'admettre ſans ſouſcrire à la condamnation de leurs propres principes. L'énergie dans le pouvoir exécutif eſt l'un des principaux caractères d'une bonne Conſtitution, il eſt eſſentiel à la ſûreté de la ſociété contre les attaques étrangères, il l'eſt également à la ſtabilité des loix, à la protection des propriétés, contre des tentatives irrégulières, & qui menaceroient d'intervertir le cours ordinaire de la juſtice; enfin c'eſt la vigueur du pouvoir exécutif qui maintient & aſſure la liberté en dépit des factions & des efforts de l'ambition. Pour peu qu'on connoiſſe l'hiſtoire romaine, on voit dans pluſieurs occaſions la république forcée de chercher dans le pouvoir abſolu d'un ſeul homme revêtu du titre formidable de dictateur, un refuge contre les intrigues de ceux qui aſpiroient à la tyrannie, ou contre les ſéditions élevées dans les différentes claſſes de la ſociété contre les ennemis extérieurs, qui menaçoient également la ſûreté de Rome. Mais il ſemble inutile de s'appuyer d'exemples étrangers. Une autorité exécutive ſans force ſuppoſe la foible exécution des loix & du Gouvernement. Or un Gouvernement mal exécuté, quel qu'il ſoit en théorie, ne peut être que mauvais dans la pratique. Je ſuppoſe donc que tout homme raiſonnable convient de la néceſſité d'aſſurer au pouvoir exécutif une force ſuffiſante. Il ne reſte qu'à chercher par quels moyens on doit arriver à ce but, comment ces moyens doivent être combinés avec ceux qui aſſurent le maintien du Gouvernement républicain, enfin s'ils ont été bien choisis dans la Constitution que nous examinons ici. Ce qui constitue l'énergie du pouvoir exécutif est sa durée, son unité, l'étendue suffisante de ses pouvoirs, les moyens de pourvoir à ses dépenses & à ses besoins. La sûreté du Gouvernement républicain est fondée sur la responsabilité des fonctionnaires, sur l'influence limitée des volontés du Peuple. Les hommes les plus habiles, les jurisconsultes les plus célebres par la justesse & la fermeté de leurs principes, se sont réunis à demander l'unité dans le pouvoir exécutif, tandis qu'ils ont laissé l'autorité législative partagée entre un grand nombre de personnes. Ils ont considéré la vigueur comme l'une des qualités absolument nécessaires au premier, & l'ont voulu assurer en le remettant aux mains d'un seul. Mais ils ont cru que la sagesse, les discussions & la délibération appartenoient à l'autorité législative chargée de veiller aux intérêts du Peuple, & qui doit toujours se concilier sa confiance. On ne peut douter que la décision, l'activité, le secret & la diligence ne caractérisent les opérations d'un seul homme, bien plus que celles qui émanent d'un corps nombreux, & les inconvéniens contraires se proportionneront toujours au plus ou moins grand nombre de membres dont sera composé ce corps. L'unité peut être altérée ou détruite par deux causes différentes, ſoit en partageant l'autorité entre deux ou plu-ſieurs Magiſtrats égaux entr'eux, ſoit en paroiſ-ſant la dépoſer aux mains d'un ſeul homme qui reſte cependant ſoumis à la réviſion de quelques perſonnes, & à qui l'on preſcrit des conſeils & des coopérateurs. C'eſt ainſi que pour le premier cas, Rome étoit partagée ſous l'autorité de deux conſuls, pour le ſecond la plus grande partie des Etats de l'Union peut nous ſervir d'exemple, New-York & New-Jerſey ſont les ſeuls chez leſquels l'autorité exécutive ſoit entièrement accordée à un ſeul homme.

Quelques perſonnes ont approuvé ces projets comme des moyens de réprimer un pouvoir qu'elles redoutent. Le plus grand nombre a ſur-tout adopté le conſeil d'exécution. Nous examinerons les deux ſyſtêmes enſemble, & ſous pluſieurs rapports nous pouvons leur oppoſer les mêmes objec-tions.

L'expérience des autres Nations ne nous offre que peu de lumières ſur ce ſujet. Tous les faits nous apprennent cependant à ne point adopter la pluralité dans le pouvoir chargé de l'exécution des loix. Les Achéens ne tardent point à abolir l'un des deux préteurs qu'ils avoient établis. L'hiſ-toire romaine nous rappelle ſans ceſſe les malheurs de la république cauſés par la diviſion des Conſuls, & par celle des Tribuns militaires, lorſque ceux-ci eurent ſuccédé aux premiers, & dans aucune occaſion nous ne pouvons remarquer un avantage attaché à la pluralité de ces Magiſtrats. On devroit s'étonner même de ne pas voir ces diviſions ſuivies de conſéquences plus funeſtes. Les circonſtances ſingulières dans leſquelles la république étoit preſque toujours placée, le beſoin de pourvoir à la sûreté, avoient établi l'uſage entre les Conſuls de ſe partager l'autorité. D'ailleurs ces Magiſtrats élus par les Patriciens & tirés du ſein même de ce Corps, réuniſſoient leurs intérêts pour la défenſe & la conſervation des prérogatives de leur ordre, toujours en guerre avec celui des Plébéïens. Ajoutez à ces motifs ceux qui forcèrent les Conſuls à ſe partager l'adminiſtration, lorſque le ſuccès des armées romaines ayant reculé les bornes de l'empire, l'un des deux veilloit au ſoin des provinces éloignées, tandis que l'autre demeuroit à Rome. Ce ne fut pas l'une des moindres cauſes qui prévinrent les diſcuſſions dont les ſuites euſſent été fatales à la république; mais laiſſons les recherches incertaines de l'hiſtoire pour ne ſuivre que les ſimples notions du bon ſens & de la raiſon; elles tendront toujours à nous faire rejetter la pluralité des Magiſtrats exécutifs.

Dans une entrepriſe commencée par pluſieurs perſonnes

personnes, combien ne sont point à craindre les différences des opinions! S'agit-il de places publiques où l'honneur & la confiance puissent devenir des objets d'émulation? Quels dangers ne doit-on pas prévoir des suites de l'animosité personnelle? Les discussions suivront bientôt, elles ameneront le relâchement de l'autorité, elles tendront à diminuer le respect & à contrarier toutes les opérations. Dans le Gouvernement où ce mal existera, la Magistrature chargée de l'exécution des loix verra ses mesures les plus urgentes, arrêtées au péril de l'Etat même. La société se partagera en factions irréconciliables, à la tête desquelles seront les Magistrats eux-mêmes.

Il arrive trop souvent que des hommes même honnêtes, rejettent un projet auquel ils n'ont point eu de part, ou qu'ils savent être l'ouvrage de personnes qu'ils n'estiment point. Mais après avoir été consultés, après avoir manifesté leur improbation, l'opposition devient un besoin de leur amour-propre, leur honneur même leur semble intéressé au renversement d'une opération qui blesse & contrarie leurs sentimens, & combien d'excès terribles les hommes impartiaux n'ont-ils pas vus produits par ces seules causes? combien de fois n'a-t-on pas vu l'intérêt des sociétés entières se confier à la vanité d'individus assez puissans ou assez habiles pour intéresser beaucoup d'hommes à leurs passions ou à leurs caprices? Peu d'exemples offrent peut-être autant de tristes preuves de la foiblesse ou plutôt de la perversité humaine. Les principes d'un Gouvernement libre forcent à se soumettre aux inconvéniens dont nous venons de parler dans l'organisation du pouvoir législatif, mais ils ne sont suivis d'aucune utilité & sont même évidemment pernicieux, quand il s'agit du pouvoir exécutif. La précipitation est à craindre dans les résolutions des corps chargés de la rédaction des loix; du choc des opinions & des intérêts naissent quelquefois des délibérations salutaires, par là même la majorité est réprimée dans sa marche & dans ses progrès, & du moment où la résolution est prise, l'opposition cesse, la loi existe & lui résister devient un acte punissable. Mais les mêmes avantages n'atténuent pas les dangers de la division dans le pouvoir exécutif. Il n'y a point de termes où l'obstacle doive cesser entièrement, l'exécution est affoiblie & embarrassée à chaque pas, la discussion nuit à la vigueur & à la promptitude de ses mesures. Dans les temps de guerre, par exemple, où l'énergie du pouvoir exécutif est le seul rempart élevé à la sûreté intérieure, chaque opération deviendra donc le sujet d'une délibération, & ne devra se décider qu'à la pluralité.

Ces objections, il est vrai, ne doivent être appliquées qu'au projet du partage de l'autorité entre des Magistrats égaux en dignité, projet, qui, je dois en convenir, compte peu de partisans. Mais je les rapellerai, sinon avec autant de force, au moins souvent avec vérité, contre le système d'un conseil exécutif sans l'assentiment duquel le Magistrat ne pourroit prendre aucune décision. Je dirois de plus qu'une cabale adroite sauroit dans le conseil, énerver le système entier d'administration, & même sans cabale, la diversité des vues & des projets produiroit dans l'exercice de l'autorité l'apparence de la lenteur & de la foiblesse. Je rappellerois enfin l'une des plus puissantes objections élevées contre ce projet, qui est sa tendance à détruire la responsabilité. La responsabilité s'exerce de deux manières, par la censure publique & par les peines légales; la première est la plus puissante, sur-tout dans un Gouvernement électif. Des hommes en place peuvent se soustraire à toute punition après avoir cependant perdu depuis long-temps les droits à la confiance & à l'estime publique, la pluralité des Magistrats affoiblit & détruit ces freins salutaires. Entre une multitude d'accusations mutuelles comment discerner l'objet réel du blâme & de la censure, chacun les repousse avec tant d'adresse que l'opinion reste indécise & sans puissance. Les circonstances auxquelles on attribue les malheurs publics sont souvent si compliquées, tant d'acteurs y ont eu part, qu'en ne pouvant se dissimuler la réalité du mal & la certitude des torts, on n'en connoît cependant jamais le véritable auteur.

Le Magistrat dira, « mon conseil doit déterminer la décision; mais il est tellement divisé dans ses opinions, qu'aucun parti n'a pu être adopté ». Ce prétexte & mille autres semblables seront constamment mis en usage : & quel est le Citoyen assez zélé pour oser se charger du soin de dévoiler toutes les transactions secrettes, & pour démêler la marche obscure & les précautions mystérieuses dont s'envelopperont les différens partis coalisés entr'eux ? Dans le seul exemple que cet Etat nous offre de la réunion du Conseil au Gouverneur pour la nomination des Officiers, nous avons bien eu lieu d'être frappés des considérations que nous présentons ici ; des choix scandaleux ont été faits pour l'exercice des plus importantes fonctions, quelques-uns même ont encouru l'improbation de tous les partis, & lorsqu'on a voulu remonter à la source du mal, le Gouverneur a rejetté le blâme sur les membres du Conseil qui de leur côté ont accusé le Gouverneur. Le Peuple cependant ne sait point encore pourquoi ses intérêts ont été confiés à d'indignes mains. Je m'arrête ici, & par égard pour les individus, je n'entre dans aucune particularité.

Il me semble donc évidemment démontré que la pluralité des Magistrats doit arracher au Peuple les deux freins les plus puissans qu'il puisse imposer aux dépositaires de son pouvoir; l'un est l'opinion publique qui ne pouvant se fixer avec certitude, perd dès-lors toute sa puissance; l'autre est la possibilité de connoître les auteurs des mesures pernicieuses & de les punir, soit en les livrant aux loix, soit en leur retirant les pouvoirs dont ils ont fait un mauvais usage.

En Angleterre où le Roi est Magistrat perpétuel, & où le besoin de la paix a consacré sa personne & l'a rendue inviolable, rien ne paroît plus sage que de lui donner un Conseil responsable envers la Nation des avis qu'il a donnés. Sans cela, nulle responsabilité n'existeroit pour le pouvoir exécutif, principe inadmissible dans un Gouvernement libre. Cependant le Roi n'est point obligé d'adopter les avis de son Conseil, il les admet ou les rejette à son gré, il est absolu dans l'exercice de ses pouvoirs. Mais dans une république où chaque Magistrat est personnellement responsable, les raisons qu'on allegue en faveur du Conseil donné au Roi de la Grande-Bretagne, non-feulement n'exiftent pas, mais elles deviennent même des armes en faveur de l'opinion contraire. En Angleterre, le Confeil eft fubftitué à la refponfabilité du monarque, il eft pour ainfi dire l'otage au moyen duquel la Nation s'affure de fa conduite, tandis qu'en Amérique ce même Confeil ne feroit qu'affoiblir la refponfabilité du Magiftrat.

L'idée d'un Confeil exécutif n'a pu avoir pour principe que cette inquiétude républicaine qui croit trouver la sûreté publique dans la divifion d'un pouvoir qui l'effraye. Je crois ce fyftême plus dangereux qu'utile, je le crois même inadmiffible quand il s'agit du pouvoir exécutif. Et je me réfère à l'opinion d'un écrivain (de l'Olme), qui, au jugement du célebre *Junius*, eft ingénieux, profond & folide. *Le pouvoir*, dit-il, *peut être bien plus aifément reprimé quand il eft un*, quand il eft feul l'objet de la furveillance & de l'inquiétude du Peuple. Je le répète donc, la pluralité des Magiftrats exécutifs eft plutôt ennemie qu'amie de la liberté, nous n'atteindrons même jamais par elle au but qu'on nous propofe. Il faudroit pour y parvenir, que le nombre des Magiftrats fût affez grand, pour leur rendre toute coalition impoffible, fans cela leur pluralité devient une nouvelle fource de dangers, plutôt qu'un motif de fécurité. Des individus réuniſſant leur crédit & leur influence deviendront bien plus formidables à la liberté que lorſqu'ils agiront ſéparés. Un certain nombre d'hommes dépoſitaires d'un pouvoir quelconque, menés par un chef habile, uſurperont bientôt, & leur uſurpation ſera plus dangereuſe que celle d'un homme ſeul expoſé aux regards & ſoigneuſement veillé. Les décemvirs de Rome qui tirent leur nom de leur nombre, furent bien plus redoutables que n'eût pu l'être chacun d'eux ſéparément.

Perſonne n'a eu l'idée de former un Conſeil exécutif de plus de douze perſonnes, on a propoſé depuis ſix juſqu'à douze membres. Ce nombre même ne préviendra pas le danger d'une coalition, & l'Amérique ſeroit bien plus menacée par l'ambition d'un tel corps, que par celle d'un individu iſolé.

Quant au Conſeil donné au Magiſtrat déjà ſoumis à la loi de la reſponſabilité, je ne puis voir en lui qu'un obſtacle à ſes bonnes intentions tant qu'il ne ſera pas l'inſtrument & le complice de ſes fautes. Je n'ajoute aucunes réflexions ſur la dépenſe qu'entraîneroit ce projet; il eſt cependant probable qu'un Conſeil aſſez nombreux pour remplir l'objet qu'on ſe propoſe, compoſé de membres, tranſportés du fond de leur province au ſiége de l'adminiſtration centrale, deviendroit une cauſe de dépenſe aſſez conſidérable pour qu'on ne dût pas ſe la permettre avant d'avoir démontré l'utilité des meſures qui la rendroient néceſſaire.

Long-temps avant qu'il ne fût queſtion de la Conſtitution, je me rapelle qu'il m'arrivoit rarement de rencontrer un homme ſenſé de quelques-unes de nos provinces, qui d'après ſa propre expérience ne regardât l'unité dans le pouvoir exécutif de cet Etat comme un des caractères les plus précieux de notre Conſtitution.

CHAPITRE LXXI.

Continuation du même chapitre ; du temps pendant lequel chaque Préſident doit reſter en place.

NOUS avons déjà conſidéré la durée des fonctions comme un des moyens néceſſaires pour donner à l'autorité exécutive l'énergie ſuffiſante, & ce moyen ſe rapporte à deux objets ; l'un eſt la puiſſance du Magiſtrat dans l'exercice de ſes pouvoirs, l'autre eſt la ſtabilité du ſyſtême d'adminiſtration établie ſous ſes auſpices. Il eſt évident que plus la durée de la Magiſtrature ſera prolongée, plus nous devons eſpérer d'obtenir ces avantages. Il eſt dans la nature humaine qu'un homme attache du prix à ce qu'il poſſede en proportion de l'incertitude ou de la tranquillité de ſa jouiſſance. Ainſi donc il tiendra moins à ce que lui donnent des droits incertains ou précaires, qu'à ce qu'il doit à des titres aſſurés & durables, & par conſéquent il ſacrifiera plus à la conſervation des uns que des autres. Cette vérité s'applique aux places d'honneur ou de confiance, aux diſtinctions publiques, comme aux propriétés particulières. Et nous pouvons en inférer que l'homme qui remplit une place en prévoyant très-prochainement le temps où il la doit abandonner, n'éprouvera point un intérêt vif & qui lui donne dans l'exercice de ſon autorité le courage néceſſaire pour braver la cenſure ou la malveillance paſſagère d'une partie de la ſociété, ou ſeulement de la faction dominante dans le Corps légiſlatif. Il peut même arriver que la crainte de perdre ſa place, unie au deſir de la conſerver par une réélection, contribue davantage encore à corrompre l'intégrité du Magiſtrat & à diminuer ſa force. Dans tous les cas l'irréſolution & la foibleſſe deviendront les caractères diſtinctifs de cette Magiſtrature.

Quelques perſonnes ſemblent diſpoſées à regarder comme une choſe utile, la ſoumiſſion ſans bornes du pouvoir exécutif aux volontés du parti dominant. Mais ces personnes ont peu de notions sur la véritable institution des Gouvernemens, & sur les moyens propres à assurer le bonheur public. Le Gouvernement républicain prescrit, il est vrai, aux Magistrats élus par le Peuple la soumission aux opinions réfléchies & stables de la Nation : mais il ne demande point une obéissance sans bornes à chaque nouvel effort des passions, à chaque impulsion passagère, que communiquent au Peuple des hommes habiles à le flatter pour le trahir ensuite. Le Peuple en général, comme on l'a justement observé, ne veut & ne cherche que le bien public. Mais trompé trop souvent dans les moyens qu'il adopte pour y parvenir, son bon sens lui apprend à mépriser bientôt les vils adulateurs qui ont encensé ses erreurs & ses fautes. L'expérience seule les lui démontre, & peut-être devroit-on s'étonner de ne l'y pas voir tomber plus souvent, trahi comme il l'est par de lâches parasites, par d'impudens sycophantes, entouré de tous les piéges que lui tendent des hommes ambitieux & avides. Livré aux artifices de ceux qui possedent sa confiance sans la mériter, ou qui ne cherchent qu'à l'obtenir sans songer aux moyens de s'en rendre dignes, c'est dans les importantes occasions où le véritable intérêt du Peuple se trouve en contradiction avec ſes inclinations, que les perſonnes prépoſées par lui au ſoin de ſes intérêts, doivent l'éclairer ſur ſes illuſions paſſagères & le rappeler à la froide & lente réflexion. Nous pourrions citer des exemples où cette conduite en préſervant le Peuple des fatales conſéquences de ſes premières erreurs, a mérité des monumens durables de ſon eſtime & de ſa reconnoiſſance aux hommes aſſez courageux pour avoir oſé le ſervir au riſque même de lui déplaire.

Mais en admettant la ſoumiſſion du pouvoir exécutif aux volontés du Peuple, nous ne pouvons approuver la même ſoumiſſion aux volontés du Corps légiſlatif: les opinions peuvent ſe trouver oppoſées entr'elles. Quelquefois le Peuple ſera neutre; dans ces cas différens, il faut donc aſſurer au pouvoir exécutif, la force ſuffiſante pour qu'il puiſſe agir d'après ſon ſeul avis avec vigueur & fermeté. Le principe d'après lequel nous admettons la néceſſité de la diſtinction des pouvoirs, nous enſeigne également que cette diſtinction doit exiſter de manière à rendre ces pouvoirs indépendans les uns des autres. A quoi ſerviroit de ſéparer l'autorité exécutive de l'autorité judiciaire ou légiſlative? Si ces deux dernières étoient conſtituées de manière à reſter ſoumiſes au pouvoir légiſlatif, la diſtinction ne ſeroit plus que dans les mots,

& le but qu'on se propose ne seroit pas rempli. Car il faut distinguer la subordination aux loix, & la dépendance du Corps législatif. La première renferme tous les principes fondamentaux d'un bon Gouvernement, tandis que la seconde les viole tous, & ne tend qu'à réunir les pouvoirs dans la même main. Plusieurs faits nous ont appris déjà quelle est la tendance du Corps législatif à l'usurpation, & cette tendance devient presque irrésistible dans les Gouvernemens républicains. Au milieu d'une assemblée populaire, les Représentans du Peuple se persuadent aisément qu'ils sont le Peuple lui-même, bientôt leur impatience & leur ressentiment éclate au premier signe d'opposition, comme si l'exercice de cette partie des droits du Peuple confiés aux pouvoirs exécutif ou judiciaire, outrageoit leur dignité, ou portoit atteinte à leurs priviléges; ils sont disposés à contrôler impérieusement les actes émanés des autres autorités. Trop souvent le Peuple s'unit à leur cause & communique à leurs opérations une violence & une impétuosité qui donne aux autres fonctionnaires publics les plus grandes difficultés à maintenir la Constitution.

On demandera peut-être comment l'indépendance des pouvoirs peut tenir au temps que ceux qui les exerceront resteront en place, à moins que les agens de l'un de ces pouvoirs n'aient le droit de nommer ou de déplacer les agens de l'autre. Nous répondrons en invoquant le principe déjà cité ; celui de la foibleſſe de l'intérêt proportionné à la foibleſſe des avantages, & la néceſſité de motifs aſſez forts pour balancer les riſques & les haſards. Une autre réponſe plus frappante peut-être & non moins déciſive, ſe fonde ſur l'obſervation de l'influence du Corps légiſlatif ſur le Peuple, influence qui peut être employée, par exemple, à prévenir la réélection d'un Magiſtrat dont la courageuſe réſiſtance à de ſiniſtres projets lui aura ſeule mérité le reſſentiment de ce Corps. Comment, demandera-t-on peut-être encore, le terme de quatre années répondit-il au but propoſé, & s'il n'y répond pas, s'il n'eſt pas ſuffiſant pour donner au Magiſtrat l'indépendance néceſſaire, pourquoi ne pas preſcrire un période plus court qui raſſureroit au moins ſur la crainte des projets ambitieux de l'homme pourvu de cette place? On ne peut affirmer, il eſt vrai, que ce terme de quatre années rempliſſe complettement le but que nous croyons devoir eſſayer d'atteindre, mais il doit s'en rapprocher beaucoup cependant, & influer fortement ſur l'eſprit du Gouvernement. Un Magiſtrat doué de quelque fermeté n'appercevant pas très-prochainement la fin de ſa miſſion, peut raisonnablement espérer de voir la justesse de ses mesures approuvée & reconnue. Et quoiqu'il soit probable que sa fermeté diminue en approchant de l'époque où la nouvelle élection manifestera l'opinion du Peuple sur sa conduite, cependant l'estime & la bienveillance qu'il aura pu fonder dans le cœur de ses Concitoyens, le soutiendront encore, il hasardera d'autant plus qu'il pourra compter davantage sur l'opinion qu'il aura donnée de sa sagesse & de son intégrité, & sur les titres qu'il se sera faits à l'attachement & au respect des hommes éclairés. Ainsi donc ce terme de quatre années peut contribuer à donner une stabilité importante & nécessaire à l'une des parties constituantes du Gouvernement, sans laisser aucuns motifs aux allarmes qu'on s'est plu à répandre sur la liberté publique.

Nous avons vu la chambre des Communes, d'après le pouvoir de consentir ou de refuser les nouveaux impôts, marcher à pas rapides & resserrer bientôt les prérogatives de la couronne & de la noblesse dans les limites convenables de tout Gouvernement libre. Si nous voyons cette même chambre s'élevant seule aux droits de l'autre branche de la Législature, assez forte pour renverser la royauté, l'aristocratie & réformer tous les anciens établissemens, & même atteindre à la

Religion de l'Etat, si dans une occasion récente nous avons vu le monarque trembler à la proposition d'une innovation débattue dans cette chambre (*), que pouvons-nous craindre encore d'un Magistrat électif dont le pouvoir expire au bout de quatre ans, dont l'autorité est aussi resserrée? Quelle crainte, si ce n'est celle de l'impossibilité où il sera peut-être de remplir la tâche que lui impose la Constitution? J'ajouterai seulement que si cet inconvénient existe, il doit au moins détruire toute inquiétude sur l'étendue de ses pouvoirs.

CHAPITRE LXXII.

De la rééligibilité du Président.

L'ADMINISTRATION du Gouvernement dans le sens le plus étendu comprend toutes les opérations du Corps politique, sans distinction de pouvoir législatif, exécutif ou judiciaire; mais dans

(*) Ceci se raporte au bill sur l'Inde proposé par M. Fox, dans la chambre des Communes, & qui fut rejetté par la chambre des Pairs à la satisfaction du Peuple entier.

la signification la plus commune & peut-être la plus précise, cette expression ne s'applique qu'aux fonctions particulières du pouvoir exécutif. Le soin de conduire les négociations avec les puissances étrangères, de former des plans de finances, l'emploi & la distribution des deniers publics d'après les décisions du Corps législatif, l'entretien de l'armée & de la flotte, la direction des opérations de la guerre: ces objets & plusieurs autres de la même nature semblent former ce qu'on appelle proprement l'administration du Gouvernement. Ainsi les personnes à qui le soin de chacun de ces objets particuliers est immédiatement confié, doivent être envisagées comme les agens ou les délégués du premier Magistrat; en conséquence, c'est de son pouvoir, du moins de son choix qu'ils doivent tenir leurs emplois, & ils doivent être soumis à son inspection. Sous ce point de vue on ne peut se dissimuler l'influence qu'aura nécessairement sur la stabilité du systême de Gouvernement, la durée du pouvoir confié à ce premier Magistrat. Un homme en place croit souvent ne pouvoir donner une meilleure preuve de sa capacité & de son mérite, que la destruction de tout ce qu'a fait son prédécesseur. Et en effet s'il a été déposé par le vœu public, indépendamment de cette disposition naturelle à tous les hommes, ce-

lui

celui qui lui succède est fondé à croire que son renvoi a été l'effet de l'éloignement qu'on avoit pour son systême, &que plus il s'en écartera, plus il s'assurera la bienveillance de ses Commettans. Ces considérations jointes aux attachemens & aux motifs de confiance particuliers, disposeront vraisemblablement le nouveau Président à faire des changemens dans les places qui dépendront de lui, & toutes ces causes réunies produiront dans le Gouvernement une instabilité funeste.

A une durée longue & déterminée dans les fonctions, je crois qu'il faut joindre la rééligibilité. La première est nécessaire pour donner au Magistrat la volonté de bien faire, & au Peuple le temps de juger son systême & d'en éprouver l'effet; la seconde n'est pas moins essentielle pour procurer au Peuple, lorsqu'il approuvera la conduite du Magistrat, le moyen de profiter plus longtemps de ses talens & de ses vertus & de conserver au Gouvernement les avantages d'un bon systême d'administration.

Il est à cet égard un plan adopté par des hommes respectables & qui semble satisfaisant au premier aspect, mais qui ne soutient pas l'examen; c'est de continuer le premier Magistrat pendant un temps déterminé dans sa place & de l'en exclure ensuite ou jusqu'à une époque fixe, ou pour toujours. Cette exclusion, ou temporaire ou perpétuelle, auroit toujours à-peu-près les mêmes effets, & ils seroient tous plus pernicieux qu'utiles.

Un des inconvéniens de l'exclusion seroit la diminution des motifs d'encouragement pour la bonne conduite. Il est peu d'hommes qui ne remplissent les fonctions attachées à une place avec moins de zèle, quand ils sentent qu'ils en perdront les avantages à une époque déterminée, que lorsqu'ils peuvent conserver l'espérance d'en obtenir la continuation en la méritant. Contester cette proposition, ce seroit oublier que l'espoir des récompenses est le plus puissant moyen d'influer sur les actions des hommes, & que le plus sûr garant de leur fidélité est l'accord de leurs intérêts avec leur devoir. L'amour même de la gloire, la passion dominante des grandes ames, pourra faire imaginer & tenter à un homme pour l'intérêt public, de ces entreprises vastes & difficiles qui ne peuvent être mûries & exécutées qu'à l'aide d'un temps considérable, s'il peut se flatter de finir ce qu'il aura commencé; mais ce même motif le détournera d'entreprendre, s'il prévoit qu'il faudra quitter la scène avant l'accomplissement de son ouvrage & l'abandonner avec sa réputation à des mains souvent incapables ou ennemies. Tout ce qu'on peut attendre de la plupart des hommes dans une position semblable, c'est que sans faire de bien, ils se borneront au mérite négatif de ne pas faire de mal.

Un autre effet pernicieux de l'exclusion sera la tentation à laquelle elle exposera, de s'abandonner à des vues sordides, à la déprédation ou à des projets d'usurpation. Un homme avide qui remplira la place du Président, se transportant d'avance à l'époque où il faudra nécessairement renoncer aux avantages dont il jouit, éprouvera le desir, difficile à combattre pour un homme de ce caractère, d'en tirer du moins le meilleur parti possible, tandis qu'il les possède ; il employera sans scrupule les plus honteux expédiens pour rendre sa récolte du moins aussi opulente que passagère ; tandis que le même homme avec une perspective différente, se fût contenté peut-être des légitimes émolumens de sa place & eût craint d'abuser des occasions qu'elle lui offroit de s'enrichir. Ainsi son avidité même eut servi de barrière aux excès de son avidité. Il est possible encore que l'homme que nous supposons, ait autant d'ambition & de vanité que d'avarice, & s'il peut attendre d'une conduite estimable la prolongation des honneurs attachés à sa place, le desir de les conserver balancera peut-être sa cupidité; mais avec l'attente du néant inévitable où l'exclusion le feroit retomber, il est trop vraisemblable que l'avarice triompheroit de la prudence, de la vanité & de l'ambition.

Un ambitieux se trouvant placé au faîte des grandeurs dans son pays, envisageant l'époque où il lui faudra descendre de ce poste élevé, songeant que nul genre de mérite ne pourra le sauver du revers qu'il prévoit avec chagrin, sera bien plus violemment tenté de saisir une occasion favorable pour assurer la prolongation de son pouvoir, quelque danger qui puisse en résulter pour lui, que s'il peut parvenir au même but par l'exacte observation de son devoir.

Sera-ce une circonstance bien favorable à la tranquillité de la Nation, ou à la stabilité du Gouvernement, que l'existence d'une douzaine d'hommes qui auront eu assez de crédit pour s'élever à la Magistrature suprême, errant au milieu du Peuple comme autant d'ombres désolées & soupirant pour une place à laquelle ils ne doivent plus jamais parvenir ?

Un troisième effet de l'exclusion seroit de priver la Nation des heureux effets de l'expérience acquise par le premier Magistrat dans l'exercice de ses fonctions. La sagesse est fille de l'experience, c'est une vérité reconnue par tous les hommes, par les plus ſimples comme par les plus éclairés. Utile, néceſſaire dans ceux qui gouvernent les Nations, peut-elle être jamais plus eſſentielle que dans le premier Magiſtrat d'un pays? Seroit-il ſage de la bannir par l'effet de notre Conſtitution, & de décider que celui qui l'aura acquiſe, ſera auſſitôt dépouillé de la place qui la lui aura fait acquérir & à laquelle par là il ſera devenu propre? C'eſt là cependant le véritable effet de ces réglemens qui défendent aux Citoyens de faire porter leur choix ſur les hommes qu'une longue ſuite de ſervices rendus à leur pays, a mis en état de le ſervir plus utilement encore.

L'excluſion auroit de plus l'inconvénient de bannir certains hommes de places, où leur préſence peut être de la plus grande importance pour l'intérêt & la ſûreté publique. Il n'eſt pas de Nation qui dans certaines circonſtances, n'ait éprouvé un beſoin abſolu des ſervices de tel ou tel homme en particulier, quelquefois pour le maintien de ſon exiſtence politique. Combien ſeroit donc déraiſonnable toute loi qui empêcheroit une Nation d'employer les Citoyens qui la compoſent de la manière la plus conforme à ſes beſoins & aux circonſtances! Sans parler de la valeur individuelle & comparative de tel homme en particulier, il eſt évident que le déplacement du premier Magistrat au commencement d'une guerre ou dans une autre crise semblable, même en supposant à son successeur un mérite égal au sien, seroit toujours contraire aux intérêts de la Nation, en substituant l'inexpérience à l'expérience, & tendroit à troubler, à rendre incertaine & flottante la marche du Gouvernement au moment où elle seroit affermie & fixée.

Enfin cette loi qui prononceroit l'exclusion; placeroit dans la Constitution même un obstacle à la stabilité de l'administration. Nécessiter un changement dans la personne qui occupe la première place de l'Etat, c'est nécessiter un changement de systême. On ne peut s'attendre que les hommes changent & que le systême du Gouvernement reste uniforme, & nous ne devons pas craindre de lui voir trop de stabilité, tant que le Peuple conservera le droit de choisir un nouveau Magistrat. Nous ne devons pas non plus desirer d'ôter au Peuple le droit de conserver sa confiance, quand il la croira bien placée & quand par sa constance il pourra prévenir les inconvéniens d'une politique changeante & d'une éternelle fluctuation dans les révolutions publiques.

Nous avons exposé quelques-uns des désavantages qu'entraîneroit l'exclusion, sur-tout si elle étoit perpétuelle; une exclusion pour un temps déterminé qui ne préſenteroit la réélection que comme l'objet d'une eſpérance éloignée & incertaine, eſt ſujette aux mêmes obſervations.

Quels ſont les avantages qu'on nous promet en compenſation de ces inconvéniens? On nous fait eſpérer une plus grande indépendance dans le Magiſtrat & une plus grande ſûreté pour le Peuple. Quant au premier avantage, c'eſt de l'excluſion perpétuelle ſeule qu'on peut le faire réſulter. Mais alors même, l'attachement du Magiſtrat pour ſa place eſt-il le ſeul danger qu'on ait à redouter pour ſon indépendance? ne pourra-t-il pas la ſacrifier à des parens, à des amis? ne craindra-t-il pas davantage de ſe faire des ennemis perſonnels par une conduite ferme, quand il ſentira que bientôt devenu leur égal, peut-être leur inférieur, il demeurera expoſé à leur reſſentiment? Il n'eſt pas aiſé de décider ſi la loi que nous diſcutons, ſera plus favorable ou plus contraire à ſon indépendance.

Quant au ſecond avantage dont on nous flatte, on peut former à cet égard, des doutes plus raiſonnables encore, ſur-tout dans le cas d'une excluſion perpétuelle. Dans ce cas, un homme d'une ambition déſordonnée, ſeul caractère qui puiſſe autoriſer des craintes fondées, ne ſe verra qu'avec un extrême chagrin privé d'une place où ſa paſſion pour le pouvoir & la ſupériorité du rang aura acquis la force de l'habitude ; & s'il a été aſſez heureux ou aſſez adroit pour ſe concilier la bienveillance du Peuple, il ſaura lui faire enviſager comme une odieuſe & abſurde attaque à ſa liberté, la loi qui l'empêchera de donner à un homme qu'il chérit une nouvelle preuve d'attachement. Il eſt telle circonſtance où ce mécontentement dans le Peuple, ſecondé par l'ambition irritée d'un homme qui aura eu l'art de s'en faire aimer, pourra cauſer à la liberté un plus grand danger qu'une réélection régulière & conſtitutionnelle.

L'idée de refuſer au Peuple le droit de laiſſer en place les hommes qui lui ont paru mériter ſon approbation & ſa confiance, eſt un raffinement de prudence dont les avantages ſont douteux & les inconvéniens certains.

CHAPITRE LXXIII.

De la disposition relative au revenu du Président du Congrès, & du Véto.

UNE troisième condition essentielle à la vigueur du pouvoir exécutif, c'est une disposition qui assure un revenu suffisant à celui qui l'exerce. Si l'on négligeoit d'y pourvoir, il est évident que la séparation des pouvoirs exécutif & législatif deviendroit absolument illusoire. Le Corps législatif disposant arbitrairement du salaire & des émolumens du Magistrat suprême, le soumettroit sans peine à sa volonté, il pourroit presque toujours le réduire par famine ou le décider par ses largesses au sacrifice de son opinion. Il ne faut pas prendre ces expressions à la lettre. Il est sans doute des hommes que la détresse, la séduction ne pourroient écarter de leur devoir : mais les exemples d'une si austère vertu sont rares, & pour la plupart des hommes disposer de leur fortune, c'est être maître de leur volonté. Si cette incontestable vérité avoit besoin d'être confirmée par des faits, ce pays même nous offriroit des exemples de l'influence que le Corps législatif peut exercer sur le dépositaire du pouvoir exécutif, par l'espérance ou la crainte qu'il fait lui inspirer relativement à ses intérêts pécuniaires.

On ne peut trop approuver le moyen adopté à cet égard par la Constitution proposée. Elle décide que « le Président des Etats-Unis recevra pour ses services à des époques déterminées des émolumens qui ne pourront être ni augmentés, ni diminués pendant le terme de son exercice, durant lequel il ne recevra aucuns autres émolumens des Etats-Unis, ni d'aucun Etat en particulier. Il est impossible d'imaginer une disposition plus sage. Le Corps législatif, à la nomination du Président, déclarera une fois pour toutes quel sera le salaire de ses services pendant le terme de son exercice, & ne pourra le diminuer ou l'augmenter jusqu'à une nouvelle élection. Il ne pourra ni affoiblir son courage par le besoin, ni corrompre son intégrité par l'appas du gain. L'Union ni aucun de ses membres ne pourra lui donner, & il ne pourra recevoir d'autres émolumens que ceux qui auront été fixés par une première décision. Ainsi aucun intérêt pécuniaire ne pourra lui faire perdre l'indépendance que la Constitution lui assure.

La dernière des conditions que nous avons jugées essentielles pour l'énergie du pouvoir exécutif, c'eſt une autorité ſuffiſante. Examinons celle que la nouvelle Conſtitution lui confère. Le premier objet qui s'offre à notre examen, c'eſt le véto limité du Préſident ſur les actes ou réſolutions des deux chambres, ou en d'autres termes, le pouvoir de renvoyer tous les bills avec des objections, pouvoir dont l'effet eſt de les empêcher d'acquérir force de loi, à moins que dans un nouvel examen, ils n'aient été ratifiés par une majorité des deux tiers, dans chacune des deux chambres qui compoſent le Corps légiſlatif.

On a plus d'une fois obſervé la diſpoſition du Corps légiſlatif à uſurper tous les droits & à abſorber tous les pouvoirs & l'inſuffiſance d'une ligne de démarcation écrite pour en fixer invariablement les limites; on en a conclu qu'il falloit donner aux dépoſitaires de ces pouvoirs des armes conſtitutionnelles pour leur défenſe. Ces principes clairs & inconteſtables font ſentir tous les avantages d'un véto, ſoit abſolu, ſoit limité, donné au Magiſtrat qui exerce le pouvoir exécutif ſur les actes du Corps légiſlatif, & ſans lequel il ne pourroit réſiſter à ſes uſurpations. Il ſe verroit ou dépouillé de ſon autorité par des attaques ſucceſſives, ou anéanti par une ſeule déciſion, & de manière ou d'autre les deux pouvoirs ſe trouveroient bientôt confondus dans les mêmes mains, quand même l'esprit d'usurpation que nous redoutons dans le Corps législatif, ne se seroit jamais manifesté; les seules loix du raisonnement & de la théorie politique nous apprendroient qu'aucun des deux pouvoirs ne doit être soumis à la volonté de l'autre, & qu'ils doivent tous deux avoir par la Constitution, une force suffisante pour leur défense.

Le véto aura encore une autre utilité. Non-seulement il servira d'égide au pouvoir exécutif, il opposera aussi un nouvel obstacle à l'admission des mauvaises loix. Il sera pour le Corps législatif un frein salutaire qui garantira la Nation des effets des factions, de la précipitation, enfin de toute impulsion contraire à l'intérêt public, que la majorité de ce Corps pourroit recevoir.

On a observé contre l'utilité du véto, qu'il n'étoit pas raisonnable de supposer à un seul homme plus de vertu & de sagesse qu'à un certain nombre d'hommes, de soumettre les décisions d'une assemblée à un individu.

Mais cette observation paroîtra à l'examen plus spécieuse que solide. Sans attribuer au dépositaire du pouvoir exécutif une supériorité de sagesse ou de vertu, on peut supposer du moins que le Corps législatif n'est pas infaillible; que l'amour du pouvoir peut lui faire tenter d'usurper l'autorité des autres fonctionnaires publics; qu'un esprit de faction peut quelquefois altérer le cours de ses délibérations; que des impressions soudaines peuvent l'entraîner dans des mesures qu'une plus mûre réflexion lui eût fait condamner à lui-même. Le premier motif pour armer du véto le Magistrat suprême, est la nécessité de le mettre en état de se défendre; mais il servira encore, comme nous l'avons déjà observé, à garantir la Nation de l'effet des mauvaises loix que la précipitation, l'inadvertance ou de coupables desseins auroient fait admettre. Plus les mesures publiques seront soumises à des examens fréquens, plus elles seront examinées par des hommes placés dans des situations différentes, moins nous aurons à craindre ces erreurs résulantes du défaut de maturité dans les délibérations où ces fausses démarches produites par la contagion de quelque passion ou de quelqu'intérêt commun. Si des motifs blâmables peuvent faire agir & égarer tour-à-tour une partie des fonctionnaires publics, ils pourront plus difficilement étendre leur influence au même instant & pour le même objet, sur toutes les parties du Gouvernement.

On dira peut-être que le pouvoir d'empêcher de mauvaises loix comprend aussi celui d'en empêcher de bonnes, & qu'il peut produire également l'un ou l'autre de ces effets. Mais si l'on fait assez d'attention à tous les inconvéniens de cette inconstance, de cette instabilité dans la Législation, le plus grand défaut qu'on puisse reprocher à la nature & à l'esprit de nos Gouvernemens, on sera peu touché de cette objection. On conviendra que toute institution faite pour mettre un frein à la fureur de faire des loix nouvelles, & pour tenir les choses dans l'état où elles se trouvent à quelqu'époque que ce soit, doit naturellement produire plus de bien que de mal, parce qu'elle favorisera la stabilité dans le systême de la Législation. Le tort que pourra faire la privation de quelques bonnes loix, sera amplement compensé par l'avantage d'en prévenir un grand nombre de mauvaises.

Ce n'est pas tout ; la supériorité d'influence & de poids du Corps législatif dans un Gouvernement libre, le danger que courroit le chef du pouvoir exécutif, en mesurant ses forces avec les siennes, nous assure que le véto sera toujours employé avec une extrême prudence, & que dans l'exercice de ce droit nous avons plus à craindre l'excès de la timidité que celui de la précipitation. Un Roi d'Angleterre avec tout l'appareil des attributs de la souveraineté, avec toute l'influence qu'il puise dans mille sources différentes, héſiteroit aujourd'hui à mettre un véto ſur des réſolutions adoptées par les deux chambres. Il ne manqueroit pas d'employer toutes les reſſources de cette influence pour étouffer un projet qui lui déplairoit avant qu'il fût arrivé juſqu'au trône, afin d'éviter l'alternative ou de s'y ſoumettre ou de s'expoſer au mécontentement de la Nation, en s'oppoſant à la volonté du Corps légiſlatif; & en définitif, il ne ſe haſarderoit à exercer ſa prérogative, que pour un bien évident ou dans une néceſſité preſſante. Aucun habitant inſtruit de ce Royaume ne révoquera en doute cette obſervation, le véto de la couronne n'a pas été exercé depuis un temps conſidérable.

Si un prince puiſſant & affermi ſur ſon trône comme le Roi d'Angleterre, craint d'uſer de ce pouvoir, ne doit-on pas attendre une plus grande circonſpection encore du Préſident des Etats-Unis revêtu pour le court eſpace de quatre ans, du pouvoir exécutif, dans un Gouvernement entièrement & purement républicain ?

Si nous avons quelque choſe à craindre, ce n'eſt pas qu'il abuſe de ce droit, c'eſt qu'il n'en uſe pas toutes les fois qu'il ſera néceſſaire, & ce motif même a fourni un argument pour en combattre l'utilité. On l'a repréſenté comme un pouvoir odieux en apparence, ſans effet dans la réalité.

Mais de ce qu'il pourra n'être que rarement exercé, il ne faut pas conclure qu'il ne le sera jamais. Dans le cas pour lequel il a été spécialement admis, celui d'une attaque directe aux droits dont se compose le pouvoir exécutif, dans le cas même où l'intérêt du Peuple seroit évidemment sacrifié, un homme d'une fermeté commune se serviroit des moyens de défense que lui fourniroit la Constitution, & se souviendroit de son devoir & de sa responsabilité. Dans la première supposition, son courage seroit aiguilloné par l'intérêt immédiat du pouvoir attaché à sa place; dans la seconde, par l'espoir d'être soutenu par ses Commettans, qui quoique naturellement disposés en faveur du Corps législatif dans des questions douteuses, ne le laisseroient pas égarer par leur partialité, s'il s'agissoit d'une vérité évidente. Je parle ici d'un Magistrat doué d'une fermeté commune. Il est des hommes qui ont le courage de faire leur devoir en affrontant tous les dangers.

Mais la Convention a pris à cet égard un moyen qui facilitera l'exercice du véto accordé au Magistrat suprême & fera dépendre son efficacité de l'assentiment d'une partie considérable du Corps législatif. Au lieu d'un véto absolu, elle propose le véto limité dont nous avons déjà parlé & qui sera plus facilement exercé que le premier. Un homme

homme qui seroit effrayé de l'idée d'anéantir une loi par un seul mot de sa bouche, pourra ne pas craindre de la soumettre à un second examen, après lequel elle ne sera définitivement rejettée, que si les deux tiers de chaque chambre accèdent à ses objections. Il sera encouragé par la réflexion que si l'opposition l'emporte, il y aura entraîné avec lui une partie considérable du Corps législatif, dont l'influence s'unira à la sienne pour soutenir sa conduite dans l'opinion publique. Un véto direct & absolu a en apparence quelque chose de plus dur, de plus fait pour irriter, que la simple exposition de quelques objections qui doivent être approuvées ou rejettées par ceux à qui elles sont adressées. Moins ce dernier moyen sera offensant, plus il sera facile à employer & par conséquent efficace dans la pratique. Il n'arrivera pas souvent, que des motifs condamnables dirigent à la fois les deux tiers de chaque chambre, & sur-tout lorsqu'ils auront à craindre le contrepoids de l'influence du pouvoir exécutif. Cet effet est du moins plus invraisemblable sur les deux tiers que sur une simple majorité. Un pouvoir de ce genre dans le Magistrat suprême aura souvent une action insensible & secrette, quoiqu'entraînante & décisive. La seule crainte d'une opposition insurmontable déterminera souvent des hommes à abandonner des projets coupables auxquels ils se seroient livrés avec ardeur, s'ils n'eussent eû à redouter des obstacles extérieurs.

Ce véto limité est par la Constitution de cet Etat (*), placé dans un Conseil composé du Gouverneur, du Chancelier & des Juges de la Cour suprême. Il a été librement exercé dans différentes occasions & souvent avec succès, & son utilité a été si clairement démontrée, que des personnes qui, au moment de la rédaction de la Constitution, y étoient le plus violemment opposées, en sont devenues par l'expérience, les plus décidés administrateurs (**).

J'ai déjà remarqué que la Convention s'est écartée dans cette partie de son plan du modèle que lui offroit la Constitution de New-York en faveur de celle de Massachussets ; deux raisons puissantes justifient cette préférence. En premier lieu, les Juges peuvent recevoir & conserver des préjugés fâcheux sur les loix dont ils sont les interprêtes, lorsque chargés de les revoir & de les examiner, ils ont d'avance exprimé leur opinion sur elles. Ensuite par une association trop fréquente

(*) New-York.

(**) M. Abraham Jates, un des plus grands ennemis du plan de la Convention, est de ce nombre.

aux fonctions du pouvoir exécutif, ils pourroient s'attacher trop fortement aux vues politiques du Magistrat qui l'exerce, & il pourroit se former par degrés une combinaison dangereuse entre ces deux pouvoirs. On ne peut trop écarter les Juges de toute occupation étrangère à celle d'expliquer les loix. Il est sur-tout dangereux de les placer dans une situation qui les expose à être corrompus par le pouvoir exécutif ou à céder à son influence.

CHAPITRE LXXIV.

Du commandement des forces nationales, & du pouvoir de faire grace.

DANS la Constitution proposée, le Président doit être « Commandant en chef de l'armée & de la marine des Etats-Unis & de la milice des différens Etats, lorsqu'elle sera appelée au service des Etats-Unis ». Cette disposition est si évidemment bonne & sage, elle est si conforme à celles qui se trouvent à cet égard dans les Constitutions des Etats, que nous n'aurons besoin ni de l'expliquer ni de la défendre. Les Constitutions mêmes qui, à d'autres égards, associent un Conseil aux fonctions du premier Magistrat, ont pour la plupart concentré dans sa personne le pouvoir militaire. De tous les soins, de toutes les fonctions du Gouvernement, la direction des opérations de la guerre est celle qui exige le plus impérieusement les avantages attachés à l'unité dans l'exercice du pouvoir. La direction des opérations de la guerre renferme la direction de la force commune, & le pouvoir de diriger & d'employer la force commune est une partie essentielle du pouvoir exécutif.

Le Président « pourra demander au principal Officier dans chacun des Départemens exécutifs, son opinion par écrit sur tout sujet quelconque relatif aux fonctions dont il est chargé ». Je regarde cet article comme superflu; le droit qu'il renferme est une conséquence naturelle de la place de président.

Il doit être autorisé aussi « à accorder des sursis, & à faire grace des offenses commises contre les Etats-Unis, excepté dans les cas d'impéachment ». L'humanité & la raison s'accordent pour prononcer que l'exercice de la bienfaisante prérogative de faire grace doit être aussi peu restreint & entravé qu'il sera possible. Les loix criminelles de tous les pays ont été dictées par une sévérité nécessaire, & sans la facilité d'admettre des exceptions en faveur du crime malheureux, la justice présenteroit un aspect trop sanguinaire & trop cruel. Comme la crainte de la responsabilité est toujours plus forte lorsqu'elle n'est pas partagée, il est vraisemblable qu'un seul homme plus disposé à céder aux motifs qui tendent à mitiger la rigueur de la loi, écoutera moins les considérations qui pourroient le déterminer à soustraire à sa vengeance le coupable indigne de grace. Il songera que d'un mot, il va décider du sort d'un de ses semblables, & cette réflexion lui inspirera une scrupuleuse attention. La crainte d'être accusé de foiblesse ou de connivence lui donnera, dans le sens opposé, une égale circonspection. Des hommes rassemblés au contraire s'enhardissent par leur nombre; ils pourroient s'encourager l'un l'autre à un acte de rigueur excessive, & ils craindroient moins le soupçon ou le blâme qu'entraîneroit une clémence affectée ou imprudente. D'après ces réflexions, il semble qu'un seul homme doit mieux qu'une assemblée exercer les fonctions de dispensateur des pardons de la société.

La disposition qui accorde au Président le pouvoir de faire grace, n'a été attaquée, si je ne me trompe, que relativement au crime de trahison. A cet égard seulement, on vouloit que ce pouvoir fût soumis à l'examen de l'une ou des deux chambres qui composent le Corps législatif. Je ne puis nier que cette opinion ne ſoit fondée ſur des conſidérations puiſſantes.

Comme le crime de trahiſon attaque directement l'exiſtence de la ſociété, quand les loix ont une fois conſtaté le crime, il ſemble que ce ſeroit au Corps légiſlatif à juger s'il eſt digne de pardon, d'autant plus que le premier Magiſtrat pourroit être ſoupçonné de connivence. Mais cette opinion eſt combattue auſſi par de fortes objections. On ne peut douter qu'un ſeul homme doué de prudence & de raiſon, ne ſoit plus en état qu'aucun corps, dans des circonſtances délicates, de peſer les motifs qui militent pour ou contre la grace du coupable. Il faut remarquer ſur tout que le crime de trahiſon peut être lié avec des ſéditions qui embraſſent une grande partie de la Nation, comme il eſt arrivé dernièrement dans Maſſachuſſetts. Dans toutes occaſions ſemblables, nous devons nous attendre à voir les Repréſentans du Peuple infectés du même eſprit qui a produit le crime, & quand les partis ſeront à-peu-près égaux en nombre dans le Corps légiſlatif, la ſecrette partialité des amis & des partiſans du coupable, profitant de la ſenſibilité & de la foibleſſe des autres, aſſurera fréquemment l'impunité, quand la terreur d'un exemple eût été néceſſaire; d'un autre côté, quand la ſédition ſera produite par des causes qui exciteront le ressentiment de la majorité, elle sera souvent opiniâtre & inexorable quand la politique eût prescrit l'indulgence & le pardon. Mais la principale raison pour confier dans ce cas le pouvoir de faire grace au premier Magistrat, c'est, que dans les temps d'insurrections & de troubles, il est des momens critiques où l'offre du pardon faite à propos aux rebelles peut rendre la paix à la Nation, & qui une fois perdus, ne se retrouvent plus. Les délais qu'entraîneroit la convocation du Corps législatif ou d'une des chambres qui le composent, feroient quelquefois échapper une occasion précieuse. La perte d'une semaine, d'un jour, d'une heure peut devenir fatale. Si l'on observe que pour obvier à des dangers pressans, on pourroit dans une occasion semblable accorder au Président un pouvoir absolu à cet égard, je répondrai qu'il faut savoir d'abord, si dans une Constitution limitée cette autorité pourroit être déléguée par la loi; en second lieu, il seroit impolitique de prendre d'avance aucune mesure qui semblât promettre l'impunité. Une démarche de ce genre pourroit être interprétée comme une preuve de timidité ou de foiblesse, & son effet seroit d'enhardir le crime.

CHAPITRE LXXV.

Continuation du même Sujet relativement au droit de faire les traités.

LE Préſident des Etats-Unis, d'après le conſentement du Sénat, a le droit de faire les traités, pourvu que les deux tiers des Sénateurs préſens s'uniſſent à ſon opinion.

Quoique cette loi ait été attaquée de toutes parts avec une véhémence peu commune, j'avoue que je conſerve la ferme perſuaſion qu'elle eſt une des plus importantes & des mieux méditées du plan propoſé. Les adverſaires ſe fondent ſur l'objection accoutumée, le mélange des pouvoirs. Les uns prétendent que le droit de faire les traités appartient au Préſident ſeul; d'autres qu'il eſt excluſivement dépoſé dans le Sénat; d'autres enfin s'élevent contre le petit nombre des individus qui concourront aux traités. Parmi les oppoſans, il en eſt auſſi qui penſent que la chambre des Repréſentans devoit être aſſociée à ce droit, & de nouveaux croyent qu'il étoit ſur-tout néceſſaire d'exiger le concours des deux tiers de tous les Sénateurs & non pas ſeulement des membres préſens.

J'ose me flatter que les observations renfermées dans le chapitre précédent, auront suffisamment éclairci cette matière, & préparé à faire envisager cette partie du plan comme elle doit l'être. J'ajouterai cependant quelques remarques encore dans le dessein de répondre aux objections que je viens de citer.

Par rapport au mêlange des pouvoirs, je rappellerai les définitions données précédemment sur le sens véritable des principes réclamés par les opposans ; elles prouvent, je crois, que la réunion du Président au Sénat dans la fonction de faire les traités, n'est point du tout contraire à ces principes. J'ajoute même que la nature particulière de ce pouvoir indique & tient à la nature particulière du Gouvernement de l'Union.

Plusieurs écrivains ont, il est vrai, placé le droit de conclure les traités parmi ceux qui appartiennent à l'autorité exécutive ; mais il est évident que cette distinction est arbitraire ; car en analysant cette fonction, nous la verrons participer davantage du pouvoir législatif, que du pouvoir exécutif, quoiqu'elle n'appartienne réellement à aucun des deux. L'essence du pouvoir législatif est de faire les loix, ou pour mieux dire, de prescrire les regles de l'organisation sociale. L'exécution des loix & l'emploi de la force publique pour la défenſe commune, ſemble comprendre toutes les fonctions du Magiſtrat chargé de l'autorité exécutive. Le pouvoir de faire les traités n'eſt renfermé ni dans l'un ni dans l'autre de ces pouvoirs; il doit être mis dans une claſſe à part, puiſqu'il n'a rapport ni à l'exécution des loix faites, ni à la création des loix nouvelles, & moins encore à l'emploi de la force publique : il conſiſte dans les contrats à faire avec les Nations étrangères, qui devront avoir force de loi, & qui ſont ſous la ſauve-garde de la bonne foi ſeulement. Ce ne ſont pas des réglemens donnés par le ſouverain aux ſujets, mais acceptés de ſouverain à ſouverain. Les moyens indiſpenſables dans les rapports avec les Nations étrangères, ne peuvent être employés que par le premier Magiſtrat, comme le ſeul agent convenable dans les tranſactions de ce genre, mais l'importance de ces actes & leurs relations avec les loix, plaident fortement en faveur de la réunion d'une partie du Corps légiſlatif au Préſident qui doit les conclure.

Si dans une monarchie héréditaire, la loi qui remet au Magiſtrat exécutif le droit de faire ſeul les traités, paroît être une meſure ſalutaire, il n'en eſt pas de même dans un Gouvernement où le Magiſtrat électif ne conſerve ſa place que pendant quatre années. On a remarqué avec beaucoup de justesse que le monarque héréditaire, bien souvent, il est vrai, oppresseur de son Peuple, est cependant lié trop personnellement par ses intérêts à ceux de son pays pour devoir jamais être corrompu par des puissances étrangeres : mais un homme élevé du rang de simple Citoyen à celui de premier Magistrat, possesseur d'une médiocre fortune, voyant dans un avenir très-prochain, le terme où probablement il doit revenir à son premier état, cet homme peut quelquefois éprouver le desir de sacrifier ses devoirs à ses intérêts, ou du moins il lui faut une vertu peu commune pour demeurer toujours à l'abri de cette tentation. L'avare sacrifiera l'Etat à l'avidité des richesses, l'ambitieux attendra le prix de sa trahison des princes étrangers à qui il aura vendu sa patrie. L'histoire des hommes nous apprend trop à ne pas compter sur des vertus héroïques, & nous montre qu'une Nation est peu sage, quand elle remet ses intérêts les plus délicats, ceux qui concernent ses rapports avec le reste du monde, aux mains d'un seul homme nommé & placé comme doit l'être le Président des Etats-Unis.

D'une autre part, en donnant le droit de faire les traités au Sénat seulement, on eut perdu l'avantage attaché à ce qu'un seul individu négocie avec les Nations étrangères. Le Sénat à la vérité eut pu dans certains cas adopter cette meſure, mais s'il eut pu ſe conſerver ce droit, il eſt vraiſemblable que l'intrigue & la cabale euſſent toujours préféré ce dernier parti. D'ailleurs le délégué du Sénat pourroit-il eſpérer des ſouverains étrangers la confiance qu'ils donnent au Repréſentant conſtitutionnel de la Nation entière, & par conſéquent agir avec autant de force & d'efficacité? L'union perdroit donc des avantages dans ſes relations avec l'étranger, & le Peuple n'auroit plus cette ſécurité qui tient au concours du pouvoir exécutif. Sans doute il eſt dangereux de trop étendre ce pouvoir; mais ſa réunion ajoute certainement à la tranquillité de la ſociété, & l'aſſure bien plus efficacement que ne le feroit l'attribution de ce pouvoir ou au Sénat ſeul, ou au Préſident ſeul. Ceux d'ailleurs qui ſavent à quels titres, & par quels moyens le Préſident eſt élevé à la place qu'il occupe, ſe raſſureront en voyant qu'elle ne peut être remplie que par des hommes dont la ſageſſe & l'intégrité doivent rendre la participation & les avis très-utiles dans la formation des traités.

Des obſervations faites dans le chapitre précédent & déjà rappelées dans celui-ci, combattent fortement l'admiſſion de la chambre des Repréſentans au droit de faire les traités. La compoſition tumultueuſe de ce Corps, ſa fluctuation continuelle ne nous laiſſe pas eſpérer d'y trouver les talens propres à ces fonctions.

Une connoiſſance exacte & raiſonnée de la politique étrangère, une réunion permanente aux mêmes plans, le ſentiment délicat & sûr du caractère national, la fermeté, le ſecret & la promptitude ſont des qualités incompatibles avec l'eſprit des corps nombreux. Les affaires devenues plus compliquées par la néceſſité du concours de tant de corps différens, la fréquence des appels à la chambre des Repréſentans, & le tems qui s'écouleroit néceſſairement pour obtenir la ſanction ſur chaque article du traité, deviendroient la ſource de mille inconvéniens & doivent engager à rejetter ce projet.

La ſeule objection qui reſte à examiner, eſt celle qui porte ſur l'inſuffiſance du concours des deux tiers des membres préſens & par laquelle on propoſe d'y ſubſtituer les deux tiers de tous les membres du Sénat. Nous avons déjà prouvé dans la ſeconde partie de cet ouvrage, que toutes les meſures qui néceſſitent le conſentement d'un nombre plus grand que la majorité, tendent directement à embarraſſer les opérations du Gouvernement & indirectement à ſoumettre la volonté de la majorité à la minorité. Cette conſidération appuie le ſentiment où nous ſommes que dans la formation des traités, la Convention a concilié autant qu'il étoit possible, les avantages du concours d'un grand nombre avec l'activité indispensable dans les affaires publiques, & avec le respect dû à l'opinion de la majorité. Si les deux tiers des membres du Sénat étoient nécessaires, nous éprouverions par l'inexactitude des Sénateurs, les inconvéniens & les lenteurs qu'entraîne l'obligation de l'unanimité. L'histoire des Gouvernemens où nous voyons ce système prévaloir, nous offre l'image du désordre, de la foiblesse & de l'incertitude; nous aurions à citer le tribunal de Rome, la diète de Pologne & les Etats-Géneraux de Hollande, si notre propre expérience ne nous dispensoit pas de chercher des exemples dans l'histoire des autres Nations.

En exigeant la réunion des suffrages d'une portion déterminée du nombre total des Sénateurs, on ne seroit pas plus certain d'obtenir les avantages d'une délibération nombreuse, qu'en se contentant d'une portion égale parmi les Sénateurs présens. Par le premier parti, en rendant plus difficile l'adoption des résolutions désagréables à la minorité, on diminueroit les motifs d'assiduité. Par le second, en faisant dépendre la décision du Sénat d'une certaine proportion que la présence ou l'absence d'un seul membre pourra changer, vous inviterez à l'exactitude, le Sénat se trouvera toujours complet, & vraisemblablement la résolution ſera priſe d'après le vœu du plus grand nombre, & n'éprouvera que peu de délais. Je ne dois pas oublier que dans notre Gouvernement actuel, chaque Etat peut être & eſt ordinairement repréſenté par deux membres ; ainſi le Congrès maintenant inveſti de tous les pouvoirs de l'Union, eſt rarement plus nombreux que ne le ſeroit le Sénat dans le plan propoſé ; ſi j'ajoute encore que tous les membres votent par Etats, & que la voix de celui qui ſe trouve ſeul préſent de l'Etat auquel il appartient, eſt perdue ; je prouverai que dans le Sénat où chacun votera individuellement, il ſera bien rare que les ſuffrages ſoient moins nombreux qu'ils ne le ſont dans le Congrès actuel. Enfin en conſidérant que le Préſident doit encore unir ſa voix à celles des deux tiers des membres, nous n'héſiterons pas à aſſurer que dans la nouvelle Conſtitution, le Peuple Américain eſt plus à l'abri des dangers qu'on ſemble craindre du pouvoir trop étendu de faire les traités, qu'il ne l'eſt dans le Gouvernement actuel. Nous pouvons prévoir encore l'augmentation des membres du Sénat par l'érection probable de nouveaux Etats & nous aſſurer de plus en plus que le nombre preſcrit par la Convention, eſt ſuffiſant ; & qu'un Corps nombreux comme doit l'être un jour le Sénat, ne ſeroit propre en aucune manière à la fonction dont nous venons de traiter.

CHAPITRE LXXVI.

Suite du même chapitre relativement à la désignation des Fonctionnaires publics.

« LE Président, avec le consentement & d'après » l'avis du Sénat, doit nommer les Ambassadeurs, » les Ministres plénipotentiaires, les Consuls, les » Juges des Cours supérieures, & enfin tous les » fonctionnaires publics, dont la Constitution ne » s'est pas particulièrement occupée; mais la loi » donne au Congrès le droit de conférer quand » il le croit utile, ce pouvoir, ou au Président » seul, ou aux Cours de justice, ou au Chef de » Département. De son côté le Président doit » remplir les places vacantes dans les intervalles » des sessions du Sénat & pourvoir à l'administra- » tion, en donnant des commissions dont la durée » doit finir au terme de la prochaine session ».

Ce qui caractérise un bon Gouvernement, est tout ce qui le rend propre à assurer une bonne administration: d'après ce principe nous trouverons dans la loi rapportée ci-dessus, de grands avantages & des titres à notre attention particulière. On ne pourroit concevoir une mesure mieux calculée, pour

pour obtenir de bons choix dans lès offices publics; & c'eſt delà principalement que dépend le ſuccès de tout Gouvernement. Dans les cas ordinaires, le droit de nommer aux offices ne peut être modifié que de l'une de ces trois manières; ou il eſt confié à un ſeul homme, ou à une aſſemblée choiſie & peu nombreuſe, ou concurremment à un ſeul homme & à cette même aſſemblée. L'exercice de ce pouvoir par le Peuple eſt impraticable. Indépendamment de mille autres raiſons, à peine lui reſteroit-il le temps de s'occuper d'autre choſe; ainſi quand nous avons parlé d'une aſſemblée, nous avons entendu des hommes choiſis & dont le nombre fût fixé. La totalité du Peuple à la vérité, épars & diſſéminé, échapperoit peut-être à l'influence de l'eſprit de ſyſtême ou d'intrigue qu'ont paru craindre les adverſaires de cette loi. Mais les perſonnes qui nous ont ſuivi dans nos obſervations, & qui ont elles-mêmes réfléchi ſur les conditions requiſes par la Conſtitution pour s'élever à la place de Préſident, conviendront qu'il eſt probable que cette place ne ſera jamais occupée que par un homme habile & reſpectable; ainſi je crois qu'un homme éclairé doit choiſir & connoître les talens propres à chaque fonction particulière mieux qu'une aſſemblée d'hommes égaux, & peut être même ſupérieurs en mérite. La reſponſabilité repoſant toute entière ſur lui, doit augmenter le ſentiment de ſes devoirs. Il voit que ſes obligations ſont étendues, il eſt intéreſſé à découvrir les talens, à uſer d'impartialité dans le choix des candidats. Un ſeul homme enfin a moins d'attachemens particuliers à ſatisfaire, moins de gens qui le preſſent, qu'un Corps d'hommes réunis, quelque peu qu'ils en aient & quelqu'armés qu'ils ſoient contre les ſéductions de l'amitié; car rien n'émeut plus fortement les paſſions que les conſidérations perſonnelles, ſoit qu'elles aient rapport à nous ou à ceux qui doivent être l'objet de notre choix & de notre préférence. Nous devons donc nous attendre à trouver dans les délibérations d'une aſſemblée les traces de l'antipathie ou de la partialité, de l'attachement ou de la haine, de l'affection ou de l'animoſité qu'éprouveront entr'eux les membres dont elle ſera compoſée. Les choix faits dans de telles circonſtances ne ſeront que les réſultats ou du triomphe remporté par un parti ſur l'autre, ou d'une tranſaction faite entre les deux & dont les termes ſeront ceux-ci ou les équivalens, donnez-nous l'homme que nous deſirons dans cette place, & nous vous promettons celui que vous deſirez dans cette autre. Dans l'un & l'autre cas, le talent de réunir les ſuffrages d'un parti, ſera le ſeul néceſſaire; ceux qui devoient être utiles dans la place enviée ne ſeront comptés pour rien, & vous verrez rarement le bien public être l'objet de la victoire ou de la négociation. Ces vérités paroiſſent avoir été ſenties par les plus éclairés de ceux mêmes qui ont combattu cet article de la Convention. Ils deſiroient que le Préſident ſeul eût le droit de nommer les fonctionnaires de l'Union; mais l'avantage de cette loi ſe retrouve tout entier dans celle qui lui laiſſe le droit de les déſigner, elle évite en même-temps le danger qu'on pouvoit craindre en voyant un ſeul homme inveſti d'une manière abſolue d'un auſſi grand pouvoir. Dans les déſignations, ſon jugement ſeul eſt intéreſſé. Mais devant indiquer celui qui avec l'approbation du Sénat, doit remplir un office, ſa reſponſabilité eſt auſſi entière que s'il devoit nommer définitivement, & dans ce cas, il n'eſt point de différence entre déſigner & nommer, les devoirs ſont les mêmes, & comme aucun fonctionnaire ne peut être nommé par le Sénat que ſur la déſignation du Préſident, le choix de ce dernier eſt toujours celui qui prévaut & qui décide.

Mais, dira-t-on, la déſignation peut être rejetée, il eſt vrai, mais cependant la place ne ſera donnée qu'à celui qu'aura de nouveau choiſi le Préſident. D'ailleurs qui porteroit le Sénat à rejetter un choix convenable ? Il eſt peu vraiſemblable qu'il eſpère voir l'objet de ſa préférence amené par une ſeconde ou une troiſième nomination ; il ne peut même être certain que le ſecond choix ne ſera pas plus à craindre que le premier ; cette réjection répandroit une ſorte de honte ſur l'individu refuſé, qui rejailliroit même ſur le Magiſtrat. Il eſt donc probable que la ſanction du Sénat ſera rarement refuſée, à moins que de fortes raiſons ne le déterminent. Pourquoi donc alors demander la concurrence du Sénat ? Je répondrai que cette concurrence influera fortement, quoiqu'en ſecret, qu'elle arrêtera le Préſident dans la pente qu'il auroit peut-être à la partialité, que par-là, jamais aucun ſujet indigne n'occupera de place, & ne ſera porté, ſoit par des conſidérations perſonnelles ou de parenté, ſoit par des vues d'ambition ou de popularité. Cette concurrence enfin, aſſurera de la ſtabilité dans l'adminiſtration, & de ce point dépend le ſuccès du Gouvernement de l'Union. En effet, il eſt aiſé de concevoir que celui dont le choix doit être ſoumis à l'examen d'un Corps indépendant, doit être plus en garde contre ſes paſſions & ſes intérêts ; la poſſibilité de la réjection le rendra plus attentif. S'il doit ſon exiſtence politique au choix de ſes Concitoyens, le danger de la comprometre, en ſe montrant ambitieux ou peu juſte au Corps dont l'opinion agit sur l'opinion publique, le rendra circonspect. Il seroit honteux & effrayé de confier d'importantes fonctions à des hommes dont le mérite seroit uniquement dans des relations de parenté ou de patrie, ou dans leur vile complaisance à servir ses passions & ses plaisirs.

On a répondu à ce raisonnement, en objectant que le Président par son influence, pouvoit s'assurer la complaisance du Sénat. Supposer une corruption universelle, n'est pas une moins grande erreur que supposer une justice universelle. L'institution de la délégation des pouvoirs porte à croire qu'il est dans ce monde quelque vertu & quelque honnêteté sur lesquelles repose la confiance. Cette théorie est appuyée par l'expérience, elle existe même dans les périodes les plus corrompus des Gouvernemens les plus corrompus. La vénalité de la chambre des Communes en Angleterre, a fourni le sujet de mille accusations contre ce Corps, & sans doute à beaucoup d'égards, les reproches sont trop fondés. Mais il est également vrai que ce Corps renferme un grand nombre d'hommes indépendans & éclairés qui influent sur les résolutions publiques. On a vu sous ce regne même, ce corps résister à la volonté du monarque; & quoiqu'on puisse croire que quelques membres se laissent influencer par le pouvoir exécutif ; ce seroit une supposition invraisemblable & forcée, que celle de la vénalité du Corps entier. Celui qui sans exagération ni flatterie, voit la nature telle qu'elle est, aura dans le Sénat assez de confiance pour croire que non-seulement la majorité ne peut être corrompue, mais encore que la nécessité de sa sanction est un frein salutaire. Enfin sans nous reposer entièrement sur l'intégrité des membres du Sénat, nous voyons que la Constitution a pourvu au danger qu'on pouvoit craindre de l'influence du pouvoir exécutif sur le pouvoir législatif, puisqu'il est dit « qu'aucun » membre du Sénat, ou de la chambre des » Représentans, ne peut être nommé à aucun » office créé nouvellement, ou dont les émolu- » mens même auroient été augmentés, & que » tout fonctionnaire tenant un office du Gou- » vernement, ne pourra devenir membre d'aucune » chambre pendant la durée de son office ».

CHAPITRE LXXVII.

Fin de l'examen des pouvoirs du Président, suivi de quelques observations sur le droit de nomination, & sur les autres pouvoirs.

Nous avons observé qu'un des avantages qu'on devoit attendre du concours du Sénat dans les nominations, étoit la stabilité de l'administration. Le consentement de ce Corps étant également nécessaire pour déplacer les fonctionnaires, l'élection d'un nouveau Président n'apportera pas autant de changement, que si ce Magistrat étoit seul à disposer des offices. Il craindra d'expulser un homme dont les talens sont utiles à la place qu'il occupe, & le desir de servir un ami, sera balancé par la crainte d'indisposer le Sénat & même par l'incertitude où il sera de pouvoir réussir. Il suffit de savoir apprécier l'avantage d'une administration stable & sûre, pour approuver une mesure qui lie l'existence politique des hommes publics à l'opinion d'un Corps dont la permanence & le nombre garantit la sagesse & la constance. Cette réunion du Sénat au Président a cependant fait naître des objections contradictoires, il est vrai, &

décélant par-là leur nullité. La première porte ſur l'influence que le Préſident pourroit exercer ſur les opinions du Sénat ; la ſeconde énonce la crainte contraire ; il ſuffit d'expliquer les termes de la première pour la détruire auſſi-tôt. Le Préſident aura trop d'influence ſur l'opinion du Sénat, parce que le Sénat a le droit de reviſer ſon choix ; on voit aſſez quelle eſt cette abſurdité. Le droit de nommer ſeul, donneroit au Préſident bien plus d'empire ſur le Sénat, que ce même droit, ſoumis à l'examen de ce corps. Paſſons maintenant à la ſeconde objection, le Sénat empiétera ſur les pouvoirs du Magiſtrat. Nous avons remarqué déjà combien le peu de préciſion dans les inculpations rendoit les réponſes difficiles. De quelle manière cette uſurpation redoutée peut-elle avoir lieu ? Dans le ſens où l'on paroît l'entendre ici, on influence l'opinion d'une perſonne ; on empiète ſur ſes droits en uſant du pouvoir de lui être utile. Comment le Sénat peut-il être utile au Préſident? Eſt-ce en refuſant d'approuver ſon choix ? Non, mais en acquieſçant à celui que l'intérêt public devroit faire rejetter. Je réponds à cela que les occaſions où le Préſident pourroit être perſonnellement intéreſſé, ſont trop rares pour que le Sénat puiſſe uſurper ſur lui une grande autorité. Il eſt évident d'ailleurs que le pouvoir qui décerne les places & les honneurs, eſt celui dont on peut craindre qu'il n'envahiſſe la puiſſance, & non pas celui qui ne peut que les refuſer. Si par influencer le Préſident, on entend limiter ſon pouvoir, c'eſt là préciſement le but auquel on vouloit atteindre, & nous avons vu que cette reſtriction ſalutaire, en conſervant les avantages attachés à l'adminiſtration d'un ſeul, s'oppoſoit à ce que le pouvoir de nommer pût jamais être d'aucun danger. Comparons la loi qui fixe le pouvoir des nominations telle qu'elle eſt propoſée par la Convention, avec celle qui exiſte dans cet Etat même, & prouvons combien l'une eſt préférable à l'autre. Dans la première, le pouvoir exécutif eſt réellement inveſti du droit de nommer aux offices, mais ſon choix eſt ſoumis à l'une des parties de la Légiſlature, & toujours à la notoriété publique. Si l'objet en eſt mauvais, le blâme retombe ſur le Préſident ſeul ; un bon choix rejetté menace d'une égale honte le Sénat entier, à qui l'on ſait d'autant plus mauvais gré d'avoir contrarié l'autorité exécutive. Enfin ſi la déſignation & la nomination ſont également mauvaiſes, l'improbation eſt partagée entre le Préſident & le Sénat.

Dans notre Etat au contraire, le Conſeil des nominations eſt compoſé de cinq perſonnes, l'une deſquelles eſt, de droit, le Préſident. Ce petit

Conſeil renfermé dans un lieu particulier, agit en ſecret. Tout ce que ſait le public, c'eſt que le Préſident, appuyé ſur quelques termes obſcurs de la Conſtitution, ne manque jamais de réclamer ſes droits. Juſqu'où ſont-ils reſpectés ou contrariés? c'eſt ce qu'on ignore. Mais la honte d'un mauvais choix ne pouvant s'attacher à pas un en particulier, ceſſe par cette incertitude de produire aucun effet. Ainſi le champ eſt ouvert à l'intrigue & la reſponſabilité n'y met pas de borne. On peut aiſément calculer qu'entre cinq membres, il eſt poſſible d'en trouver deux qui ſoient traitables; s'il en eſt un ſur la voix duquel on ne puiſſe compter, il eſt facile en choiſſiſant le moment du raſſemblement, de rendre ſa préſence impoſſible. Quelle qu'en ſoit la cauſe, en un mot, les mauvais choix dont nous ſommes témoins, ne nous autoriſent que trop à croire que le Préſident, ſouvent guidé par des intérêts privés, par l'ambition ou le deſir d'acquérir de la popularité, n'emploie pas toujours l'aſcendant qu'il ne peut manquer d'avoir dans cette importante partie de l'adminiſtration, à élever aux emplois des hommes capables de les bien remplir. Nous devons être aſſurés que tout Conſeil de nomination, de quelque manière qu'il ſoit organiſé, deviendra promptement une ſource d'intrigues & de cabale. Le nombre de ſes membres ne ſauroit être assez grand, pour prévenir la corruption, à moins d'une perte énorme de temps & d'argent; d'ailleurs chaque membre desirera servir son ami, & nous verrons bientôt un trafic scandaleux des places & des voix. Si l'on peut croire que les affections & les préférences d'un seul homme seront enfin satisfaites & bornées, il n'en est pas de même de celles de douze ou vingt personnes, à moins que toutes les places du Gouvernement ne leur étant dévouées, elles ne se concentrent bientôt dans quelques familles, & ne nous mènent à l'aristocratie ou à l'oligarchie, bien plus promptement qu'aucune des mesures qu'on affecte de craindre. Si pour nous garantir de l'accumulation des places, nous avons recours à l'amovibilité des membres du Conseil, nous retombons dans le danger d'une administration incertaine & mobile, nous rendons un tel Conseil plus dépendant du Sénat, parce que l'opinion publique ne peut plus s'interposer entre ce corps & lui, enfin, nous accroissons la dépense, nous donnons plus d'essor à l'intrigue, nous affoiblissons l'administration, & nous perdons la sécurité qui suit d'ordinaire l'action du pouvoir exécutif. Telle est cependant la mesure qu'on a fortement soutenue pour être substituée à celle qu'a proposée la Convention. Je ne terminerai pas ce chapitre sans m'occuper d'un projet qui a trouvé des défenſeurs, quoiqu'en petit nombre. Je veux parler de celui qui tendoit à réunir la chambre des Repréſentans au Sénat & au Préſident, dans l'office de nommer les fonctionnaires. Un Corps auſſi nombreux, auſſi incertain dans ſes opérations, eſt bien peu propre à celle dont il eſt queſtion, ſi l'on conſidère ſur-tout qu'en moins de cinquante années, trois ou quatre cens perſonnes pourront avoir eu part à ſa compoſition. Cette réunion ne feroit qu'apporter mille délais & mille entraves à l'action du pouvoir exécutif & du Sénat, toute ſtabilité ſeroit détruite, enfin l'expérience des Etats particuliers doit ſuffire à nous éclairer ſur ce projet. Ce qui nous reſte à connoître des fonctions du Préſident, conſiſte en ceci : informer le Sénat de la ſituation des différens Etats de l'Union, recommander à ſon attention, telle ou telle meſure importante, convoquer la Légiſlature, ou l'une de ſes chambres dans les occaſions extraordinaires, les ajourner, quand elles ne peuvent convenir entr'elles du temps de leur ajournement, recevoir les Ambaſſadeurs, donner les mandats à tous les Officiers publics, enfin faire exécuter les loix avec fidélité. Si l'on excepte quelques raiſonnemens captieux faits contre le droit de convoquer l'une des chambres de la Légiſlature, & celui de recevoir les Ambaſſadeurs, aucune objection ne s'est élevée contre cette partie du plan proposé. Il est facile d'expliquer la convocation de l'une des chambres de la Législature.

Dans la formation des traités, par exemple, le Sénat devant y concourir, est nécessairement appelé, tandis que la chambre des Représentans, étrangère à ce travail, ne peut y être réunie. Quant à la reception des Ambassadeurs, je ne répéterai point ce qui a été dit dans les précédens articles. Nous venons de passer en revue les différentes parties du pouvoir confié au Magistrat chargé de l'autorité exécutive, & j'ai tâché de prouver qu'on avoit autant qu'il étoit possible, concilié le respect pour les formes républicaines, avec l'énergie nécessaire au Gouvernement. Il nous reste à connoître si le maintien du Gouvernement républicain est garanti, si la souveraineté du Peuple & la responsabilité sont suffisamment établies; ces questions sont prévenues par l'examen que nous avons fait des bases sur lesquelles le Gouvernement repose, & nous avons le droit de répondre en les citant seulement. Le Président est élu tous les quatre ans par des personnes choisies par le Peuple. Pendant la durée de sa Magistrature, il est soumis aux accusations, aux jugemens, il peut être démis de sa place, convaincu d'incapacité à remplir aucuns offices, il peut enfin par le cours ordinaire de la loi, être privé de ſon état & de la vie. La Convention ne s'en eſt pas tenue à ces précautions, dans le peu d'occaſions où l'on pouvoit prévoir la poſſibilité que le Magiſtrat abusât de ſon pouvoir, il eſt ſoumis à la ſanction & à la réviſion d'une partie de la Légiſlature. Que peut deſirer de plus une Nation éclairée & raiſonnable ?

CHAPITRE LXXVIII.

Réflexions ſur la Conſtitution du Pouvoir judiciaire, relativement à l'inamovibilité.

NOUS allons à préſent examiner le pouvoir judiciaire tel qu'il eſt organiſé dans la Conſtitution ſoumiſe à notre examen.

En expoſant les défauts de la Confédération exiſtante, nous avons clairement indiqué la néceſſité d'une judicature fédérale. Il eſt inutile de récapituler les conſidérations que nous avons fait valoir à cet égard; la néceſſité de cette inſtitution en elle-même, n'eſt pas conteſtée ; les ſeules difficultés qui ſe ſoient élevées ſont relatives à ſon organiſation & à ſon étendue. C'eſt donc à ces queſtions que ſe borneront nos obſervations.

L'organiſation du pouvoir judiciaire embraſſe pluſieurs objets: 1°. le mode de la nomination des Juges ; 2°. la forme ſuivant laquelle ils tiendront leurs offices ; 3°. le partage du pouvoir judiciaire entre les différentes cours & leurs rapports mutuels.

1°. Quant à la nomination des Juges, elle eſt la même que celle de tous les agens du Gouvernement de l'Union, & elle a été ſi pleinement diſcutée dans les deux derniers chapitres, que tout ce qu'on pourroit dire à cet égard, ne ſeroit plus qu'une inutile répétition.

2°. La forme ſuivant laquelle les Juges tiendront leurs offices, regarde particulièrement la durée du temps pendant lequel ils les conſerveront, leurs émolumens & les moyens d'aſſurer leur reſponſabilité.

Suivant la Convention, tous les Juges nommés par les Etats-Unis, ſeront inamovibles & ne pourront perdre leur office que par un jugement qui les en déclare indignes; cette diſpoſition s'accorde avec les Conſtitutions des Etats les plus eſtimées & particulièrement avec celle de New-York. En la combattant, les adverſaires de la Conſtitution ont donné une nouvelle preuve de cette fureur de contredire qui égare leur imagination & leur jugement. Cette loi qui fait dépendre de la conduite des Juges la durée de leur exercice, eſt certainement une des plus précieuſes inventions modernes en matière de Gouvernement. Dans une monarchie elle oppoſe un obſtacle ſalutaire au deſpotiſme du prince. Dans une république, elle eſt un obſtacle non moins ſalutaire aux uſurpations, à la tyrannie du Corps légiſlatif. Elle eſt le meilleur moyen d'aſſurer ſous quelque Gouvernement que ce puiſſe être, une prompte, juſte & impartiale adminiſtration de la juſtice.

Quiconque conſidérera attentivement les différens pouvoirs, appercevra aiſément que dans un Gouvernement où ils ſont ſéparés, le pouvoir judiciaire par la nature de ſes fonctions, eſt le moins redoutable pour la Conſtitution & le moins en état de l'attaquer. Le pouvoir exécutif diſpenſateur des dignités, eſt encore dépoſitaire de la force armée de la Nation. Le pouvoir légiſlatif diſpoſe de la fortune publique & preſcrit les regles qui fixent les droits & les devoirs des Citoyens. Le pouvoir judiciaire au contraire n'a influence ni ſur l'armée, ni ſur la fortune, il ne diſpoſe ni des forces, ni des richeſſes de la ſociété, & ne peut prendre aucune réſolution active. On peut dire avec raiſon qu'il n'a ni force, ni volonté, mais un ſimple jugement, & c'eſt au ſecours du pouvoir exécutif que ſes jugemens doivent leur efficacité

Ce

Ce premier apperçu fournit d'importantes conséquences; il en résulte incontestablement que le pouvoir judiciaire est sans comparaison le plus foible des trois (*); qu'il ne peut jamais attaquer les deux autres & qu'on ne peut prendre trop de soin de le défendre lui-même contre leurs attaques. Il en résulte encore, que quoique les cours de justice puissent quelquefois exercer une oppression individuelle, elles ne peuvent mettre en danger la liberté générale, du moins tant que le pouvoir judiciaire sera entièrement séparé des deux autres, car je conviens avec Montesquieu (**) « qu'il n'y a point de liberté si la puissance de juger n'est pas séparée de la puissance législative & de l'exécution ». Il en résulte enfin que, comme la liberté n'a rien à craindre du pouvoir judiciaire isolé, & tout à craindre de son union avec l'un des deux autres pouvoirs, & que la dépendance où il seroit de l'un des deux, produiroit les mêmes effets que leur union, malgré une séparation qui deviendroit illusoire & purement nominale, la foiblesse du pou-

(*) Montesquieu dit à ce sujet: « des trois puissances dont nous avons parlé, celle de juger est en quelque façon nulle. *Esprit des loix*, *livre XI*, *chapitre VI*.

(**) Ibidem.

voir judiciaire l'expoſe continuellement au danger d'être ſubjugé, intimidé ou ſéduit par l'influence des pouvoirs rivaux; comme enfin rien ne peut autant contribuer à ſa force & à ſon indépendance, que l'inamovibilité des Juges, cette inſtitution doit être regardée comme une des baſes eſſentielles de ſon organiſation, & en grande partie comme le rempart de la juſtice & de la tranquillité publique.

L'indépendance complette des cours de juſtice eſt particulièrement eſſentielle dans une Conſtitution limitée. J'appelle une Conſtitution limitée, celle qui borne à quelques égards le pouvoir légiſlatif, qui lui défend, par exemple, de faire paſſer des bills d'attainder, des loix rétroactives & d'autres ſemblables. Des reſtrictions de ce genre ne peuvent être maintenues dans l'exécution que par l'entremiſe des Cours de juſtice dont le devoir eſt de déclarer nuls tous les actes manifeſtement contraires aux termes de la Conſtitution; ſans cela, toutes les réſerves de droits & de privileges particuliers ſeroient ſans effet. Il s'eſt élevé des doutes ſur le droit attribué aux Cours de juſtice de déclarer nuls les actes du Corps légiſlatif, comme contraires à la Conſtitution; on a cru que ce ſyſtême ſuppoſeroit la ſupériorité du pouvoir judiciaire ſur le pouvoir légiſlatif. On a dit que l'autorité qui déclaroit nuls les actes d'une autre autorité, lui étoit nécessairement supérieure. Comme ce système est d'une grande importance pour toutes les Constitutions de l'Amérique, il ne sera pas hors de propos de discuter les principes sur lesquels il est fondé.

Tout acte d'une autorité déléguée contraire aux termes du mandat, en vertu duquel elle est exercée, est nul : il n'est pas de proposition plus évidemment vraie. Ainsi nul acte du Corps législatif, contraire à la Constitution, ne peut avoir de validité. Nier cela, ce seroit prétendre que le délégué est au-dessus de celui dont il tient son pouvoir, le domestique au-dessus du maître, les Représentans du Peuple au-dessus du Peuple lui-même; enfin que des hommes qui agissent en vertu de pouvoirs à eux conférés, peuvent faire non-seulement ce à quoi ces pouvoirs les autorisent, mais encore ce qu'ils leur défendent.

Si l'on me dit que le Corps législatif est constitutionnellement juge de ses pouvoirs, & que l'interprétation qu'il en fait devient une loi pour les autres fonctionnaires publics, je répondrai que ce n'est point là la présomption naturelle, à moins que la Constitution ne le décide par une disposition spéciale. Autrement on ne peut supposer que la Constitution entende donner aux Repréſentans du Peuple, le droit de ſubſtituer leur volonté à celle de leurs commettans. Il eſt bien plus raiſonnable de préſumer qu'elle a entendu placer les Cours judiciaires comme un Corps intermédiaire entre le Peuple & la Légiſlature, ſpécialement chargé de retenir la dernière dans les bornes preſcrites à ſon autorité. L'interprétation des loix eſt la fonction propre & particulière des Cours. Une Conſtitution eſt, & doit être regardée par les Juges comme une loi fondamentale. Ainſi c'eſt à elle qu'il appartient d'en déterminer le ſens, comme de tous les actes particuliers qui émanent du Corps légiſlatif. S'il ſe trouve entre ces loix de différens genres, une contradiction abſolue, celle qui eſt d'un ordre ſupérieur & dont l'obſervation eſt un devoir plus ſacré, doit être préférée, ou en d'autres termes, la Conſtitution doit être préférée à un ſimple ſtatut, l'intention du Peuple à l'intention de ſes agens.

Cette opinion ne ſuppoſe nullement la ſupériorité du pouvoir judiciaire ſur le pouvoir légiſlatif. Elle ſuppoſe ſeulement que le Peuple eſt ſupérieur à tous deux, & que lorſque la volonté du Corps légiſlatif exprimée dans ſes ſtatuts, eſt en oppoſition avec celle du Peuple, déclarée par la Conſtitution, c'eſt à la dernière que les Juges doivent obéir. Leurs déciſions doivent être réglées par les loix fondamentales, plutôt que par les ſtatuts.

Nous avons de fréquens exemples de cet exercice du pouvoir judiciaire qui conſiſte à décider entre deux loix contradictoires. Il arrive quelquefois que deux ſtatuts exiſtans en même-temps, ſe contrediſent en tout ou en partie, & qu'on n'y peut trouver aucune clauſe, aucune expreſſion dérogatoire. Dans ce cas, c'eſt aux Juges à en déterminer le ſens & l'effet: s'il eſt poſſible de les accorder par une interprétation raiſonnable, la raiſon & la loi l'ordonnent de concert; mais ſi cela eſt impoſſible, il devient néceſſaire de donner effet à l'un & de contrevenir à l'autre. La regle admiſe dans les tribunaux pour déterminer leur validité comparative, eſt de préférer le dernier dans l'ordre des temps; mais c'eſt une ſimple regle d'interprétation, qui ne réſulte pas d'une loi poſitive, mais de la nature des choſes & de la raiſon. C'eſt une regle qui ne leur eſt pas preſcrite par une diſpoſition légale, mais qu'ils ont eux-mêmes adoptée dans l'interprétation des loix, comme conforme à la vérité & au bon ſens. Ils ont cru qu'entre deux actes contradictoires de la même autorité, celui qui contenoit l'expreſſion de ſa dernière volonté, devoit obtenir la préférence.

Mais relativement aux actes contradictoires

d'une autorité supérieure & d'une autorité subordonnée, d'un pouvoir primitif & d'un pouvoir délégué, la nature des choses & la raison prescrivent une regle contraire. Elles décident que l'acte antérieur de l'autorité suprême doit être préféré à l'acte subséquent de l'autorité inférieure & subordonnée, & qu'en conséquence, les tribunaux doivent toujours obéir à la Constitution & négliger tout statut contraire à ses dispositions.

Il seroit peu raisonnable de dire que les Cours de judicature sous prétexte de contradiction, pourront substituer leur volonté aux intentions constitutionnelles de la Législature. La même chose pourroit arriver dans la décision entre deux statuts contradictoires; la même chose pourroit arriver encore dans l'application d'un seul statut. Les Cours de justice déclarent le sens de la loi, & si elles étoient disposées à exercer leur volonté au lieu de leur jugement, elles pourroient également substituer leurs intentions à celles du Corps législatif. Si cette observation prouvoit quelque chose, elle prouveroit qu'il ne doit pas exister de Juges séparés du Corps législatif.

D'après ces réflexions, si les Cours de justice doivent être considérées comme les remparts d'une Constitution limitée, contre les usurpations du Corps législatif, cette considération sera un argument puiſſant en faveur de l'inamovibilité des offices, puiſque rien ne peut aſſurer plus efficacement aux Juges cette indépendance néceſſaire pour bien remplir cette fonction difficile.

L'indépendance des Juges eſt également néceſſaire pour garantir la Conſtitution & les droits des individus de l'effet de ces diſpoſitions malfaiſantes que les artifices d'hommes mal intentionnés, ou l'influence de quelque circonſtance particulière, font quelquefois germer dans l'eſprit du Peuple, & qui bientôt détruites par des réflexions plus mûres & des idées plus juſtes, peuvent tendre cependant à introduire dans le Gouvernement des innovations dangereuſes, & à faire opprimer le parti le plus foible. J'aime à croire que les partiſans de la Conſtitution propoſée ne s'accorderont jamais avec ſes ennemis (*) pour révoquer en doute ce principe fondamental de tout Gouvernement républicain, qui reconnoît dans le Peuple le droit de changer ou d'abolir la Conſtitution exiſtante, lorſqu'il la croit contraire à ſon bonheur ; mais il ne faut pas conclure de ce principe, que les Repréſentans du Peuple, toutes les fois que la majorité de leurs commet-

(*) Voyez la proteſtation de la minorité de la Convention de la Penſylvanie, le diſcours de Martin, &c.

tans manifestera une volonté contraire à la Constitution, soient par là autorisés à en violer les dispositions, ni que les tribunaux soient plus obligés d'accéder à des infractions de ce genre, que si elles étoient produites par les complots du Corps législatif. Jusqu'à ce que le Peuple ait par un acte légal & solemnel, annulé la forme établie, il doit y être collectivement comme individuellement soumis, & ni présomption ni connoissance de ses sentimens, ne peut autoriser ses Représentans à s'en écarter avant cet acte. Mais il est aisé de voir qu'il faut aux Juges un degré de courage peu commun, pour se conduire en fidèles défenseurs de la Constitution, lorsque le Corps législatif est excité dans ses attaques par la majorité de la Nation.

Ce n'est pas seulement relativement aux infractions à la Constitution, que l'indépendance des Juges peut être un remède nécessaire contre l'effet de ces dispositions fâcheuses qui peuvent naître dans la société. Quelquefois ces dispositions ne tendent qu'à blesser les droits d'une classe particulière de Citoyens par des loix injustes & partiales. La fermeté des Juges n'est pas moins nécessaire alors pour mitiger la sévérité & borner l'effet de pareilles loix, ce qui non-seulement diminuera les inconvéniens des loix faites, mais servira de frein au Corps législatif pour l'empêcher d'en faire de semblables ; voyant que les scrupules des Juges mettront toujours obstacle à l'exécution de ses injustes projets, le desir même d'en assurer le succès, les rendra plus circonspects dans leurs tentatives. Cette circonstance est plus faite qu'on ne pense pour influer sur l'esprit de notre Gouvernement. On a déjà éprouvé dans plus d'un Etat les avantages de l'intégrité & de la modération dans les Juges, & malgré le déplaisir de ceux dont cette conduite a trompé la sinistre attente, elle doit avoir commandé l'estime & l'approbation de tous les hommes vertueux & désintéressés. La prudence seule devroit suffire pour faire hautement priser tout ce qui peut produire & fortifier cette disposition dans les juges, aucun homme ne peut être sûr de ne pas être demain la victime de l'esprit d'injustice dont il profite aujourd'hui, & tout homme doit sentir que l'inévitable effet d'un tel esprit doit être de sapper les fondemens de toute confiance publique & privée, & d'y substituer la défiance & la détresse générale.

Cet attachement constant & invincible à la Constitution & aux droits des individus, indispensable dans les Cours de justice, ne seroit certainement pas le partage de Juges qui n'auroient d'autre titre pour exercer leur office, qu'une commission pour un temps limité. Des nominations périodiques, de quelque manière qu'elles fussent réglées, par quelques personnes qu'elles fussent faites, nuiroient toujours de façon ou d'autre à l'indépendance nécessaire. Si le droit d'élire étoit confié au pouvoir législatif ou au pouvoir exécutif, nous aurions à craindre une complaisance dangereuse pour celui qui en seroit chargé, pour tous les deux s'ils en étoient conjointement dépositaires; enfin s'il étoit réservé au Peuple, ou à des personnes spécialement choisies pour cet objet, le desir d'acquérir de la popularité ne nous permettroit pas d'espérer un attachement sans partage à la Constitution & aux loix.

Un nouveau motif bien puissant encore pour conférer à vie les offices de judicature, résulte des qualités qu'ils exigent: on a remarqué souvent & avec raison, qu'un code volumineux étoit un des inconvéniens attachés aux avantages d'un Gouvernement libre. Pour éviter l'arbitraire dans les jugemens, il faut que les Juges soient assujettis à des regles & des formes qui leur indiquent leur devoir dans tous les cas qui peuvent se présenter, & l'on se persuadera aisément que la multitude de questions que fait naître la folie & la méchanceté des hommes, doit donner une extrême étendue aux regiſtres où ces formes ſont conſignées & néceſſiter un long & pénible travail pour en acquérir la connoiſſance. Il réſulte de-là qu'il eſt peu d'hommes aſſez inſtruits en juriſprudence, pour remplir dignement les fonctions de Juges. Si l'on réfléchit à la perverſité de la nature humaine, on trouvera qu'il en eſt bien moins encore qui aux connoiſſances requiſes, uniſſent l'intégrité plus néceſſaire encore. Ces conſidérations nous apprennent que le Gouvernement trouvera peu d'hommes dignes de ſon choix, & que ſi l'on ajoute à la difficulté de les trouver, la limitation de la durée des fonctions judiciaires dont l'effet ſeroit de leur faire préférer la profeſſion lucrative de praticiens à l'honneur paſſager de ſiéger ſur les bancs, l'adminiſtration de la juſtice ſera livrée à des mains indignes ou incapables d'en remplir les fonctions. Dans les circonſtances où ſe trouve ce pays & dans celles où il ſe trouvera d'ici à un temps fort éloigné, ces inconvéniens ſeroient plus grands qu'on ne le croit au premier coup-d'œil ; mais il faut avouer qu'ils ſont moins grands encore que ceux qui ſe préſentent ſous d'autres aſpects & que nous avons déjà fait appercevoir.

Enfin on ne peut douter que la Convention n'ait agi ſagement en prenant pour modèles les Conſtitutions qui ont fait dépendre de la bonne conduite, la durée des fonctions du Juge ; loin de mériter aucun reproche à cet égard, son plan eût renfermé un vice inexcusable, s'il n'eût consacré cette institution essentielle à tout bon Gouvernement. L'exemple de l'Angleterre nous fournit une preuve éclatante de ses avantages.

CHAPITRE LXXIX.

Réflexions sur le Pouvoir judiciaire relativement au salaire & à la responsabilité des Juges.

APRÈS l'inamovibilité, rien ne peut contribuer davantage à l'indépendance des Juges, qu'une disposition qui fixe leurs émolumens. L'observation que nous avons faite relativement au Président, est applicable ici. Dans le cours ordinaire des choses humaines, être maître de la subsistance d'un homme, c'est disposer de sa volonté ; & nous ne pouvons jamais espérer de voir le pouvoir judiciaire réellement & complétement séparé du pouvoir législatif, tant que les besoins pécuniaires le feront dépendre de sa volonté. Les partisans éclairés des principes d'un bon Gouvernement, ont dans chaque Etat trouvé des motifs pour regretter que les Constitutions des Etats ne renferment à cet égard aucune clauſe préciſe & formelle. Quelques-unes d'entr'elles ont décidé qu'il ſeroit établi des ſalaires déterminés pour les Juges ; mais l'expérience a prouvé que le Corps légiſlatif pouvoit encore éluder de ſemblables diſpoſitions, & qu'il falloit quelque choſe de plus poſitif. En conſéquence, le plan de la Convention a décidé que les Juges des Etats-Unis recevroient un ſalaire de leurs ſervices qui ne pourroit être diminué tant qu'ils ſeroient en place.

En conſidérant toutes les circonſtances, on ſe convaincra que cette diſpoſition eſt la plus ſage qu'il fût poſſible d'adopter à cet égard. Le changement dans la valeur de l'argent & dans l'état de la ſociété, ne permettoit pas de fixer une ſomme déterminée pour les ſalaires. Ce qui eût été exorbitant aujourd'hui, eut pu devenir dans un demi-ſiècle miſérable & inſuffiſant. Il étoit donc néceſſaire de laiſſer à la Légiſlature le pouvoir de changer à cet égard les diſpoſitions de la loi d'après le changement des circonſtances, ſans cependant lui laiſſer les moyens de rendre le ſort des individus moins heureux. Ainſi un Juge, sûr du poſte qu'il occupe, ne pourra être détourné de ſon devoir par la crainte de ſe voir placé dans une ſituation moins favorable. La clauſe dont nous parlons, réunit deux avantages. Les ſalaires des offices de judicature pourront être changés de temps à autre, ſuivant que l'occaſion l'exigera, mais jamais les premiers émolumens qu'un Juge aura reçus en entrant dans un office, ne pourront être diminués pendant la durée de ſon exercice. La Convention a établi une différence entre le ſalaire du Préſident qui ne pourra jamais être ni augmenté ni diminué, & celui des Juges qui ſera ſeulement à l'abri de la diminution. Cette diſtinction eſt vraiſemblablement relative à la différence dans la durée des fonctions. Le Préſident eſt élu pour quatre ans, & il ſeroit difficile que le ſalaire qui ſe trouvera ſuffiſant au commencement de ſa préſidence, ceſsât de l'être à ſon expiration. Mais à l'égard des Juges qui, s'ils ſe conduiſent bien, conſerveront leur place toute leur vie, il pourroit arriver que le ſalaire ſuffiſant à leur nomination, ſe trouvât trop foible pendant le cours de leur exercice.

Cette ſage & efficace diſpoſition jointe à l'inamovibilité, aſſure aux Juges des Etats-Unis une indépendance que les Conſtitutions particulières des Etats n'ont pas donnée à leurs Juges.

La reſponſabilité eſt aſſurée par l'article relatif aux *impéachmens*. Les Juges peuvent être accuſés pour *mauvaiſe conduite* par la chambre des Repréſentans & jugés par le Sénat, & s'ils ſont convaincus, ils ſeront deſtitués de leur office & déclarés incapables d'en exercer aucun autre. C'eſt la ſeule diſpoſition à cet égard qui ſoit compatible avec l'indépendance qu'exigent les fonctions judiciaires, & c'eſt la ſeule que notre Conſtitution ait adoptée relativement à nos Juges particuliers.

On s'eſt plaint de ne trouver dans le plan de la Convention aucun article qui porte deſtitution des Juges pour fait d'incapacité. Mais la raiſon fera aiſément ſentir qu'une diſpoſition de ce genre eût plus facilité d'abus qu'elle n'eût fait de bien. On ne compte pas, je crois, au nombre des arts connus, celui de meſurer l'étendue des facultés de l'eſprit. La tentative de fixer les bornes qui ſéparent la capacité de l'incapacité, eût plus ſouvent donné carrière aux attachemens & aux inimitiés de parti, qu'elle n'eût favoriſé les intérêts de la juſtice & du bien public. Les réſultats, ſi ce n'eſt en cas de folie, euſſent été le plus ſouvent arbitraires, & la folie, ſans une diſpoſition particulière, eſt une cauſe ſuffiſante de deſtitution.

La Conſtitution de New-York pour éviter des recherches qui ſeroient toujours incertaines & dangereuſes a marqué l'âge de l'incapacité. Aucun homme ne peut être juge au-delà de ſoixante ans. Je crois qu'il eſt peu de perſonnes aujourd'hui qui ne déſapprouvent cette diſpoſition. Il n'eſt point de place à laquelle elle convienne moins que celle de Juge. La faculté de délibérer & de comparer, conserve presque toujours sa force au-delà de soixante ans, dans les hommes qui y parviennent; & si l'on considère encore combien il est peu d'individus qui passent l'âge de la vigueur intellectuelle, & combien il est peu vraisemblable qu'une portion considérable d'un tribunal plus ou moins nombreuse se trouve à la fois dans cette situation, on sera convaincu de l'inutilité d'une semblable limitation. Dans une république où les fortunes sont bornées, où le Gouvernement est peu en état d'accorder des pensions, dépouiller un homme d'une place, nécessaire à sa subsistance, après de longs & utiles services, à un âge où il est trop tard pour pouvoir trouver sa subsistance dans une autre occupation, ce seroit un acte d'inhumanité qui ne pourroit être justifié que par le danger imaginaire de voir les tribunaux composés de Juges d'un âge trop avancé.

CHAPITRE LXXX.

De l'étendue du Pouvoir judiciaire.

POUR juger avec exactitude de l'étendue que doit avoir la judicature fédérale, il faut considérer d'abord quels sont les objets qui sont de sa compétence.

Il semble qu'on convient généralement que le pouvoir judiciaire de l'Union doit s'étendre aux causes suivantes : 1°. à celles qui portent sur les loix faites par les Etats-Unis en vertu du pouvoir législatif que la Constitution leur donne ; 2°. à celles qui regardent l'exécution des dispositions expressément contenues dans les articles de l'Union ; 3°. à toutes celles dans lesquelles les Etats-Unis sont parties ; 4°. à celles qui intéressent la paix de la Confédération, soit qu'elles regardent les relations des Etats-Unis avec les Nations étrangères, ou les relations mutuelles des Etats ; 5°. à toutes celles qui prennent naissance sur la mer, & dont la décision appartient aux tribunaux maritimes ou de l'amirauté ; enfin à toutes celles où l'on ne peut espérer que les tribunaux des Etats portent un jugement impartial & sans préjugés.

Le motif du premier article, c'eſt qu'il doit exiſter toujours un moyen conſtitutionnel d'aſſurer l'exécution des loix conſtitutionnelles. A quoi ſerviroient, par exemple, les reſtrictions faites à l'autorité des Légiſlatures des Etats, ſi la Conſtitution n'avoit établi une force qui les fît obſerver ? Pluſieurs choſes ſont interdites aux Etats par le plan de la Convention, les unes comme contraires aux intérêts de l'Union; les autres comme incompatibles avec les principes d'un bon Gouvernement. Par exemple, ils ne peuvent établir de droits ſur les conſommations, ni émettre de papier-monnoie. Aucun homme de bon ſens ne s'attendra à voir ces prohibitions ſcrupuleuſement obſervées, ſans un pouvoir efficace dans le Gouvernement pour en prévenir ou en punir l'infraction. Ce pouvoir ne peut être qu'un véto portant directement ſur les loix des Etats, ou une autorité aſſurée aux Cours fédérales, pour ſoumettre tous ceux qui contreviendroient manifeſtement aux articles de l'Union. Je ne puis imaginer un troiſième moyen; le ſecond préferé par la Convention, ſemble devoir être plus agréable aux Etats.

Quant au ſecond article, aucune explication, aucun commentaire ne le rendroit plus clair qu'il ne l'eſt par lui-même. S'il eſt un principe certain en politique, c'eſt celui qui preſcrit de donner au pouvoir judiciaire de tout Gouvernement la même étendue qu'à son pouvoir législatif. La seule nécessité d'une interprétation uniforme des loix nationales, décide la question. Treize tribunaux indépendans, prononçant en dernier ressort sur les mêmes causes, d'après les mêmes loix, formeroient un ordre judiciaire monstrueux, dont il ne pourroit résulter que trouble & que contradiction.

Il y a moins d'observations encore à faire sur le troisième article. Des contestations entre la Nation & ses membres ou les Citoyens qui la composent, ne peuvent être convenablement soumises qu'aux Cours nationales. Tout autre plan eût été contraire à la raison, à l'usage, à la bienséance.

Le quatrième article est fondé sur cette proposition évidente, que la paix du tout ne doit pas dépendre de la volonté d'une partie. L'Union sera nécessairement responsable vis-à-vis des Nations étrangères, de la conduite de ses membres; & la responsabilité pour une offense, doit toujours être accompagnée de la faculté de la prévenir. Comme un déni de justice ou une décision injuste de la part des tribunaux, peut être avec raison compté parmi les justes causes de guerre, il s'en suit que la judicature fédérale doit prendre connoissance de toutes les causes dans lesquelles des Citoyens de Nations étrangères sont intéressés. Cette condition n'est pas moins essentielle au maintien de la foi publique, qu'à celui de la tranquillité publique. On établira peut-être une distinction entre les contestations qui s'élevent relativement aux traités ou aux loix des Nations & celles dont la décision dépend des loix municipales. On attribuera peut-être les premières à la jurisdiction fédérale, les dernières à celle des Etats. Mais il est au moins douteux que d'une sentence injuste contre un étranger, même lorsque le sujet de la contestation est entièrement relatif à une loi locale, dans le cas où cette sentence ne seroit pas réformée, il ne résulte pas une agression au souverain auquel l'étranger est soumis, aussi-bien que d'une infraction aux traités ou aux loix des Nations. Un bien plus grand obstacle à cette distinction seroit la difficulté de la mettre en pratique. Les contestations où des étrangers se trouvent parties, sont si fréquentes parmi nous, qu'il est bien plus sûr & bien plus convenable de les soumettre toutes aux tribunaux nationaux.

Le pouvoir de décider les causes entre deux Etats, entre un Etat & les Citoyens d'un autre ; & entre les Citoyens des différens Etats, est peut-être aussi essentiel à la paix de l'Union, que celui que nous venons d'examiner. L'histoire nous a transſmis un horrible tableau des diſſentions & des guerres civiles qui déchirèrent & déſolèrent l'Empire Germanique avant l'établiſſement de la *Chambre impériale* par Maximilien, vers la fin du quinzième ſiècle, & nous a appris quelle fut la puiſſance de cette inſtitution, pour faire ceſſer les déſordres, & rendre la paix à l'Empire. C'étoit une Cour revêtue du pouvoir de décider en dernier reſſort les conteſtations qui s'élevent entre les membres du corps Germanique.

L'imparfaite Conſtitution qui a juſqu'ici formé notre ſeul lien politique, contenoit un moyen de terminer les conteſtations entre les Etats, au ſujet de l'étendue des territoires. Mais indépendamment des prétentions rivales relatives aux limites, il exiſte mille autres ſources de conteſtations & d'animoſité entre les membres de l'Union. Notre expérience nous en a fait connoître quelques-unes. On voit que je veux parler des loix frauduleuſes qui ont été faites par un trop grand nombre de nos Etats ; & quoique la Conſtitution propoſée oppoſe des obſtacles au renouvellement des circonſtances qui les ont occaſionnées, il eſt à craindre que le même eſprit qui les a produites ne reparoiſſe ſous de nouvelles formes, qu'on n'aura pu prévoir ni prévenir. Tout ce qui peut tendre à altérer l'harmonie entre les Etats, doit être ſoumis à la ſurveillance & à l'autorité fédérale.

On peut regarder comme la baſe de l'union la diſpoſition qui décide, « que tous les Citoyens de chaque Etat auront droit aux mêmes privileges & aux mêmes immunités » ; & s'il eſt de principe que tout Gouvernement *doit avoir le moyen d'exécuter ſes propres déciſions par ſa propre autorité*, il s'en ſuit que pour maintenir inviolablement cette égalité de privileges & d'immunités entre les Citoyens de l'Union, la judicature nationale doit connoître de toutes les cauſes entre deux Etats, entre un Etat & les Citoyens d'un autre, enfin entre les Citoyens de différens Etats. Pour aſſurer l'effet de cette diſpoſition fondamentale contre tout ſubterfuge par lequel on chercheroit à l'éluder, il eſt néceſſaire que l'interprétation en ſoit confiée à un tribunal, qui libre de toute prédilection locale, conſervera ſon impartialité entre les différens Etats & leurs Habitans, & qui devant ſon exiſtence à l'Union, n'éprouvera aucun préjugé contraire aux principes ſur leſquels elle eſt fondée.

Le cinquième article exige peu d'attention. Les plus aveugles défenſeurs de l'autorité des Etats n'ont pas encore juſqu'ici manifeſté l'intention de diſputer à la judicature nationale l'attribution des cauſes maritimes. Elles dépendent ſi généralement des loix des Nations & intéressent si souvent les droits des étrangers, que leur décision est liée avec le maintien de la paix publique. Les articles de la Confédération actuelle en soumettent la plus grande partie à la jurisdiction fédérale.

La nécessité de soumettre aux Cours nationales les causes qui ne pourroient être jugées impartialement par les tribunaux des Etats, parle d'elle-même. Personne ne peut être juge dans sa propre cause ou dans une cause à la décision de laquelle il peut porter le moindre intérêt ou le moindre préjugé. Ce principe est un puissant motif pour attribuer aux Cours fédérales la décision des contestations entre les différens Etats & leurs Citoyens. Il s'applique également à certaines causes entre les Citoyens du même Etat. De ce nombre sont les réclamations sur les mêmes terres concédées par différens Etats d'après des prétentions contraires sur leurs limites respectives. On ne peut attendre d'impartialité des tribunaux d'aucun des Etats concessionnaires. La question peut avoir été préjugée par des loix antérieures, qui obligent les Juges à décider en faveur des concessions faites par l'Etat auquel ils appartiennent, & même sans cette supposition, les Juges auroient naturellement une partialité marquée pour les prétentions de leur Gouvernement.

Après avoir ainsi discuté & approfondi les principes qui doivent régler l'organisation de la judicature de l'Union, nous allons examiner d'après ces principes, les différens pouvoirs qui lui sont conférés par le plan de la Convention. Elle doit prononcer sur « toutes les questions de droit strict ou d'équité, qui doivent être décidées par la Constitution, les loix des Etats-Unis, les traités faits ou à faire par leur autorité; sur les questions qui intéressent les Ambassadeurs, autres ministres publics ou Consuls; sur les questions d'amirauté ou de jurisdiction maritime; sur les contestations où les Etats-Unis seront parties; sur les contestations entre deux ou plusieurs Etats, entre un Etat & les Citoyens d'un autre Etat, entre les Citoyens de différens Etats, enfin entre un Etat ou les Citoyens qui le composent, & une Nation étrangère, ses Citoyens ou les sujets qui la composent ». Telle est la masse des pouvoirs qui constituent l'autorité judiciaire de l'Union. A présent examinons-la en détail. Elle embrasse,

Premièrement toutes les questions de loi ou d'équité, qui doivent être décidées par la Constitution ou les loix des Etats-Unis. Cet article répond aux deux premières classes de contestations que nous avons indiquées comme étant du ressort de la jurisdiction des Etats-Unis. On demandera quelle diſtinction on peut établir entre la Conſtitution & les loix des Etats-Unis. La différence a déjà été expliquée. Toutes les reſtrictions faites à l'autorité des Légiſlatures des Etats, en fourniſſent une application ; par exemple, elles ne peuvent émettre de papier-monnoie ; mais cette interdiction eſt prononcée par la Conſtitution ſans aucun rapport avec les loix des Etats-Unis. S'il arrivoit cependant qu'un Etat fît une émiſſion de papier-monnoie, les conteſtations qui s'éleveroient à cet égard ſeroient décidées par la Conſtitution & non par les loix des Etats-Unis. Cet exemple ſuffit pour donner idée de la différence dont il s'agit.

On pourra encore demander à quoi ſe rapporte le mot d'équité ? Quelles ſont les queſtions d'équité qui pourront s'élever relativement à la Conſtitution ou aux loix des Etats-Unis ? Il n'eſt guère de ſujet de procès entre les individus qui ne renferme de ces circonſtances de fraude, d'accidens, de confiance ou de violence, qui doivent être plutôt décidées par l'équité que par le droit ſtrict. La diſtinction de ces deux genres de juriſdiction eſt connue & établie dans pluſieurs des Etats particuliers. Par exemple, une des fonctions particulières d'une Cour d'équité, eſt de diſſoudre ces conventions qu'on appelle marchés onéreux :

ce sont des contrats qui, sans renfermer un dol ou une fraude positive, suffisant pour en faire prononcer la nullité dans une Cour de loi, assurent à l'une des parties un avantage illégitime & déraisonnable, fondé sur la nécessité & le malheur de sa partie adverse, qu'une Cour d'équité ne pourroit tolérer. Les accommodemens relatifs aux terres concédées par les différens Etats, fournissent un nouvel exemple de la nécessité d'une jurisdiction d'équité dans les Cours fédérales. Ce raisonnement que des exemples journaliers doivent rendre sensible aux Habitans de New-York, pourra paroître moins clair dans les Etats où la distinction entre la loi & l'équité n'est pas observée comme ici.

Le pouvoir judiciaire de l'Union comprend encore, 2°. les traités faits ou qui seront faits par l'autorité des Etats-Unis, & toutes les questions qui intéressent les Ambassadeurs, autres Ministres publics ou Consuls. Ces objets appartiennent à la quatrième classe des causes dont nous avons fait l'énumération, ils ont un rapport direct avec le maintien de la paix générale.

3°. Les questions d'amirauté ou de jurisdiction maritime qui forment la cinquième classe de ces causes qui, d'après notre examen, doivent être décidées par les Cours fédérales.

4°. Les contestations où les Etats-Unis seront parties & qui forment la troisième classe.

5°. Les contestations entre deux ou plusieurs Etats, entre un Etat & les Citoyens d'un autre Etat, enfin entre les Citoyens de différens Etats. Celles-ci appartiennent à la quatrième classe & jusqu'à un certain point à la dernière.

6°. Les contestations entre les Citoyens du même Etat réclamant les mêmes terres en vertu de concessions des différens Etats. Celles-ci sont dans la dernière classe, & c'est le seul cas où la Constitution proposée s'occupe directement de la décision de contestations entre des Citoyens du même Etat.

7°. Les contestations entre un Etat ou ses Citoyens & une Nation étrangère, les Citoyens ou les sujets qui la composent. Ces causes, comme nous l'avons dit, appartiennent à la quatrième classe & sont spécialement de la compétence de la judicature nationale.

Par cet examen des différens pouvoirs de la judicature fédérale, tels qu'ils sont tracés par la Constitution, il paroît qu'ils sont conformes aux principes qui devoient servir de bases à l'organisation de cette partie du Gouvernement, & qui sont essentiels à la perfection du systême général. Si l'exercice de quelques-uns de ces pouvoirs entraîne un inconvénient partiel, on se souviendra que la Législature nationale aura l'autorité suffisante pour la prévenir ou l'écarter, par des exceptions ou les réglemens nécessaires à cet effet. La possibilité d'un inconvénient particulier ne formera jamais, aux yeux d'un observateur éclairé, une objection solide contre un principe général qui doit tendre à éviter des inconvéniens généraux ou à produire un bien général.

CHAPITRE LXXXI.

Nouvelles réflexions sur l'Ordre judiciaire, relativement à la distribution des pouvoirs.

REVENONS maintenant au partage du pouvoir judiciaire entre les différentes Cours & à leurs rapports mutuels.

« Le pouvoir judiciaire de l'Union (d'après le plan de la Convention) doit résider dans une Cour suprême & dans autant de Cours inférieures que le Congrès voudra de temps à autre en créer & en établir ».

Qu'il doit exister une Cour de jurisdiction suprême & en dernier ressort, c'est une proposition qui n'a pas été & qui ne doit pas être contestée.

Les raiſons en ont déjà été expoſées & ſont trop faciles à ſaiſir pour qu'il ſoit néceſſaire de les répéter. La ſeule queſtion qui ſemble s'être élevée à cet égard, c'eſt de ſavoir ſi elle formera un corps ſéparé, ou ſi ce ſera l'une des parties de la Légiſlature. On peut relever à ce ſujet la même contradiction que nous avons déjà remarquée dans pluſieurs autres cas. Les mêmes hommes qui s'oppoſent à ce que le Sénat ſoit une Cour d'*impeachment*, ſous le prétexte qu'il en réſulteroit confuſion de pouvoirs, prétendent au moins implicitement, que le Corps légiſlatif ou une partie de ce Corps doit prononcer en dernier reſſort ſur toutes les cauſes.

Les raiſonnemens ou plutôt les inſinuations ſur leſquelles ils fondent leurs prétentions, ſe réduiſent à-peu-près à ceci : « L'autorité de la Cour ſuprême des Etats-Unis que l'on propoſe d'établir & qui ſera un Corps iſolé & indépendant, ſera ſupérieure à celle de la Légiſlature. Le pouvoir d'interpréter les loix ſuivant l'eſprit de la Conſtitution, rendra cette Cour maîtreſſe de leur donner le ſens qu'il lui plaira, d'autant plus que ſes déciſions ne ſeront nullement ſoumiſes à la réviſion & à la correction du Corps légiſlatif. Cet ordre de choſes eſt auſſi contraire à l'uſage que dangereux. En Angleterre, le pouvoir judiciaire en dernier ressort, réside dans la chambre des Pairs, qui est une portion du Corps législatif, & le Gouvernement Anglois a été imité à cet égard dans la plupart des Constitutions des Etats. Le Parlement d'Angleterre & les Législatures de plusieurs Etats peuvent toujours rectifier par une loi les décisions défectueuses des tribunaux. Mais les erreurs & les usurpations de la Cour suprême des Etats-Unis seront irréparables & sans remède ». Ces objections examinées de près, paroîtront le résultat d'un mauvais raisonnement appliqué à des faits mal conçus.

D'abord il n'est pas une syllabe dans le plan soumis à notre examen, qui autorise expressément les Cours nationales à interpréter les loix suivant l'esprit de la Constitution, ou qui leur donne à cet égard plus de latitude qu'aux tribunaux des différents Etats. Je suis d'avis cependant que la Constitution doit servir de base à l'interprétation des loix, & que par-tout où il y a opposition, les loix doivent céder à la Constitution. Mais ce principe ne peut se déduire d'aucune circonstance particulière à la Constitution, il est fondé sur la théorie générale de toute Constitution limitée, & en conséquence, il est applicable au plus grand nombre, si ce n'est à la totalité des Gouvernemens des Etats. Il n'est donc aucune des objections faites ſous ce rapport à la judicature fédérale, qui ne frappe la plupart des judicatures particulières & qui n'attaque toute Conſtitution qui tend à donner des bornes au pouvoir légiſlatif.

Mais peut-être croira-t-on que la force de l'objection porte ſur l'organiſation particulière de la Cour ſuprême ; ſur ce qu'elle forme un Corps particulier de Magiſtrats, au lieu d'être une des portions de la Légiſlature, comme en Angleterre & dans notre Gouvernement particulier (*). Inſiſter ſur ce point, pour les auteurs de cette objection, ce ſeroit renoncer au ſens qu'ils ont cherché à donner au principe ſi connu qui exige la ſéparation des pouvoirs. Je leur accorderai néanmoins, conformément à l'interprétation que j'ai faite de ce principe dans le cours de cet ouvrage, que ce ne ſeroit pas le violer que de conférer le pouvoir de juger en dernier reſſort à une partie du Corps légiſlatif. Mais comme ſans y porter directement atteinte, ce ſeroit en approcher du moins de bien près, ce ſeul motif ſuffit pour faire préférer le moyen indiqué par la Convention. On ne doit guère eſpérer qu'un Corps qui a eu part à l'adoption de mauvaiſes loix, ſoit diſpoſé à en tempérer l'effet dans l'application. Le même eſ-

(*) New-York.

prit qui les auroit fait faire, en dirigeroit trop ſouvent l'interprétation : des hommes qui auroient enfreint la Conſtitution par des loix contraires à ſes diſpoſitions, ſeroient peu diſpoſés à réparer comme Juges, l'atteinte qu'ils lui auroient portée comme Légiſlateurs. Ce n'eſt pas tout. Toutes les raiſons qui concourent à faire de la bonne conduite des Juges, la meſure de la durée de leurs fonctions, s'oppoſent à ce que le pouvoir judiciaire en dernier reſſort, ſoit confié à un Corps dont les membres ſont nommés pour un temps limité. Il y auroit de l'abſurdité à ſoumettre la déciſion des cauſes en première inſtance à des Juges permanens & en dernier reſſort à des Juges temporaires. Il y auroit une abſurdité plus grande à ſoumettre les déciſions d'hommes qui devroient leur nomination à une profonde connoiſſance des loix acquiſes par un long & pénible travail, à la réviſion & au jugement d'hommes qui par les mêmes études, n'auroient pas acquis une égale inſtruction. Rarement les talens qui feront choiſir les membres de la Légiſlature, ſeront ceux qui forment de bons Juges ; nous aurions donc à redouter en eux les inconvéniens de l'ignorance, & comme le Corps légiſlatif eſt trop ſouvent diſpoſé aux diviſions de partis, nous n'aurions pas moins de motifs pour craindre de voir le ſoufle contagieux

contagieux des factions, empoisonner les sources de la justice. L'habitude des membres de ce Corps d'être continuellement rangés en ordre de bataille les uns contre les autres, étoufferoit trop souvent la voix de la justice & des loix.

Ces considérations nous forceront d'applaudir à la sagesse des Etats qui ont confié le pouvoir judiciaire en dernier ressort, non à une partie du Corps législatif, mais à des corps isolés & indépendans. Le plan de la Convention à cet égard, loin d'être nouveau & sans modèle comme on cherche à le persuader, n'est qu'une copie de la Constitution de New-Hampshire, de Massachusetts, de la Pensylvanie, de Delaware, du Maryland, de la Virginie, de la Caroline du Nord, de la Caroline du Sud & de la Géorgie, & on ne peut trop louer la préférence donnée à ces modèles.

Il n'est pas vrai, en second lieu, que le Parlement d'Angleterre ou les Législatures des Etats particuliers aient pour rectifier les erreurs des tribunaux, plus de pouvoir que n'en aura la Législature des Etats-Unis. Ni la Constitution Angloise ni celles des Etats, n'autorisent en théorie le Corps législatif à revoir les actes judiciaires, & la Constitution proposée n'a pas plus que les premières de disposition qui le lui défendent. Dans les uns & dans les autres, ce sont les principes généraux des loix & de la raison qui seuls s'y opposent. Des Législateurs ne peuvent sans excéder leur pouvoir, changer une décision rendue dans un cas particulier, quoiqu'ils puissent prescrire de nouvelles regles pour l'avenir. Ce principe s'applique exactement dans toutes ses conséquences & avec la même étendue aux Gouvernemens des Etats, & au Gouvernement national aujourd'hui soumis à notre examen. On ne peut sous aucun point de vue y découvrir la moindre différence.

On observera enfin que le danger des usurpations du pouvoir judiciaire sur le pouvoir législatif, si souvent objecté, est purement imaginaire. Il pourra arriver quelquefois que les Juges interprétent mal les intentions des Législateurs ou contreviennent à leurs décisions, mais il n'en résultera jamais d'inconvénient réel qui puisse porter une sensible atteinte au systême général du Gouvernement. On en acquerra la certitude en réfléchissant à la nature du pouvoir judiciaire, aux objets sur lesquels il porte, à la manière dont il s'exerce, à sa foiblesse comparative, à son impuissance absolue pour soutenir ses usurpations par la force. La Constitution met encore entre les mains du Corps législatif un frein pour contenir les Juges en donnant à une partie de ce Corps, le pouvoir d'établir l'impeachment & à l'autre le pouvoir de le juger. Cette circonſtance ſuffiroit pour nous raſſurer. On ne peut craindre que des Juges par une ſuite d'uſurpations méditées, riſquent de s'attirer le reſſentiment d'un Corps qui peut les dépouiller de leurs offices. Cette obſervation, en écartant toute inquiétude à ce ſujet, offre un motif puiſſant pour donner au Sénat le pouvoir de juger les *impeachmens*.

Après avoir examiné, & j'eſpère, écarté les objections faites contre l'exiſtence iſolée & indépendante d'une Cour ſuprême, nous allons examiner s'il eſt utile d'accorder au Congrès le pouvoir d'établir des Cours inférieures (*), & quels ſeront les rapports qui exiſteront entr'elles & la Cour ſuprême.

Le pouvoir d'établir des Cours inférieures eſt

(*) L'abſurdité des adverſaires a été juſqu'à repréſenter ce pouvoir comme un moyen d'abolir les tribunaux des Comtés de chaque État, communément appelés Cours inférieures. Par ſes expreſſions, la Conſtitution donne le droit d'inſtituer des tribunaux inférieurs à la Cour ſuprême; elle n'a pu avoir en vue que des Cours locales ſubordonnées à la Cour ſuprême, ſoit dans les Etats, ſoit dans des Diſtricts plus étendus. Il eſt ridicule de croire que les tribunaux des Comtés ſoient déſignés par cette diſpoſition.

évidemment destiné à prévenir la nécessité d'avoir recours à la Cour suprême dans tous les cas de la compétence de la judicature nationale, à donner au Gouvernement national le droit d'établir ou d'autoriser dans chaque Etat ou District des Etats-Unis, un tribunal compétent pour tous les objets de jurisdiction nationale dans son arrondissement.

Mais, demande-t-on, n'eût-il pas été possible de remplir le même objet par le moyen des Cours des Etats? On peut faire à cela plusieurs réponses. Quand on donneroit à la capacité & à la compétence de ces Cours toute l'étendue possible, il falloit toujours donner à la Législature nationale un pouvoir spécial pour leur attribuer la connoissance des causes qui sont du ressort de la judicature nationale. Cette attribution seroit autant une institution de tribunal, que la création d'une nouvelle Cour investie du même pouvoir. Mais ne falloit-il pas faire une disposition précise en faveur des Cours des Etats? Dans mon opinion, plusieurs raisons s'y opposent. Il est difficile de prévoir à quel point des préjugés locaux pourroient rendre les tribunaux locaux peu propres à exercer la jurisdiction nationale; mais ce qu'il est aisé de voir, c'est que l'organisation des Cours de certains Etats les en rendroit absolument incapables. Les Juges qui les composent révocables à volonté ou nommés pour un an, feroient trop peu indépendans pour qu'on pût attendre d'eux une ftricte exécution des loix nationales ; & s'il falloit leur en attribuer la connoiffance en première inftance, il faudroit du moins laiffer à la faculté d'appeler, la plus grande latitude poffible. La facilité ou la difficulté de l'appel doit toujours être en proportion de la confiance que méritent les tribunaux inférieurs. Or, bien convaincu de l'utilité d'une jurifdiction d'appel pour tous les genres de caufes défignés par le plan de la Convention, je regarderois tout ce qui pourroit en rendre l'ufage univerfel, comme une fource de malheurs publics & particuliers.

Je ne doute pas qu'on ne trouve un grand avantage à divifer les Etats-Unis en quatre, cinq ou fix Diftricts & à inftituer une Cour fédérale dans chaque Diftrict, plutôt que dans chaque Etat. Les Juges de ces Cours, avec le fecours des Juges des Etats pourront faire des tournées pour le jugement des caufes dans chaque partie de leurs Diftricts. Par leur moyen, la juftice pourra être rendue facilement & promptement, & on pourra fans inconvénient reftreindre l'ufage des appels dans des bornes étroites. Ce plan me paroît le plus raifonnable qu'on puiffe adopter aujourd'hui, & à cet effet, il eft néceffaire que le pouvoir d'instituer des Cours inférieures existe dans toute son étendue, tel qu'il est dans la Constitution proposée.

Examinons à présent de quelle manière le pouvoir judiciaire doit être distribué entre la Cour suprême & les Cours inférieures de l'Union.

La Cour suprême doit connoître en première instance, seulement « des causes qui intéressent des Ambassadeurs, autres Ministres publics ou Consuls, & de celles où un Etat se trouvera partie ». Les Ministres publics de toute classe, sont les Représentans immédiats de leurs souverains. Toutes les questions dans lesquelles ils sont intéressés, sont si intimement liées avec la paix publique, que pour la maintenir autant que pour les égards dus aux souverains qu'ils représentent, il est utile & convenable de soumettre les questions de ce genre en première instance au tribunal suprême de la Nation. Quoique les Consuls n'aient pas précisément un caractère diplomatique, comme ils sont les agens publics des Nations auxquelles ils appartiennent, la même observation leur est, en grande partie, applicable. Dans les causes où un Etat se trouve partie, il conviendroit peu à sa dignité d'être soumis à un tribunal inférieur.

Je vais m'écarter un peu de mon sujet pour

parler d'une ſuppoſition qui a excité des allarmes mal fondées : on a fait entendre que lorſqu'un Etat auroit contracté avec des Citoyens d'un autre Etat ſous ſa garantie publique, ils auroient le droit de le traduire devant les Cours fédérales pour l'objet de cette garantie. Nous allons prouver la fauſſeté de cette ſuppoſition.

Par la nature de la ſouveraineté, ceux qui en ſont revêtus ne peuvent être traduits en juſtice par un individu, ſans ſon conſentement. Ce principe eſt confirmé par l'opinion & l'uſage de tous les Peuples ; & le Gouvernement de chaque Etat jouit aujourd'hui de cette exemption, comme d'un des attributs de la ſouveraineté. Ainſi à moins que le plan de la Convention ne contienne une clauſe dérogatoire à cette immunité, elle reſtera aux Etats, & le danger prévu eſt imaginaire. Les circonſtances qui peuvent entraîner une aliénation de la ſouveraineté des Etats, ont été diſcutées dans l'article de l'impôt, & il eſt inutile de répéter ici ce que nous avons dit à ce ſujet. En recourant aux principes établis dans cette partie de notre ouvrage, nous nous convaincrons qu'il n'eſt pas de prétexte pour prétendre que les Gouvernemens des Etats ſeront dépouillés par l'adoption du plan propoſé, du privilege de payer leur dette à leur manière, libres de toute autre contrainte que celle qu'imposent les regles de la bonne foi. Les contrats entre une Nation & des individus ne lient que la conscience du souverain, & ne peuvent autoriser l'usage d'une force coercitive. Elles ne donnent point droit à une action indépendante de la volonté souveraine. A quoi serviroit-il d'autoriser des poursuites légales contre les Etats pour le paiement de leurs dettes? Quel seroit le moyen d'en assurer le remboursement? Il est évident qu'on ne pourroit y parvenir, qu'en déclarant la guerre à l'Etat débiteur, & attribuer aux Cours fédérales, par une simple interprétation & au mépris d'un droit préexistant des Gouvernemens des Etats un pouvoir qui entraîneroit une telle conséquence, seroit une démarche forcée & insoutenable.

Reprenons le cours de nos observations; nous avons vu que deux genres de causes seulement, seroient soumis en première instance à la Cour suprême, & ces causes sont de nature à se présenter rarement. Dans toutes les autres causes du ressort de la judicature fédérale, les tribunaux inférieurs formeront les premiers degrés de jurisdiction, & la Cour suprême n'aura qu'une jurisdiction d'appel « avec telles exceptions & suivant tels réglemens que le Congrès pourra faire ».

Cette jurisdiction d'appel a été assez généralement approuvée en matière de droit; mais en matière de fait, elle a excité les plus vives réclamations. Quelques hommes bien intentionnés dans cet Etat, jugeant d'après le langage & les formes reçus dans nos tribunaux, ont cru voir dans cette inſtitution une abolition implicite du jugement par Jurés, pour admettre la forme de jugement du droit civil, admiſe dans nos Cours d'amirauté, de vérification & de chancellerie. On a attaché un ſens particulier au terme de *juriſdiction d'appel*, qui dans notre langage de juriſprudence ne s'emploie que relativement aux appels qui ont lieu dans les cauſes de droit civil. Mais ſi je ſuis bien informé, il n'a le même ſens dans aucune partie de la nouvelle Angleterre. Un appel d'un *Jury* à un autre *Jury* y eſt auſſi familier dans le langage que dans la pratique & eſt même toujours d'uſage, juſqu'à ce qu'une déciſion uniforme ait été rendue par deux Jurés conſécutifs. Le mot de *juriſdiction d'appel* n'a donc pas le même ſens dans le reſte de la nouvelle Angleterre, que dans New-York, & cela nous fait voir combien il eſt déraiſonnable de vouloir interpréter des termes d'après la juriſprudence particulière d'un Etat. Cette expreſſion priſe abſtractivement ne dénote autre choſe que le pouvoir d'un tribunal, de revoir les déciſions d'un autre en matière de loi ou de fait ou de tous les deux réunis. Le mode de la révision dépend ou d'un ancien usage, ou d'une décision du Corps législatif, & elle peut être effectuée ou par un *Jury* ou sans *Jury*, suivant qu'on le juge convenable. Si donc un fait une fois décidé par un *Jury*, pouvoit dans un cas quelconque, être soumis à un nouvel examen sous l'empire de la Constitution proposée, le nouvel examen seroit fait par un second *Jury*, ou pardevant le tribunal inférieur, ou pardevant la Cour suprême.

Mais il ne s'en suit pas de cette disposition, qu'il sera permis à la Cour suprême d'examiner de nouveau un fait certifié par un *Jury*. Ne peut-on pas dire avec raison, quand un *writ d'erreur* est porté d'un tribunal inférieur à un tribunal supérieur, que ce dernier a la jurisdiction du fait aussi-bien que du droit ? Il est vrai qu'il ne peut procéder à une nouvelle enquête sur le fait, mais il l'examine tel qu'il est établi par la procédure & prononce la loi qui s'y applique. C'est une jurisdiction de fait aussi-bien que de droit, & il est impossible de les séparer. Quoique les Cours communes de droit de cet Etat fassent décider par un *Jury* les faits contestés, ils ont indubitablement une jurisdiction de fait & de droit, & en conséquence, quand le fait est convenu par les parties, ils procédent tout de suite au jugement.

D'après cela, je soutiens que les expressions *jurisdiction* d'appel, tant pour le fait que pour la loi, ne supposent pas nécessairement un nouvel examen par la Cour suprême des faits décidés par Jurés dans les tribunaux inférieurs.

En adoptant cette disposition, la Convention a vraisemblablement été déterminée par les idées suivantes. La jurisdiction d'appel de la Cour suprême (aura-t-on dit) s'étendra aux causes qui doivent être décidées par le droit commun & à celles qui doivent être jugées d'après le droit civil. Quant aux premières, les fonctions de la Cour suprême se borneront en général à la révision du droit; dans les secondes, un nouvel examen du fait conforme à l'usage, sera quelquefois essentiel au maintien de la paix publique. Il est donc nécessaire que la jurisdiction d'appel puisse dans certain cas s'étendre à la détermination du fait dans le sens le plus étendu. On n'atteindroit pas au but en faisant une exception spéciale pour les causes qui auront été en première instance jugées par Jurés, parce que dans les tribunaux de quelques Etats, toutes les causes sont jugées ainsi (*); &

(*) Les cours des Etats auront une jurisdiction concurrente avec les Cours fédérales inférieures, dans quelque cas du ressort de la judicature fédérale, comme on le verra dans le chapitre suivant.

une femblable exception pourroit empêcher la révifion du fait dans des cas où elle feroit néceffaire. Pour éviter tous les inconvéniens, il fera plus sûr de déclarer généralement que la Cour fuprême aura une jurifdiction d'appel, tant en matière de fait, qu'en matière de droit, fauf telles exceptions & réglemens que pourra faire la Légiflature. Cette difpofition donnera au Gouvernement le pouvoir de faire toutes les exceptions qu'exigeront les intérêts de la juftice & de la tranquillité publique.

Ces réflexions ne permettent plus de craindre que la difpofition dont il s'agit, n'entraîne l'abolition du jugement par Jurés. La Légiflature des Etats-Unis aura certainement le pouvoir d'empêcher que la Cour fuprême ne foumette à un nouvel examen les faits déjà établis en première inftance par un *Jury*. Cette exception n'excéderoit certainement pas fon autorité; mais fi pour la raifon ci-deffus mentionnée, elle paroît trop étendue, elle pourra la reftreindre aux caufes qui dans le droit commun, doivent être décidées par cette forme de jugement.

Tel eft le réfultat des obfervations qui viennent d'être faites fur les pouvoirs de la judicature fédérale, ils ont été fcrupuleufement reftreints aux caufes qui font manifeftement de fa compétence,

& quant au partage de ces pouvoirs, la jurisdiction en première instance n'a été réservée à la Cour suprême, que pour un petit nombre de causes, pour tout le reste elle appartient aux tribunaux inférieurs; la Cour suprême aura une jurisdiction d'appel, tant en matière de fait, qu'en matière de droit, sur tous les cas dont la connoissance lui est attribuée, sauf telles exceptions & réglemens que la Législature trouvera convenables. Cette jurisdiction d'appel n'abolit point le jugement par Jurés, & un degré commun de prudence & d'intégrité dans les Représentans de la Nation, nous fera trouver dans l'établissement de la judicature proposée de solides avantages, sans nous exposer aux inconvéniens qu'on nous a fait envisager à cet égard.

CHAPITRE LXXXII.

Nouvelles réflexions sur le Pouvoir judiciaire; examen de diverses questions.

L'ÉTABLISSEMENT d'un nouveau Gouvernement, quelqu'attention, quelque sagesse qui en ait dirigé l'organisation, ne peut manquer de faire naître une foule de questions embarrassantes & délicates; cet inconvénient doit être plus ſenſible dans l'établiſſement d'une Conſtitution fondée ſur l'incorporation totale ou partielle d'un certain nombre de ſouverainetés indépendantes. Le temps ſeul peut la mûrir & la perfectionner, éclaircir le ſens de toutes ſes parties & leur donner entr'elles cette harmonie & cet enſemble qui peuvent ſeuls en faire un tout complet.

Il s'eſt élevé des difficultés ſur le plan de la Convention, ſur-tout relativement au pouvoir judiciaire. La principale regarde la ſituation des Cours des Etats relativement aux cauſes ſoumiſes à la juriſdiction fédérale. Eſt-elle excluſive? Les Cours des Etats ont-elles une juriſdiction concurrente? Dans cette dernière hypothèſe, dans quel rapport ſont-elles avec les tribunaux nationaux? Ces recherches méritent quelqu'attention.

D'après les principes établis dans un chapitre précédent (*), les Etats conſerveront tous ceux de leurs pouvoirs antérieurs qui n'auront pas été expreſſément délégués à l'Union; & cette délégation excluſive n'a lieu que dans trois cas, quand une autorité excluſive lui a été expreſſément déléguée, quand il lui eſt délégué une autorité particulière & que l'exercice de la même autorité eſt expreſſément

(*) Vol. I, chap. XXXII.

interdit aux Etats, enfin quand il lui eſt délégué une autorité avec laquelle l'exiſtence d'une autorité ſemblable dans les Etats ſeroit entièrement incompatible. Quoique ces principes ne s'appliquent peut-être pas auſſi directement au pouvoir judiciaire, qu'au pouvoir légiſlatif, je les crois vrais pour tous deux, & je poſe en principe que les Cours des Etats conſerveront la juriſdiction qu'elles exercent aujourd'hui, à moins qu'elle ne leur ſoit ôtée par l'une des diſpoſitions ci-deſſus mentionnées.

Le ſeul article où la Conſtitution propoſée puiſſe paroître attribuer aux Cours fédérales la connoiſſance excluſive des cauſes de compétence fédérale, eſt celui-ci : « Le pouvoir judiciaire des Etats-Unis réſidera dans une Cour ſuprême & dans autant de Cours inférieures que le Congrès pourra de temps à autre en créer & en établir ». Ces mots peuvent ſignifier que la Cour ſuprême & les Cours inférieures de l'Union prononceront ſeules ſur les cauſes ſoumiſes à leur autorité, ou ſimplement que les Etats-Unis auront pour inſtrument de l'autorité judiciaire dont ils ſont inveſtis, une Cour ſuprême & un certain nombre de Cours inférieures créées par eux. Le premier ſens exclut, le ſecond admet la concurrence de juriſdiction des tribunaux des Etats : comme le premier entraîneroit l'aliénation du pouvoir des Etats, il paroît plus naturel & plus conforme à la raison d'adopter le dernier.

Mais ce systême de jurisdiction concurrente, ne s'applique bien clairement qu'aux causes antérieurement attribuées aux Cours des Etats. Il n'est pas aussi évident à l'égard des causes relatives & particulières à la Constitution qui va s'établir : ne pas donner aux Cours des Etats une jurisdiction qui s'étendît à ces causes nouvelles, ce ne seroit point diminuer leur autorité antérieure. Ainsi je ne prétends pas établir que les Etats-Unis, par des loix sur les objets soumis à leur autorité, ne pourront pas confier la décision des causes relatives à un réglement particulier aux Cours fédérales seules, s'ils le jugent convenable; mais je prétends que les Cours des Etats ne pourront être dépouillées d'aucune partie de leur autorité antérieure, si ce n'est que leurs décisions seront sujettes à l'appel, & je pense même que dans tous les cas où ils ne seront pas exclus par les actes futurs de la Législature nationale, ils pourront connoître de toutes les contestations auxquelles ces actes donneront lieu. Mon opinion à cet égard, est fondée sur la nature du pouvoir judiciaire & sur l'esprit général de la Constitution. Le pouvoir judiciaire de tout Gouvernement

nement s'étend au-delà de ces loix locales ou municipales, & en matière civile prononce ſur toutes les conteſtations entre des parties qui ſe trouvent dans le reſſort de ſa juriſdiction, quand le ſujet de ces conteſtations ſeroit relatif aux loix des plus diſtantes parties du globe. Celles du Japon auſſi-bien que celles de New-York peuvent fournir à nos tribunaux la matière d'une diſcuſſion légale. Si nous conſidérons en outre que les Gouvernemens des Etats & celui de l'Union étroitement liés, ne ſont que les parties d'un ſeul tout, nous nous convaincrons que les Cours des Etats auront une juriſdiction concurrente avec les Cours fédérales, par-tout où il n'exiſtera pas une prohibition expreſſe.

Il ſe préſente une autre queſtion : quelles relations exiſteront entre les Cours nationales & celles des Etats dans les cas où ſe préſentera cette concurrence de juriſdiction ? L'appel des ſentences de ces dernières ſera certainement porté pardevant la Cour ſuprême des Etats-Unis. La Conſtitution donne expreſſément à la Cour ſuprême une juriſdiction d'appel dans tous les cas de compétence fédérale, ſur leſquels elle ne prononcera pas en première inſtance, ſans une ſeule expreſſion qui en limite l'effet aux Cours fédérales inférieures. Il ne faut conſidérer que les objets ſur lesquels porte l'appel & non le tribunal de la sentence duquel il est interjetté. Ainsi, ou la jurisdiction d'appel de la Cour suprême doit s'étendre aux tribunaux des Etats, ou ces tribunaux ne doivent point connoître concurremment des causes de compétence fédérale ; autrement, un demandeur ou un défendeur pourroit décliner à son gré la jurisdiction nationale. Il ne faut admettre aucune de ces conséquences sans une nécessité évidente ; la dernière seroit particulièrement inadmissible, elle contrarieroit plusieurs des fins les plus importantes & les plus reconnues du Gouvernement proposé, & embarrasseroit nécessairement ses mesures. Mais je ne vois rien qui puisse en faire supposer la nécessité, comme nous l'avons déjà dit. Le Gouvernement national & ceux des Etats doivent être regardés comme des parties d'un même tout. Les Cours des Etats doivent en conséquence être considérées comme des instrumens auxiliaires pour l'exécution des loix de l'Union, & l'appel de leurs sentences doit naturellement être porté devant le tribunal destiné à unir & à assimiler les principes de la justice nationale & les regles des décisions nationales. L'intention des Législateurs est évidemment, que toutes les causes spécifiées par la Constitution, puissent être pour l'intérêt public, décidées ou en première instance ou par appel dans les Cours fédérales. Ainsi borner l'expression générale qui donne une jurisdiction d'appel à la Cour suprême, aux appels interjettés des Cours fédérales inférieures, tandis qu'elle doit étendre son effet aux Cours des Etats, ce seroit altérer le vrai sens des mots contre l'intention des Législateurs, contre toute sage regle d'interprétation.

Mais pourra-t-on appeler des Cours des Etats aux Cours fédérales inférieures ? Cette seconde question est plus difficile à résoudre que la première. Les considérations suivantes semblent décider pour l'affirmative. La Constitution proposée, autorise en premier lieu la Législature « à instituer des tribunaux inférieurs à la Cour suprême (*) ». Elle déclare ensuite, que « le pouvoir judiciaire des Etats-Unis résidera dans une Cour suprême & dans autant de Cours inférieures qu'il en sera établi par le Congrès ». Elle passe de là à l'énumération des cas auxquels s'étendra ce pouvoir judiciaire. Elle divise ensuite la jurisdiction de la Cour suprême en jurisdiction de première instance & d'appel, mais ne fixe pas l'étendue de celles des Cours inférieures. Tout ce qu'il ré-

(*) Section 2, art. 1.

ſulte de ſes diſpoſitions à leur égard, c'eſt qu'elles ſeront inférieures à la Cour ſuprême & qu'elles n'excéderont pas les limites tracées au pouvoir judiciaire de l'Union. Rien ne décide ſi leur autorité s'exercera en première inſtance, ou ſur un appel. La queſtion ſemble avoir été laiſſée à la déciſion de la Légiſlature. D'après cela je ne vois point d'obſtacles à l'établiſſement d'un appel des Cours des Etats aux Cours nationales inférieures, & il eſt aiſé de voir qu'il en réſultera pluſieurs avantages. Cela préviendra la multiplication des Cours fédérales, & favoriſera les arrangemens qui tendront à reſſerrer la juriſdiction de la Cour ſuprême. Un plus grand nombre des cauſes fédérales pourra être laiſſé aux tribunaux des Etats, & les appels pourront le plus ſouvent lorſqu'on le jugera à propos, au lieu d'être portés à la Cour ſuprême, aller des Cours des Etats aux Cours de Diſtrict de l'Union.

CHAPITRE LXXXIII.

Nouvelles réflexions sur le pouvoir judiciaire, relativement au jugement par Jurés.

L'OBJECTION faite au plan de la Convention qui a eu le plus de succès dans cet Etat, & peut-être dans plusieurs autres, porte sur ce qu'il ne contient aucune disposition qui maintienne le jugement par Jurés dans les causes civiles. On a déjà remarqué & fait sentir souvent le peu de sincérité de la forme sous laquelle cette objection est présentée; elle se reproduit cependant toujours dans tous les discours, dans tous les écrits des ennemis de la Constitution proposée. Le simple silence qu'elle garde relativement aux causes civiles, est représenté comme une abolition du jugement par Jurés, & les artificieuses déclamations dont il est le prétexte, tendent à nous persuader que cette prétendue abolition est universelle, qu'elle s'étend non-seulement à toutes les causes civiles, mais encore aux causes criminelles. Il seroit superflu d'entrer en discussion relativement aux dernières, il est des propositions qui entraînent la conviction par leur propre évidence, quand elles sont clairement exprimées.

Relativement aux causes civiles, on s'est servi de subtilités qui ne méritent même pas d'être réfutées, pour prouver qu'une chose qui n'a pas été mentionnée, est entièrement abolie. Tout homme raisonnable sentira aisément la différence qu'il y a entre le silence & l'abolition ; mais comme les inventeurs de cette fausseté ont cherché à la soutenir par certaines regles d'interprétation dont ils ont détourné le vrai sens, il ne sera pas inutile de les suivre dans leur marche.

Les maximes qu'ils invoquent sont celles-ci : « admettre une chose dans une circonstance particulière, c'est l'exclure dans toutes les autres, ou la mention expresse faite d'une chose prononce l'exclusion de celle qui n'est pas expressément mentionnée ». De-là, disent-ils, puisque la Constitution a établi le jugement par Jurés sur les causes criminelles & qu'elle se tait sur les causes civiles, son silence est une prohibition implicite du jugement par Jurés dans les dernières.

Les regles que les Cours doivent suivre dans l'interprétation des loix, sont les regles du *sens commun*. Pour s'assurer si elles ont été justement appliquées, il faut remonter à leur source. Or, je demande s'il est conforme à la raison & au sens commun de supposer, que la disposition qui oblige le Corps législatif à maintenir le jugement par Jurés dans les causes criminelles, le prive du droit de le permettre dans d'autres causes? Est-il naturel de prétendre que le commandement de faire une chose, est la prohibition d'en faire une autre, quand cette seconde est permise en vertu d'un pouvoir antérieur, & qu'elle n'est pas incompatible avec la première? S'il est vrai que cette supposition seroit sans fondement & sans raison, il est déraisonnable de prétendre que l'injonction du jugement par Jurés dans certains cas, en renferme l'interdiction dans tous les autres.

Le pouvoir d'instituer des tribunaux, est le pouvoir de prescrire le mode du jugement, & conséquemment, si la Constitution n'avoit aucune disposition relative aux Jurés, la Législature pourroit à son gré admettre ou rejetter cette institution. Cette faculté générale est limitée relativement aux causes criminelles, par l'injonction expresse qui les soumet au jugement par Jurés, mais elle demeure dans toute son étendue à l'égard des causes civiles, par le silence absolu de la Constitution sur cet objet. La clause qui impose expressément l'obligation d'un mode de jugement particulier pour les causes criminelles, exclut à la vérité l'obligation & la nécessité du même mode dans les causes civiles, mais n'ôte pas à la Législature le pouvoir de l'employer quand elle le jugera convenable. C'eſt donc ſans aucun fondement réel, qu'on prétend que la Légiſlature nationale n'aura pas le pouvoir de ſoumettre au jugement par Jurés les cauſes de compétence fédérale.

Il réſulte de ces obſervations que le jugement par Jurés en matière civile, n'eſt point aboli, & que l'uſage qu'on a voulu faire des maximes citées, eſt contraire à la raiſon, au ſens commun & conſéquemment inadmiſſible. Quand elles auroient un ſens littéralement conforme aux idées de ceux qui les citent, elles ſeroient inapplicables au ſujet qui nous occupe. Dans l'interprétation d'une Conſtitution, on ne doit conſulter pour regle que le ſens naturel & évident de ſes diſpoſitions.

Après avoir vu que les maximes citées ne peuvent comporter l'uſage qu'on a voulu en faire, cherchons-en l'application naturelle & le véritable ſens. La Conſtitution ſoumiſe à notre examen déclare que le pouvoir du Congrès s'étendra aux cas indiqués par elle. Cette déſignation d'objets particuliers exclut toute prétention à un pouvoir légiſlatif général, parce qu'il ſeroit auſſi abſurde qu'inutile de conférer expreſſément des pouvoirs particuliers à un corps à qui on entendroit laiſſer une autorité générale.

De même le pouvoir judiciaire de l'Union, d'après la Conſtitution, s'étend à certains cas expreſſément ſpécifiés. L'énumération de ces cas marque les limites préciſes de la juriſdiction des Cours fédérales; en effet les objets de leur compétence étant déterminé, cette détermination ſeroit une ſuperfluité ridicule, ſi elle n'excluoit toute idée d'un pouvoir plus étendu.

Ces exemples peuvent être ſuffiſans pour éclaircir les maximes citées & en fixer le ſens. Mais pour éviter plus sûrement toute erreur, j'en ajouterai un nouveau.

Suppoſons que les loix de cet Etat défendent à une femme mariée de diſpoſer de ſon bien, & que la Légiſlature trouvant des inconvéniens à cette prohibition, lui permette d'en diſpoſer par un acte paſſé en préſence d'un Magiſtrat. Il n'eſt pas douteux que l'indication de ce moyen n'entraînât l'excluſion de toute autre manière de diſpoſer; parce que la femme n'ayant pas de pouvoir antérieur d'aliéner ſa propriété, cette indication détermine expreſſément le ſeul moyen qu'elle puiſſe employer à cet effet. Mais ſuppoſons encore que dans un article ſubſéquent la même loi porte qu'aucune femme ne pourra diſpoſer de ſon bien au-deſſus d'une valeur déterminée, ſans le conſentement de trois de ſes parens, & leur ſignature appoſée à l'acte qui contient ſa diſpoſition. Pourra-t-on inférer de cette clauſe, qu'une femme mariée ne pourra revêtir du conſentement de ſes parens un acte tranſlatif d'une propriété d'une valeur inférieure ? Cette prétention ſeroit trop abſurde pour mériter une réfutation, & elle ſeroit cependant la même que celle des perſonnes qui aſſurent que le jugement par Jurés eſt aboli au civil parce qu'il eſt expreſſément établi au criminel.

De plus, l'inſtitution des Jurés conſervera la forme que les Conſtitutions des Etats lui ont donnée, elle n'éprouvera aucune influence, aucune altération par l'adoption du plan ſoumis à notre examen, dans toutes ces conteſtations entre individus dont aucune claſſe de Citoyens n'eſt à l'abri parce qu'elles ne feront pas ſoumiſes à la juriſdiction nationale, & ne pourront être jugées que par les Cours des Etats, d'après les Conſtitutions & les loix des Etats. Toutes les cauſes qui porteront ſur les terres, (excepté celles qui auront pour objet des réclamations fondées ſur des conceſſions de différens Etats) toutes les autres conteſtations entre des Citoyens du même Etat, à moins qu'elles ne portent ſur une violation directe des articles de la confédération par acte des Légiſlatures des Etats, appartiendront excluſivement à la juriſdiction des tribunaux des Etats. Si l'on ajoute à cela, que les causes d'amirauté & presque toutes celles qui sont de jurisdiction d'équité peuvent être jugées dans notre Gouvernement sans l'intervention d'un *Jury*, on se convaincra que le changement proposé dans notre Gouvernement n'en apportera pas un sensible à l'institution des Jurés telle qu'elle est aujourd'hui.

Les partisans & les ennemis du plan de la Convention s'accordent du moins sur les avantages du jugement par Jurés, ou s'il est dans leurs opinions quelque différence, les premiers le regardent comme un utile moyen de défense pour la liberté, les autres comme le Palladium de tout Gouvernement libre. Pour moi, toutes les fois que j'ai été à portée d'observer les effets de cette institution, j'ai découvert de nouvelles raisons pour l'estimer davantage; il seroit inutile d'examiner ici à quel point elle est utile & essentielle dans une république représentative, & si elle n'est pas encore plus nécessaire pour défendre de l'oppression d'un monarque héréditaire, que pour servir de barrière à la tyrannie des Magistrats nommés par le Peuple, dans un Gouvernement populaire. Des discussions semblables n'offriroient que l'attrait d'une stérile curiosité à des hommes tous convaincus que cette institution est bonne & favorable à la liberté. Mais j'avouerai que je ne puis voir une liaison nécessaire entre l'existence de la liberté & le jugement par Jurés au civil. Des *impeachmens* arbitraires, des méthodes arbitraires de poursuivre des crimes supposés, des punitions arbitraires d'après des convictions du même genre, m'ont toujours paru les redoutables instrumens du despotisme judiciaire, & tous sont pris dans la procédure criminelle. Pour nous en garantir, le jugement par Jurés au criminel, soutenu de l'acte d'*habeas corpus*, nous suffit. L'un & l'autre nous sont assurés par le plan de la Convention.

On a observé que le jugement par Jurés étoit une sauve-garde contre l'abus du droit d'imposer. Mais il est évident que ce moyen ne peut avoir d'influence sur la Législature relativement à la somme des impôts, ni aux objets sur lesquels ils portent, ni à la regle qui doit en diriger la répartition. Si donc il peut produire quelqu'effet, c'est sur le mode de la perception & sur la conduite des Officiers chargés de l'exécution des loix bursales.

Quant au mode de perception, dans cet Etat suivant notre Constitution, le jugement par Jurés est dans beaucoup de cas hors d'usage. Les impôts sont ordinairement levés par la méthode plus expéditive de la saisie & de la vente comme pour le paiement des dettes ; & il eſt généralement reconnu que cette voie eſt eſſentielle à l'exécution des loix burſales. La marche trop lente d'un jugement légal pour le recouvrement des impôts ne ſeroit pas plus favorable aux intérêts des individus, qu'à l'intérêt public. Elle occaſionneroit ſouvent une accumulation de frais beaucoup plus conſidérables que la ſomme originaire de l'impôt.

Quant à la conduite des Officiers, la diſpoſition qui exige le jugement par Jurés au criminel, ſuffit. Tout abus volontaire de l'autorité publique d'où réſulte oppreſſion des Citoyens, toute eſpèce d'extorſion officielle, eſt une offenſe contre le Gouvernement, pour laquelle ceux qui en ſont coupables peuvent être pourſuivis & punis ſuivant la gravité des circonſtances.

Les avantages du jugement par Jurés en matière civile, ſont étrangers au maintien de la liberté. Le plus marqué conſiſte dans les obſtacles qu'il oppoſe à la corruption. Comme on a plus de temps & d'occaſions favorables pour gagner un Corps permanent de Juges qu'un *Jury* convoqué pour une occaſion particulière, il y a lieu de ſuppoſer que l'influence de la corruption aura plus d'accès auprès du dernier. D'autres conſidérations cependant diminuent la force de celle-ci. Le Shériff qui convoque le *Jury* ordinaire, les Greffiers des tribunaux qui ont la nomination du *Jury* ſpécial, ſont eux-mêmes des Officiers permanens, ils agiſſent individuellement & on peut les croire plus acceſſibles à la corruption que des Juges qui agiſſent collectivement. Il eſt aiſé de voir que ces Officiers peuvent choiſir des Jurés qui favoriſent les intérêts d'une partie autant qu'un tribunal corrompu. Enſuite on aura vraiſemblablement moins de peine à gagner quelques Jurés pris au haſard dans le nombre des Citoyens, que des hommes choiſis par le Gouvernement pour leur probité & leur bonne réputation. Mais en peſant toutes ces conſidérations, on trouvera que le jugement par Jurés doit toujours être un frein puiſſant à la corruption. Il en arrête le ſuccès par des obſtacles multipliés. Dans l'état actuel des choſes, il faudroit corrompre les Juges & le *Jury*; car toutes les fois que le *Jury* aura évidemment mal jugé, la Cour accordera un nouveau jugement. Delà réſulte une double ſécurité, & cette action compliquée tend à conſerver la pureté des deux inſtitutions. Il décourage tous ceux qui voudroient eſſayer de ſéduire les Jurés ou les Juges, en leur ôtant par de nouveaux obſtacles l'eſpérance d'y réuſſir. Les Juges eux-mêmes ſeront moins tentés de ſe vendre, lorſqu'ils ne pourront conſommer leur iniquité ſans la participation d'un *Jury*, que lorſque la déciſion ne dépendra que d'eux ſeuls.

Ainſi malgré les doutes que j'ai exprimés ſur la néceſſité du jugement par Jurés au civil, pour le maintien de la liberté, je conviens qu'avec les reglemens convenables, c'eſt dans beaucoup de cas une excellente méthode pour décider les queſtions de propriété, & que par cette raiſon ſeule, la Conſtitution devroit contenir une diſpoſition qui l'admît, s'il eût été poſſible de fixer les limites dans leſquelles il doit être circonſcrit. Mais rien n'eſt plus difficile dans tout état de choſes, & il faudroit être aveuglé par l'enthouſiaſme pour ne pas ſentir que dans un Gouvernement fédératif qui eſt un compoſé de ſociétés dont les inſtitutions à cet égard contiennent des différences conſidérables, la difficulté eſt ſingulièrement augmentée encore. Pour moi, plus j'y réfléchis, plus je ſuis convaincu de la réalité des obſtacles qui (nous en avons la certitude) ont empêché la Convention d'admettre une diſpoſition ſur cet objet.

On ne ſait pas généralement toute la différence qui exiſte entre les loix des différens Etats relativement aux bornes aſſignées au jugement par Jurés. Comme cette circonſtance doit influer ſenſiblement ſur le jugement que nous devons porter à l'égard de l'omiſſion dont on ſe plaint, je crois une explication néceſſaire. L'ordre judiciaire de New-York reſſemble plus qu'aucun autre à celui de l'Angleterre. Nous avons des Cours de loi, des Cours de vérifications (analogues à certains égards aux Cours *ſpirituelles* de l'Angleterre), une Cour d'amirauté, une Cour de chancellerie. Le jugement par Jurés n'eſt établi que dans les Cours de loi, encore avec quelques exceptions. Dans toutes les autres, un ſeul Juge préſide & procède en général ſuivant la forme du droit civil, ſans l'aſſiſtance d'un Jury (*). New-Jerſey a une Cour de chancellerie qui procède comme la nôtre ; mais il n'a ni Cour d'amirauté, ni de vérification, du moins ſuivant la forme qu'elles ont parmi nous, & les cauſes qui parmi nous ſont ſoumiſes à la déciſion de ces tribunaux, y ſont jugées par les Cours de loi. Ainſi le jugement par Jurés a un

(*) On a fauſſement prétendu, relativement à la Cour de chancellerie, qu'elle faiſoit juger les faits conteſtés par un *Jury*. La vérité eſt que l'aſſiſtance d'un *Jury* eſt rarement invoquée dans cette Cour & qu'elle n'eſt jamais néceſſaire que dans les cauſes où on révoque en doute la validité d'un legs de terres.

reſſort

ressort plus étendu dans New-Jersey que dans New-York; bien plus étendu encore en Pensylvanie où il n'existe pas de Cour de chancellerie & où les Cours de loi ont la jurisdiction d'équité. Cet Etat a une Cour d'amirauté, mais non de vérification, du moins qui soit conçue sur le même plan que la nôtre. Delaware a à cet égard imité la Pensylvanie. Le Maryland se rapproche plus de New-York, ainsi que la Virginie, excepté que la dernière a plusieurs chanceliers. La Caroline du Nord a plus de rapport avec la Pensylvanie; la Caroline du Sud avec la Virginie. Je crois cependant que dans quelques-uns des Etats qui ont des Cours d'amirauté, les causes qui y sont soumises, peuvent être jugées par Jurés. La Géorgie n'a que des Cours de loi, & on appelle du *Verdict* d'un *Jury* à un autre qui porte le nom de *Jury* spécial & qui est composé d'après une forme particulière de nomination. Connecticut n'a point de Cours distinctes d'amirauté ou de chancellerie, & ses Cours de vérification n'ont point de jurisdiction : dans les cas importans, l'Assemblée générale est la seule Cour de chancellerie. Ainsi dans Connecticut le jugement par Jurés par le fait s'étend à un plus grand nombre de causes, que dans aucun des Etats jusqu'ici mentionnés. Rode-Island est, je crois, à cet égard dans le même cas que Connecticut. Massachusetts & New-Hamsphsire sont aussi de même relativement à la réunion de la jurisdiction de droit, d'équité & d'amirauté. Dans les quatre Etats de l'est, le jugement par Jurés est non-seulement établi sur des fondemens plus étendus que dans les autres, mais il est accompagné d'une circonstance qui y est inconnue. L'appel d'un *Jury* à un autre est d'obligation jusqu'à ce que deux Verdicts sur trois aient prononcé en faveur de la même partie.

Il paroît d'après cette exposition abrégée que l'institution du jugement par Jurés au civil différe sensiblement dans les différens Etats & quant à ses modifications & quant à son étendue. Il en résulte premièrement, que la Convention ne pourroit adopter de regle générale qui correspondît avec toutes les variétés qu'offrent les différens Etats; en second lieu, qu'elle auroit éprouvé au moins autant de difficultés en prenant le systême d'un Etat pour modèle, qu'en ne faisant aucune disposition sur ce sujet & en laissant la décision au Corps législatif.

Les propositions qu'on a faites pour réparer l'effet de cette omission, ont servi à prouver la difficulté, plutôt qu'à la résoudre. La minorité de la Pensylvanie a proposé la disposition suivante :

« Le jugement par Jurés existera comme auparavant », & je soutiens qu'elle est dénuée de sens. Les Etats-Unis considérés collectivement, sont l'objet auquel doivent être censées se rapporter toutes les dispositions générales de la Constitution. Or, il est évident que quoique le jugement par Jurés soit connu avec diverses modifications dans chaque Etat en particulier, relativement aux Etats-Unis considérés comme tel, il a été entièrement inconnu jusqu'ici, parce que le Gouvernement fédéral actuel n'a point de pouvoir judiciaire, & conséquemment il n'est aucun établissement antécédent auquel puisse s'appliquer le mot *auparavant*.

Si par sa forme, cette disposition ne remplit pas l'intention de ceux qui la proposent, leur intention même seroit inadmissible. Je présume qu'ils veulent que les causes soumises aux Cours fédérales soient jugées par elles suivant le mode de jugement des tribunaux de l'Etat où elles siégeront; par exemple, que les causes d'amirauté seront jugées dans le Connecticut avec un *Jury*, dans New-York, sans *Jury*. Le bizarre emploi de formes de jugement si différentes dans les mêmes cas, sous le même Gouvernement, suffiroit pour indisposer tout esprit sensé contre cette disposition. La forme du jugement dépendroit le plus souvent de la ſituation locale & accidentelle du tribunal ou des plaideurs.

Mais ce n'eſt pas là, à mon avis, la plus forte objection. Je ſuis convaincu qu'il eſt des cas où le jugement par Jurés eſt inadmiſſible, particulièrement dans les cauſes qui intéreſſent la paix avec les Nations étrangères pour la déciſion des queſtions relatives au droit des gens. De ce genre, ſont, entr'autres, les cauſes relatives aux captures; des Jurés ne peuvent être propres à ces recherches qui exigent une profonde connoiſſance du droit des gens & des uſages généraux, & ils peuvent quelquefois s'abandonner à des impreſſions particulières qui ne leur laiſſent pas une attention ſuffiſante pour les conſidérations de politique qui devroient les guider. Ainſi nous aurions à craindre que par leurs déciſions, ils n'attaquaſſent les droits des autres Nations, & qu'il n'en réſultât des occaſions de repréſailles & de guerre. La fonction particulière des Jurés eſt de déterminer les faits; mais dans beaucoup de cas, les conſidérations légales ſont tellement confondues avec le fait, qu'il eſt impoſſible de les ſéparer.

Ce qui peut ajouter plus d'importance encore à cette obſervation, relativement aux cauſes où il s'agit de capture, c'eſt que les puiſſances de l'Europe ont cru devoir admettre à cet égard des dispositions particulières consignées dans plusieurs traités, & qu'en conséquence de ces traités, les causes de ce genre en Angleterre sont portées en dernier pardevant le Roi dans son conseil privé, où le fait aussi-bien que le droit est soumis à un second examen. Cela suffit pour prouver combien il seroit impolitique de forcer par la Constitution, le Gouvernement à prendre pour base sur cet article le systême adopté par les Etats, & dangereux de l'embarrasser d'aucune loi constitutionnelle dont la sagesse ne seroit pas démontrée.

Je ne suis pas moins convaincu qu'il résulte de grands avantages de la séparation des jurisdictions de loi & d'équité, & qu'on ne pourroit sans inconvéniens soumettre à des Jurés les causes qui appartiennent à la dernière. Le premier & le plus important usage d'une Cour d'équité, c'est de donner un recours dans des cas extraordinaires qui forment exception (*) aux regles générales. Mais le jugement de ces causes à la jurisdiction

(*) Il est vrai que les principes par lesquels ce recours est déterminé, sont aujourd'hui réduits à un systême régulier, mais il n'est pas moins vrai qu'ils sont applicables en-général à des circonstances spéciales qui font exception aux regles générales.

ordinaire, tendroit à rendre incertaines les regles générales & à ſoumettre chaque queſtion qui ſe préſenteroit à une déciſion particulière, tandis que leur ſéparation produira l'effet contraire de les faire ſurveiller l'un par l'autre, & de les tenir tous deux dans leurs juſtes limites. De plus les circonſtances qui conſtituent la nature des cauſes ſoumiſes aux tribunaux d'équité, ſouvent obſcures & embrouillées, ſont incompatibles avec le jugement par Jurés. Elles exigent ſouvent de longues recherches, un eſprit d'obſervation & de diſcuſſion qu'on ne peut eſpérer dans des hommes arrachés à leurs fonctions & forcés de décider avant de pouvoir y retourner. La ſimplicité & la promptitude qui ſont le caractère diſtinctif de cette forme de jugement, exigent que la queſtion ſoit réduite à un point unique & facile à ſaiſir; tandis que les procès de chancellerie embraſſent ordinairement une longue ſuite de petites circonſtances particulières.

Il eſt vrai que la ſéparation des juriſdictions de loi & d'équité eſt particulière à la juriſprudence angloiſe qui a ſervi de modèle à celle de pluſieurs de nos Etats; mais il eſt également vrai que par-tout où ces deux juriſdictions ſont unies, le jugement par Jurés eſt inconnu; & leur ſéparation eſt néceſſaire pour le maintien de cette institution dans sa pureté primitive. Par sa nature une Cour d'équité pourroit sans difficulté étendre sa jurisdiction à des questions de droit, mais il seroit à craindre que l'essai d'étendre la jurisdiction des Cours de loi aux questions d'équité, en nous privant des avantages particuliers à une Cour de chancellerie formée sur le plan de celle de New-York, ne tendît à changer graduellement la nature des Cours de droit & à en bannir le jugement par Jurés en y introduisant des questions qui ne pourroient être décidées par cette forme de jugement.

Ces raisons semblent exclure l'idée de faire entrer le systême adopté par les Etats dans l'organisation du pouvoir judiciaire de l'Union, conformément à l'intention présumée de la minorité de la Pensylvanie. Voyons si la proposition de Massachusetts remédie au défaut qu'on reproche à la Constitution.

Massachusetts propose cette disposition : « dans les actions civiles entre Citoyens de différens Etats toute question de fait en matière de droit commun, sera jugée par un *Jury*, sur la demande des parties ou de l'une d'entr'elles ».

Au moins cette proposition est bornée à un seul genre de causes, & nous en concluons, ou que la Convention de Massachusetts a considéré ce genre de causes comme le seul auquel convient le jugement par Jurés, ou que s'il a desiré une disposition plus étendue, il a cru impossible d'en trouver une qui répondît à ses vues. Dans le premier cas, l'omission d'une loi à l'égard d'un objet particulier ne peut être regardée comme un défaut considérable dans le systême général. Dans le dernier, son opinion fournit une nouvelle preuve de la difficulté de faire une loi à cet égard.

Mais ce n'est pas tout: si l'on se rappelle les observations précédentes relativement aux différens tribunaux des Etats & aux différens pouvoirs qu'ils exercent, on verra qu'il n'est pas d'expressions plus vagues que celles par lesquelles est caractérisée l'espèce des causes que l'Etat de Massachusetts veut soumettre au jugement par Jurés. Dans l'Etat de New-York, les limites entre les causes de loi & celles d'équité sont tracées d'après les mêmes regles qu'en Angleterre. Dans plusieurs autres Etats elles sont moins exactement déterminées. Dans quelques-uns d'entr'eux toutes les causes sont jugées dans une Cour de loi commune, & par conséquent toute action doit être regardée comme une action de loi commune, & sera jugée par un Jury, au gré des parties ou de l'une d'entr'elles. Ainsi cette proposition entraîneroit la même irrégularité & la même confusion que celle de la minorité de la Penſylvanie. Dans un Etat une cauſe ſeroit décidée par un *Jury*, ſur la demande d'une des parties; dans l'autre ſans l'intervention d'un *Jury*, par la différence qui ſe trouve entre les loix des Etats relativement à la juriſdiction de loi commune.

Il eſt donc évident que la diſpoſition propoſée par Maſſachuſetts, à cet égard, ne peut avoir d'effet comme loi générale que lorſque les Etats auront adopté un plan uniforme qui fixe les limites des juriſdictions de loi & d'équité. La formation de ce plan ne ſeroit pas un ouvrage facile, & il faudroit beaucoup de temps & de réflexion pour le mûrir. Il ſeroit extrêmement difficile, pour ne pas dire impoſſible, de propoſer un ſyſtême général, qui pût convenir aux différens Etats & cadrer avec leurs différentes inſtitutions.

On me demandera peut-être pourquoi la Conſtitution de New-York dont je reconnois la ſageſſe, n'a pas ſervi de modèle à cet égard, pour celle des Etats-Unis. Je répondrai que les autres Etats n'ont vraiſemblablement pas ſur nos inſtitutions la même opinion que nous. Nous avons lieu de croire que chacun d'eux a juſqu'ici mieux aimé les ſiennes & eût combattu pour leur faire obtenir la préférence. Si l'on eût eu l'idée dans la Convention de prendre un Etat pour modèle, le choix eût été difficile, par la prédilection de chaque membre de cette assemblée pour les loix de son pays, & nous ne pouvons décider lesquelles eussent été adoptées. On a vu que celles de plusieurs Etats auroient eu de grands inconvéniens. Et je laisse à penser, d'après les circonstances, si celles de New-York auroient obtenu la préférence. Mais supposons que la Convention eût fait un bon choix, il étoit à craindre que la préférence accordée aux institutions d'un Etat, ne donnassent aux autres de la jalousie & du dégoût. Les ennemis de la Constitution auroient profité avec succès des préjugés locaux pour la combattre & en empêcher l'établissement.

Pour éviter l'embarras de déterminer les cas auxquels le jugement par Jurés doit s'étendre, des hommes exagérés vouloient qu'on l'admît dans tous les cas. Je crois que cette idée n'est fondée sur l'exemple d'aucun des Etats; les raisons qui ont été développées en discutant la proposition de la minorité de Pensylvanie, persuaderont aux esprits sages que l'établissement du jugement par Jurés dans tous les cas eût été une erreur impardonnable dans le plan de la Convention.

Enfin plus on y réfléchira, plus on sentira combien il eût été difficile de faire à cet égard une disposition qui n'eût dit ni trop peu pour remplir ſon objet, ni trop pour être ſuſceptible d'exécution, ou qui n'eût fait naître de nouveaux motifs d'oppoſition à l'établiſſement néceſſaire d'un Gouvernement énergique.

J'oſe croire que les différens points de vue ſous leſquels la queſtion a été enviſagée dans le cours de ces obſervations, contribueront à diſſiper dans les hommes de bonne-foi les craintes qu'ils pourroient avoir conçues ſur ce ſujet. J'ai cherché à montrer que le jugement par Jurés, n'eſt eſſentiel à la liberté qu'en matière criminelle, & que ſous ce rapport, il eſt pleinement aſſuré par le plan de la Convention; que pour la plus grande partie des cauſes civiles, pour celles qui intéreſſent le plus grand nombre des Citoyens, il reſte dans toute ſa force, tel qu'il eſt établi par les Conſtitutions des Etats, & n'éprouvera pas la moindre altération par le plan de la Convention, qu'il n'eſt aboli (*) par ce plan dans aucun cas, & qu'il y a une grande & peut-être une inſurmontable difficulté à faire ſur cet objet une diſpoſition particulière dans la Conſtitution des Etats-Unis.

Les hommes les plus éclairés ſur ce ſujet qui nous occupe, ne deſireront pas l'établiſſement

---

(*) Voyez le Chap. LXXXI.

conſtitutionnel du jugement par Jurés en matière civile ; ils ſentiront que les changemens qu'éprouve continuellement l'état des ſociétés, peut rendre préférable un mode de jugement différent pour décider des queſtions de propriété aujourd'hui ſoumiſes au jugement par Jurés. Pour moi je penſe que même dans l'Etat de New-York, il pourra être utile d'en étendre l'effet à quelques égards & de le reſtreindre à d'autres. Tous les hommes ſenſés conviennent qu'il ne doit pas avoir lieu dans tous les cas. Les exemples des innovations qui en reſſerrent les anciennes limites & dans nos Etats particuliers & en Angleterre, prouvent qu'on a trouvé des inconvéniens à l'étendue qu'on lui avoit donnée dans l'origine, & permettent de croire que l'expérience fera ſentir l'utilité de nouvelles exceptions. Je ſoupçonne que la nature même de cette inſtitution ne permet pas d'en fixer les bornes, & c'eſt, à mon avis, une forte raiſon pour laiſſer à cet égard un pouvoir illimité au Corps légiſlatif.

C'eſt ce qu'a fait l'Angleterre & à ſon exemple l'Etat de Connecticut, & l'on peut aſſurer avec confiance que depuis la révolution, le jugement par Jurés quoiqu'établi par un article poſitif de notre Conſtitution, a reçu plus d'atteintes dans l'Etat de New-York qu'en Angleterre ou dans l'Etat de Connecticut, depuis la même époque. On peut ajouter que ces atteintes ont été originairement portées par les mêmes hommes qui s'efforcent de persuader au Peuple qu'ils sont ses plus ardens défenseurs, mais qui ne se font aucun scrupule de franchir les obstacles constitutionnels qui les arrêtent dans leurs marches. Le fait est que c'est de l'esprit général d'un Gouvernement que l'on doit attendre des effets durables. Les dispositions particulières, quoiqu'elles ne soient pas toujours sans utilité, ont moins d'influence & de force qu'on ne croit, & si la Convention en a négligé quelques-unes qui eussent pu être utiles, ce défaut ne sera pas rejetter à des hommes sensés un plan qui d'ailleurs offre les principaux traits d'un bon Gouvernement.

On est bien étonné d'entendre assurer qu'il n'y aura ni sécurité ni liberté sous l'empire d'une Constitution qui établit expressément le jugement par Jurés au criminel, parce qu'elle ne l'établit pas expressément au civil, tandis que tout le monde sait que le Connecticut qui a toujours été regardé comme le plus populaire de nos Etats, n'a aucune disposition constitutionnelle qui l'établisse ni au civil, ni au criminel.

CHAPITRE LXXXIV.

Sur différentes objections.

DANS le cours de l'examen de la Conſtitution que l'on vient de lire, j'ai expoſé la plupart des objections faites contr'elle, & je me ſuis efforcé d'y répondre. Il en reſte cependant quelques-unes qui n'appartenoient à aucun des objets de mon examen, ou qui ont été oubliées dans les articles où elles devoient ſe trouver placées. Je vais les diſcuter, & comme mon ouvrage a déjà acquis une grande étendue, je renfermerai de nouveaux objets dans un ſeul chapitre.

L'objection la plus importante qui reſte à examiner, porte ſur ce que le plan de la Convention ne renferme point de bill de droits. Parmi pluſieurs réponſes qu'on y a faites, on a déjà ſouvent obſervé que pluſieurs des Etats ſont dans le même cas. J'ajouterai que New-York eſt de ce nombre, & cependant parmi les ennemis de la nouvelle Conſtitution, ceux qui habitent cet Etat & qui profeſſent pour ſa Conſtitution une admiration ſans bornes, ſont les partiſans les plus enthouſiaſtes d'un bill de droits. Pour juſtifier leur zèle sur ce point, ils disent, 1°. que quoique la Constitution de New-York ne soit pas précédée d'un bill de droits, plusieurs dispositions qui y sont contenues & qui établissent des droits & des privileges, produisent le même effet ; 2°. que la Constitution adopte dans toute leur étendue, les loix & les statuts de la Grande-Bretagne par lesquels sont assurés plusieurs autres droits qui ne sont pas énoncés dans ses dispositions.

Je répondrai à la premiere de ces observations, que la Constitution proposée contient aussi bien que la nôtre plusieurs dispositions semblables.

Indépendamment de celles qui regardent l'organisation du Gouvernement, nous trouvons les suivantes, article 1, section 3, clause 7, « Le jugement dans les cas d'*impéachment* ne pourra que déposséder l'accusé de son office & le déclarer incapable de remplir aucun emploi honorifique, lucratif ou de confiance dans le Gouvernement des Etats-Unis ; mais l'accusé convaincu sera sujet à être poursuivi, jugé, condamné & exécuté suivant les loix ». Section 9 du même article, clause 2, « Le privilege attaché au *writ* d'habeas corpus ne sera suspendu que dans des cas de rébellion ou d'invasion où la sûreté publique l'exigera. » Clause 3, « Il ne sera point passé de bill d'attainder ou de loi rétroactive ». Clause 7, « Les

Etats-Unis ne pourront accorder aucun titre de noblesse, & aucune personne exerçant sous leur autorité un emploi lucratif ou de confiance, ne pourra sans le consentement du Congrès, accepter aucun présent, émolument, office ou titre d'aucun genre, d'aucun Roi, prince ou Etat étranger ». Article III, section 2, clause 3, « Toutes les procédures criminelles, excepté dans les cas d'*impéachment*, se feront par Jurés & seront instruites dans l'Etat où les crimes auront été commis ; mais lorsqu'ils n'auront été commis dans aucun Etat, la procédure sera instruite dans le lieu ou les lieux que le Congrès aura désignés par une loi ». Section 3 du même article, « La trahison envers les Etats-Unis ne consistera qu'à leur faire la guerre ou à s'associer à leurs ennemis en leur donnant du secours. Personne ne sera convaincu de haute trahison, que sur le témoignage de deux personnes ou par confession en cour, à huis ouverts ». Clause 3 de la même section, « Le Congrès aura le pouvoir de déclarer la peine infligée au crime de trahison ; mais aucun bill d'attainder pour trahison n'emportera ni infamie, ni confiscation, que pour la vie de la personne condamnée ».

On peut bien mettre en question si tout considéré, ces dispositions ne sont pas d'une importance égale à celles qui se trouvent dans la Constitution

titution de cet État. L'établissement de l'acte d'*habeas corpus*, la prohibition des loix rétroactives & des titres de noblesse, qui ne se trouvent pas dans notre Constitution, sont peut-être de plus sûrs garans du maintien de la liberté & du Gouvernement républicain, qu'aucune des dispositions qu'elle contient. L'usage de transformer en crime une action après qu'elle a été faite, ou autrement de punir un homme pour une action qui dans l'instant où elle a été faite, n'étoit contraire à aucune loi, l'usage des emprisonnemens arbitraires ont été de tous temps les armes favorites & formidables de la tyrannie. Les observations de Blackstone à l'égard du dernier (*) méritent d'être citées. « Priver un homme de la vie, dit ce judicieux écrivain, ou confisquer son bien par violence, sans accusation ou jugement, seroit un acte de despotisme si évident & si révoltant, qu'il jetteroit l'allarme dans toute la Nation sur la tyrannie qui la menaceroit ; mais ôter un homme à la société, le précipiter en secret dans une prison où ses souffrances sont inconnues ou oubliées, est un moyen moins public, moins frappant & par conséquent plus dangereux du Gouvernement arbitraire ». Comme remède à ce danger, il in-

(*) Commentaires de Blackstone.

dique & loue avec enthousiasme l'acte d'*habeas corpus*, qu'il appelle le boulevard de la Constitution Angloise (*).

Il est inutile de parler de l'importance de la prohibition des titres de noblesse. C'est la pierre angulaire d'un Gouvernement républicain; tant qu'elle subsistera, la Nation n'aura point à craindre de perdre le pouvoir de se gouverner elle-même.

A la seconde observation qui regarde l'établissement prétendu des loix & statuts de l'Angleterre par notre Constitution, je réponds qu'ils sont expressément soumis à tous les changemens & modifications que la Législature pourra de temps à autre leur faire subir par ses dispositions; l'effet n'en est donc point assuré par la Constitution. Le but d'une déclaration de droits étoit de reconnoître des loix antérieures, d'en écarter tous les doutes qu'eût pu faire naître la révolution, son effet étoit de limiter le pouvoir du Gouvernement lui-même. La disposition dont il s'agit a-t-elle aucun de ces caractères?

On a remarqué plusieurs fois avec raison que les bills de droits ont été dans l'origine des stipulations entre des Rois & leurs sujets, des diminutions de la prérogative royale en faveur des

(*) Ibidem.

droits des Peuples, des réserves des droits non abandonnés aux princes. Telle fut la grande Charte que les barons obtinrent l'épée à la main du Roi Jean. Telles furent les confirmations de cet acte par ses successeurs. Telle fut la pétition de droits reconnue par Charles premier, au commencement de son règne. Telle fut encore la déclaration des droits présentée par les Lords & Communes au prince d'Orange en 1688, & qui ensuite revêtue des formes d'un acte parlementaire, reçut le nom de bill des droits. Ainsi il est évident que d'après leur signification primitive, elles ne s'appliquent point à une Constitution expressément fondée sur le pouvoir du Peuple & dont l'exécution est confiée à ses Représentans & délégués immédiats. Ici le Peuple n'abandonne rien de ses droits, & conservant tout, il n'a pas besoin de réserves particulières. « Nous, Peuple des Etats-Unis, pour assurer le bienfait de la liberté à nous-mêmes & à notre postérité, avons ordonné & établi cette Constitution pour les Etats-Unis de l'Amérique ». Ces mots contiennent une plus utile reconnoissance des droits du Peuple, que des volumes de ces aphorismes qui forment les traits les plus remarquables des bills de droits de plusieurs de nos Etats & qui conviendroient mieux à un traité de morale qu'à une Constitution politique.

Mais un détail circonſtancié de droits particuliers convient beaucoup moins à une Conſtitution telle que celle qui eſt aujourd'hui ſoumiſe à notre examen, & dont l'objet eſt de régler les intérêts politiques de la Nation conſidérée dans ſon enſemble, qu'à une Conſtitution qui doit déterminer les rapports des individus entr'eux. Si donc les clameurs qui ſe ſont élevées à cet égard ſur le plan de la Convention, ſont bien fondées, on ne peut trouver de termes aſſez forts pour réprouver celle de cet Etat : mais le fait eſt, que toutes les deux contiennent, relativement à leurs objets tout ce que la raiſon peut deſirer.

Je vais plus loin, & j'affirme que des bills de droits dans le ſens & avec l'étendue qu'on veut leur donner, ſeroient non-ſeulement inutiles, mais même dangereux dans la Conſtitution propoſée. Ils renfermeroient des exceptions à des pouvoirs qui ne ſont point accordés par elle, & par cela ſeul fourniroient des prétextes plauſibles pour prétendre plus qu'elle n'accorde. En effet, pourquoi défendre expreſſément des choſes qu'aucun pouvoir n'autoriſe à faire ? Pourquoi, par exemple, diroit-on que la liberté de la preſſe ne ſera point reſtreinte, tandis qu'il n'exiſte aucun pouvoir pour la reſtreindre ? Je ne prétends pas que cette diſpoſition établît le pouvoir de faire des réglemens pour modifier la liberté de la presse, mais il fourniroit évidemment à des hommes disposés à usurper un prétexte plausible pour se l'arroger. Ils pourroient dire avec quelqu'apparence de raison, que la Constitution ne doit pas être soupçonnée de l'absurdité d'avoir cherché à prévenir l'abus d'une autorité qui n'existoit pas, & que la disposition qui défend de la restreindre, suppose au Gouvernement national le pouvoir de la soumettre à de justes réglemens. Cet exemple peut servir à montrer combien de prétextes un zèle indiscret pour une déclaration de droits, pourroit fournir aux abus du pouvoir d'interpréter.

J'ajouterai quelques observations au sujet de la liberté de la presse: notre Constitution n'en dit pas un mot, & je soutiens que celles des autres Etats n'ont à cet égard aucune disposition efficace. Que signifie, par exemple, de déclarer « que la liberté de la presse sera inviolablement maintenue »? Qu'est-ce que la liberté de la presse? Qui pourroit en donner une définition qui ne laissât point de prétexte à la mauvaise foi? Je soutiens que cela seroit impossible, & j'en conclus que le maintien de cette liberté, quelques belles déclarations qu'on pût insérer dans une Constitution pour l'assurer, dépendra toujours de l'opinion publique & de l'esprit général du Peuple & du Gouvernement, ſeules baſes ſolides de tous nos droits.

Une ſeule réflexion achevera de décider la queſtion. La Conſtitution eſt elle-même une déclaration des droits conſidérée dans ſon véritable ſens & relativement à ſa vraie utilité. Les déclarations de droits de l'Angleterre forment ſa Conſtitution, & les Conſtitutions de nos Etats leur tiennent lieu de déclarations de droits. La Conſtitution propoſée, ſi elle eſt admiſe, ſera la déclaration des droits de l'Union. L'un des objets des actes qui portent ce nom, eſt de déclarer & de ſpécifier les droits politiques des Citoyens dans l'organiſation & l'adminiſtration du Gouvernement; c'eſt ce que fait de la manière la plus préciſe & la plus détaillée, le plan de la Convention qui renferme différentes précautions pour la ſûreté publique, qu'on ne trouve pas dans les Conſtitutions des autres Etats. Un ſecond objet des mêmes actes eſt d'aſſurer certaines immunités, certaines manières de procéder particulières, qui ſont relatives à des intérêts individuels; il a été rempli dans un grand nombre de cas par le plan fourni à notre examen; il eſt donc abſurde de prétendre que l'ouvrage de la Convention ne contient pas de déclaration de droits, lorſqu'on attache à ce mot ſon véritable ſens. On peut dire que celle qu'il renferme eſt inſuffiſante, quoiqu'il fût difficile de le prouver, mais on ne peut soutenir qu'elle n'existe pas; pourvu que l'acte par lequel est établi le Gouvernement contienne la reconnoissance des droits des Citoyens, peu importe la forme suivant laquelle elle est exprimée. Ainsi l'on n'a fait à cet égard que de pures distinctions de mots, étrangères au fond de la question.

Il est encore une objection qui a été souvent reproduite & à laquelle on paroît attacher une grande importance : il est imprudent, dit-on, de confier des pouvoirs si étendus au Gouvernement national; quelques Etats trop éloignés du siége du Gouvernement ne pourront voir d'assez près la conduite de leurs Représentans. Ce raisonnement, s'il prouvoit quelque chose, prouveroit qu'il ne faut pas de Gouvernement général. Les pouvoirs dont la nécessité semble généralement reconnue, ne pourroient être sans danger conférés à un Corps dont les démarches ne seroient pas soumises à un examen suffisamment exact. Mais il est aisé de prouver que l'objection est sans fondement. Il entre dans la plupart des raisonnemens relatifs à la distance, une palpable erreur. D'après quoi les habitans de Montgommery peuvent-ils juger de la conduite de leurs Représentans dans la Législature de l'Etat de New-York?

Des obſervations perſonnelles ne peuvent être faites avec fruit, que par les habitans du lieu où réſide la Légiſlature, & ne ſerviroient qu'à égarer les autres. Ils doivent donc s'en fier à cet égard à des hommes intelligens qui puiſſent les éclairer : mais comment ces hommes acquerront-ils eux-mêmes leurs renſeignemens ? Par l'examen des meſures du Gouvernement, par la voie de la preſſe, par des correſpondances avec leurs Repréſentans ou avec d'autres perſonnes qui habitent le lieu de leurs délibérations. Cette obſervation eſt applicable à tous les Comtés éloignés du ſiége du Gouvernement comme à Montgommery.

Il eſt évident que le Peuple aura les mêmes moyens d'inſtructions relativement à la conduite de ſes Repréſentans dans la Légiſlature nationale, & la lenteur dans les communications occaſionnée par la diſtance, ſera contrebalancée par la vigilance des Gouvernemens des Etats. Les dépoſitaires du pouvoir légiſlatif & exécutif dans chaque Etat, ſeront autant de ſentinelles qui veilleront ſur la conduite des agens du Gouvernement national, & comme ils pourront entretenir une intelligence régulière entr'eux, ils auront toujours la poſſibilité de s'informer de la conduite des Repréſentans & d'en inſtruire le Peuple. La ſeule rivalité de pouvoir ſuffira pour les diſpoſer à apprendre à la Nation tout ce que le Gouvernement fédéral pourroit faire de contraire à ses intérêts, & nous pouvons croire qu'au moyen de cet intermédiaire, le Peuple sera mieux instruit de la conduite de ses Représentans dans le Gouvernement national, que de celle des membres de la Législature de chaque Etat.

Il faut observer encore que les habitans du lieu qui sera le siége du Gouvernement & des lieux voisins, auront dans toutes les questions relatives à la liberté & à la prospérité générale, un intérêt égal à celui des plus éloignés, & qu'ils seront toujours prêts à sonner l'allarme quand il sera nécessaire & à indiquer les auteurs de tout projet pernicieux. Les papiers publics en porteront aussitôt la nouvelle jusqu'aux extrêmités du pays.

Parmi les objections extraordinaires faites contre la Constitution proposée, la plus extraordinaire & la moins spécieuse porte sur ce qu'il n'existe point de disposition relative aux dettes contractées envers les Etats-Unis. On a vu dans cette circonstance, l'abandon de ces dettes & une collusion coupable pour faciliter la contravention à des engagemens publics. Les papiers publics ont été pleins des plus violentes invectives, relativement à cette supposition qui ne peut être que l'effet de l'ignorance ou de la mauvaise foi portée à l'excès. Après les remarques que dans une autre occasion j'ai déjà faites à ce sujet, je me contenterai d'observer que les loix du bon sens & les principes reconnus de la politique s'accordent pour décider que « les Etats ne peuvent être dépouillés de leurs droits, ni déliés de leurs engagemens par un changement dans la forme de leur Gouvernement civil (*) ».

La seule objection de quelqu'importance que je me rappelle encore, est relative à la dépense. S'il étoit vrai que l'adoption du Gouvernement proposé dût occasionner un accroissement de dépense considérable, ce ne seroit pas encore un motif pour le rejetter. La plus grande partie des habitans de l'Amérique est avec raison convaincue que l'Union est la base de sa prospérité politique. Presque tous les hommes sages de tous les partis conviennent aujourd'hui qu'elle ne peut être maintenue sans un changement radical dans notre systême politique ; que le Gouvernement national doit être revêtu de pouvoirs plus étendus qui nécessitent des changemens dans son organisation, & ne pourroient être sans danger confiés

(*) *Voyez* les Instituts de Rutherfud, liv. II, chap. X, sect. XIV & XV. *Voyez* Grotius, liv. II, chap. IX, sect. VIII & IX.

à un Corps unique. Ce point convenu, il faut abandonner la question de la dépense, car on ne peut avec sûreté diminuer l'étendue des bases du nouveau systême. Les deux chambres de la Législature ne doivent dans le principe être composées que de soixante-cinq personnes, & ce nombre n'excède pas celui des membres du Congrès actuel. Il est vrai qu'il doit être augmenté, mais ce ne sera qu'en raison de l'augmentation de population & de richesse du pays. Il est évident qu'un moindre nombre seroit insuffisant dans le principe, & que le même nombre représenteroit incomplétement le Peuple, lorsque le temps aura augmenté la population.

D'où craint-on de voir résulter une augmentation de dépenses? On a parlé de la multiplication des offices sous le nouveau Gouvernement. Examinons cette question.

Il est évident que les principaux Départemens de l'administration actuelle sont les mêmes que ceux qui existeront dans le nouveau Gouvernement. Nous avons à présent un secrétaire d'Etat pour la guerre, un pour les affaires étrangères, un autre pour l'intérieur, un conseil du trésor public composé de trois personnes, un trésorier, des commis, des secrétaires, &c. Ces emplois indispensables dans tout Gouvernement, suffiront au nouveau comme à l'ancien. Quant aux Ambaſſadeurs, autres Miniſtres & Agens dans les pays étrangers, la Conſtitution n'établira d'autre différence, que de faire reſpecter davantage leur caractère dans les lieux de leur réſidence & de rendre leurs ſervices plus utiles. Quant aux perſonnes employées à la *perception des revenus* publics, il eſt certain que le nombre des Officiers du Gouvernement fédéral ſe trouvera augmenté, mais il n'en réſultera pas d'augmentation dans la dépenſe publique. Dans beaucoup de cas les Officiers de l'Union ſeront ſubſtitués à ceux des Etats. Par exemple, ils ſeront ſeuls employés pour la perception des droits, les Etats n'en auront pas beſoin pour cet objet. Quelle différence y aura-t-il pour la dépenſe à payer des Officiers de douane nommés par les Etats particuliers, ou nommés par les Etats-Unis ? Il n'y a pas de raiſon de croire que dans le dernier cas leur nombre ou leurs ſalaires ſoient plus conſidérables.

Où trouverons-nous donc cet énorme accroiſſement de dépenſe, dont on nous menace ? Le premier objet qui s'offre à moi, c'eſt l'entretien des Juges des Etats-Unis. Je ne parle pas du Préſident des Etats-Unis dont la dépenſe n'excédera pas de beaucoup celle du Préſident actuel du Congrès. Les émolumens des jugemens formeront certainement un nouvel objet de dépenſe, mais quelque plan qu'adopte à cet égard la Légiſlature, ils ne peuvent s'élever à une ſomme conſidérable.

Voyons maintenant ce qui peut contrebalancer toutes les dépenſes que doit occaſionner le nouveau Gouvernement. D'abord, une grande partie des affaires qui tiennent le Congrès aſſemblé pendant toute l'année, ſera faite par le Préſident. Ce ſera lui qui dirigera les négociations étrangères ſuivant les principes généraux concertés avec le Sénat & avec ſon approbation définitive. Il réſulte de-là, qu'une partie de l'année ſuffira pour les fonctions du Sénat & de la chambre des Repréſentans, nous pouvons ſuppoſer environ un quart pour la dernière & un tiers ou peut-être la moitié pour le premier. Les traités & les nominations pourront lui donner ce ſurplus d'occupation, & cette différence dans la durée des ſeſſions du Congrès actuel & du nouveau Congrès produira une économie très-ſenſible dans les dépenſes publiques, juſqu'au moment où le nombre des membres de la chambre des Repréſentans ſera conſidérablement augmenté.

Une autre circonſtance qui mérite attention; c'eſt que les affaires des Etats-Unis ont juſqu'à ce moment occupé les Légiſlatures des Etats auſſi-bien que le Congrès. Elles sont chargées de faire exécuter ses réquisitions. Ainsi leurs sessions ont été prolongées au-delà du temps nécessaire pour l'administration locale des Etats. Plus de la moitié de leur temps a été employé à des objets relatifs aux Etats-Unis. A présent les membres qui composent les Législatures des différens Etats sont à deux mille & au-delà ; ce nombre a été jusqu'ici employé à exécuter ce qui sous le nouveau régime sera fait dans le principe par soixante-cinq personnes & peut-être dans la suite par un quart ou un cinquième en sus. Le Congrès fera par lui-même toutes les affaires des Etats-Unis, sans l'intervention des Législatures qui bornées aux affaires des Etats, pourront abréger la durée de leurs sessions, & cette différence pourra produire une économie équivalente au surcroît de dépense occasionnée par le nouveau Gouvernement.

D'après ces réflexions en rapprochant les augmentations des dépenses que présente la Constitution proposée, des économies qui doivent résulter de son établissement, on peut douter de quel côté penche la balance, mais il est certain qu'un Gouvernement moins étendu seroit insuffisant pour produire les effets que nous attendons de l'Union.

CHAPITRE LXXXV.

Conclusion.

D'APRÈS la division du sujet de cet ouvrage, annoncée dans le premier chapitre, on verra qu'il reste encore deux objets à discuter, « l'analogie du Gouvernement proposé avec la Constitution particulière de cet Etat (*), & la sécurité nouvelle que son établissement nous donnera pour le maintien du Gouvernement républicain, de la liberté & de la propriété ». Mais nous ne pourrions reprendre ces objets de discussions examinés & épuisés dans le cours de cet ouvrage, sans répéter sous une forme plus longue, ce que nous avons déjà dit.

La ressemblance du plan de la Convention avec notre acte constitutionnel, porte autant sur les défauts qu'on lui suppose, que sur ses avantages réels. Parmi ces prétendus défauts sont la rééligibilité du Magistrat exécutif, le défaut de Conseil, l'omission d'une déclaration de droits formelle & d'une disposition relative à la liberté de la

(*) New-York.

presse : on peut faire les mêmes reproches à notre Constitution. Qu'on juge de l'inconséquence de ceux qui proscrivent la première & excusent la seconde. La furie avec laquelle ils attaquent le plan de la Convention pour des défauts supposés qu'il partage avec un Gouvernement dont ils se déclarent les admirateurs, *donne la mesure* de leur mauvaise foi.

L'acceptation du plan soumis à notre examen, assurera le maintien du Gouvernement républicain, de la liberté & de la propriété, par différens moyens; en conservant l'Union, il arrêtera l'effet des factions & des insurrections locales, il réprimera l'ambition des hommes puissans dans les différens Etats, qui de Démagogues & de favoris du Peuple, pourroient par leur crédit & leur influence devenir ses tyrans; il arrêtera les intrigues étrangères auxquelles la dissolution de la Confédération eût ouvert un libre accès, il préviendra les établissemens militaires qu'auroient nécessités des guerres entre les Etats désunis; il garantit à chacun d'entr'eux la forme de Gouvernement républicain, il exclut universellement & pour jamais les titres de noblesse, il oppose des obstacles au renouvellement de ces démarches dont se sont rendus coupables quelques-uns des Gouvernemens des Etats qui ont sappé les fondemens

demens de la propriété & du crédit, fait naître entre tous les Citoyens de toutes les classes une mutuelle défiance & perverti presqu'universellement les mœurs.

J'ai accompli, mes Concitoyens, la tâche que je m'étois imposée ; votre conduite va m'apprendre si j'ai réussi. Vous trouverez du moins, j'ose le croire, que je ne vous ai pas trompés sur l'intention qui a dirigé mes efforts. Je ne me suis adressé qu'à votre jugement, & j'ai soigneusement évité ces personalités qui déshonorent trop souvent les discussions politiques & qu'auroient pu m'arracher le langage & la conduite des ennemis de la Constitution. L'accusation de conspiration contre la liberté dont les partisans de ce plan ont tous indistinctement été l'objet, est trop extravagante, trop évidemment dictée par une intention coupable, pour ne pas exciter l'indignation de tout homme qui trouve dans ses sentimens la réfutation de cette calomnie. Les invectives continuellement répétées contre les hommes distingués par leur richesse, leur naissance ou leurs places, les réticences & les interprétations insidieuses employées avec tant d'art pour cacher au Peuple la vérité, ont dû fatiguer & révolter tous les hommes honnêtes & raisonnables. Il est possible que ces manœuvres m'aient fait sortir des bornes de la modération que je m'étois prescrite. Mais si la patience m'est quelquefois échappée, on conviendra du moins que l'expression de mon indignation n'a été ni violente, ni fréquemment répétée.

Arrêtons-nous maintenant & demandons-nous si dans le cours de cet écrit, la Constitution n'a pas été pleinement justifiée des accusations dirigées contr'elle, si d'après cet examen elle ne paroît pas digne de l'approbation du Peuple & nécessaire à sa sûreté & à son bonheur. Tout Citoyen doit répondre à ces questions, d'après le vœu de sa conscience, d'après le résultat d'un examen libre & sans passion. C'est un devoir dont rien ne peut le dispenser, auquel il est tenu par toutes les obligations qui forment les liens de la société. Aucun motif particulier, aucun intérêt personnel, ni présomption, ni passion ou préjugé du moment ne pourroit le justifier vis-à-vis de sa patrie & de la postérité, d'un vœu contraire à la raison. Loin de nous tout esprit de parti : songeons que de notre décision va dépendre non-seulement le bonheur, mais l'existence de la Nation, & souvenons-nous que la majorité du Peuple de l'Amérique a déjà donné sa sanction au plan sur lequel nous allons prononcer.

Plein de confiance dans les raisonnemens qui le défendent, je ne puis sentir la force de ceux qui le combattent. Je le regarde comme le meilleur que notre ſituation politique, nos mœurs & nos opinions puiſſent admettre, & parmi ceux que la révolution a enfantés, je n'en connois pas qui lui ſoit comparable.

Les partiſans de la Conſtitution propoſée ont reconnu qu'elle n'avoit pas atteint une perfection abſolue, & ſes ennemis ont triomphé de cet aveu. Pourquoi, diſent-ils, adopter un ouvrage imparfait ? Pourquoi ne pas le corriger & le rendre parfait avant de l'établir irrévocablement ? Cette objection n'a que l'apparence de la raiſon. D'abord on a beaucoup ajouté aux aveux des amis de la Conſtitution. On en a inféré que le plan eſt entièrement défectueux, & que ſans des changemens conſidérables, il ne peut aſſurer les droits & défendre les intérêts de la Nation. Si j'ai compris leurs diſcours, cette interprétation en détruit le ſens. Il n'eſt aucun d'entr'eux qui ne reconnoiſſe & ne ſoutienne que le ſyſtême de Gouvernement ſoumis à notre examen peut-être imparfait dans quelques détails, eſt généralement bon & promet toute la ſûreté qu'on peut raiſonnablement attendre d'une Conſtitution.

J'ajouterai encore que ce ſeroit à mon avis le comble de l'imprudence de prolonger la ſituation précaire où nous ſommes & d'expoſer l'Union aux dangers des expériences successives qu'entraîneroit la recherche vaine d'une perfection imaginaire. Je n'espère pas voir un ouvrage parfait sortir des mains d'un homme imparfait. Le résultat des délibérations d'une assemblée doit nécessairement être un composé des erreurs & des préjugés, comme du bon sens & des lumières des individus qui la composent. Le contrat qui renferme treize différens Etats dans les liens d'une Union générale, doit être un compromis entre autant d'intérêts & de vœux différens. Comment la perfection pourroit-elle sortir de semblables élémens ?

Un petit pamphlet excellent publié dans cette ville (*), prouve avec évidence que jamais Convention ne pourra s'assembler, délibérer & résoudre dans des circonstances plus favorables que la dernière. Je ne répéterai pas des raisonnemens bien connus ; j'espère que cet ouvrage a eu toute la publicité qu'il méritoit d'obtenir. Il est cependant une considération relative à la facilité des changemens qui n'a point encore été présentée, & que je ne puis me dispenser d'exposer avant de finir.

Je crois qu'il est possible de démontrer posi-

(*) Intitulé *Adresse au Peuple de New-York.*

tivement qu'il ſera plus aiſé de faire à la Conſtitution des changemens après ſon établiſſement qu'aujourd'hui : du moment où le plan actuel aura éprouvé un changement, il deviendra pour ceux qui l'ont approuvé un nouveau plan ſujet à un nouvel examen. Ainſi pour qu'il ſoit reçu dans toute l'Union, il faudra la concurrence de treize Etats. Mais ſi au contraire la Conſtitution propoſée eſt aujourd'hui ratifiée telle qu'elle eſt par tous les Etats, la volonté de neuf Etats ſuffira toujours pour y faire des changemens. La difficulté de l'établiſſement actuel d'un nouveau ſyſtême comparée à celle que pourroient éprouver des changemens poſtérieurs à l'admiſſion de la Conſtitution propoſée, eſt donc dans la proportion de treize à neuf.

Ce n'eſt pas tout, quelque Conſtitution qu'on puiſſe faire pour les Etats-Unis, elle comprendra toujours une multitude de diſpoſitions particulières, dans leſquelles il faudra accorder les intérêts de treize Etats indépendans ou les opinions qu'ils auront ſur leurs intérêts. Nous devons donc nous attendre à voir dans une aſſemblée d'hommes chargés de faire cette Conſtitution, diverſes combinaiſons d'opinions relativement aux différens objets. Le parti qui formoit la majorité ſur une queſtion, ſe trouvera la minorité ſur une ſeconde, & une troiſième ſera naître une aſſociation nouvelle. Delà la néceſſité d'accorder & de réunir les volontés de toutes les parties contractantes juſques dans les plus petits détails & les difficultés ſans nombre qu'éprouvera l'aſſentiment général & définitif que doit recevoir la Conſtitution. Ces difficultés s'accroîtront en proportion du nombre des diſpoſitions particulières à examiner & du nombre de parties contractantes dont le conſentement ſera néceſſaire à leur adoption.

Au contraire tout amendement à la Conſtitution une fois reçue, ſera une ſeule & unique propoſition, iſolément préſentée. Il ne faudra ni Convention, ni accommodement ſur aucun autre article; il n'y aura ni conceſſion à faire ni à exiger. Le vœu du nombre preſcrit décidera tout, & dès que neuf (*) ou plutôt dix Etats ſe réuniront pour deſirer un amendement, il ſera infailliblement adopté. Il eſt donc bien plus aiſé de faire des amendemens, que d'établir dans le principe une Conſtitution complette.

Pour repouſſer les raiſonnemens qui prouvent la facilité avec laquelle ſeront reçus les amende-

(*) Dix, parce que ſi les deux tiers peuvent mettre un objet en délibération, pour décider, il faut la ratification des trois quarts.

mens, on a dit que les perſonnes en qui réſideroient les pouvoirs du Gouvernement national, ſeroient toujours peu diſpoſées à en céder aucune portion. Convaincu qu'on ne peut faire d'utiles amendemens, que ſur l'organiſation du Gouvernement & non ſur l'étendue de ſes pouvoirs, je crois par cette raiſon ſeule, l'objection dénuée de fondement. D'ailleurs la difficulté de gouverner treize Etats, indépendamment de l'eſprit public & de l'intégrité qu'on peut ſuppoſer aux membres du Gouvernement national, leur fera une loi de céder aux juſtes & raiſonnables demandes de leurs Conſtituans. Mais une nouvelle obſervation ne laiſſera aucun doute ſur la futilité de l'objection dont il s'agit. Le Gouvernement national n'aura pas le choix lorſque neuf Etats auront exprimé un vœu. Par le cinquième article de la Conſtitution, « le Congrès à la réquiſition des Légiſlatures des deux tiers des Etats, convoquera une Convention à l'effet de propoſer des changemens, & leſdits changemens ſeront valides à tous égards & dans tous les points, comme faiſant partie de la Conſtitution, dès qu'ils ſeront ratifiés par les Légiſlatures des trois quarts des Etats, ou par des Conventions dans les trois quarts d'entr'eux ». Les termes de cet article ſont déciſifs : le Congrès « convoquera une Convention » ; rien n'eſt laissé à sa volonté ; ainsi tout ce qu'on a dit relativement à sa disposition, s'évanouit. Quelques difficultés qu'on puisse supposer à la réunion des deux tiers ou des trois quarts des Législatures des Etats pour des changemens d'un intérêt local, on n'en a point à craindre sur les objets relatifs à la liberté & à la sûreté du Peuple. On peut s'en fier aux dispositions des Législatures des Etats pour opposer des obstacles aux usurpations du pouvoir national.

Si le raisonnement qu'on va lire est faux, j'y suis trompé le premier. Il arrive rarement qu'une vérité politique soit portée à l'évidence d'une démonstration mathématique ; mais je crois que celle-ci est dans ce cas ; ceux qui envisagent la question sous le même jour que moi, quelque desir qu'ils aient de voir s'effectuer des changemens à la Constitution, conviendront qu'il faut commencer par l'adopter telle qu'elle est, pour parvenir au but qu'ils se proposent.

Ceux qui veulent la corriger avant son établissement, méconnoîtront-ils la vérité des observations d'un écrivain également solide & ingénieux ? « Un corps de loix générales appropriées à une société monarchique ou républicaine, dit M. Hume, est un ouvrage qu'aucun esprit humain ne peut consommer par le seul effort de la raison &

de la réflexion. Il faut pour y parvenir, la réunion de plusieurs jugemens: il faut que l'expérience dirige leurs travaux, que le temps perfectionne leur expérience, & les méprises inévitables dans de premiers essais ne pourront être corrigées que par le sentiment des inconvéniens qu'elles feront éprouver ». Ces sages réflexions doivent inspirer de la modération à tous ceux qui sont sincérement attachés à l'Union, & les mettre en garde contre les dangers de l'anarchie, de la guerre civile, de la séparation des Etats auxquels ils s'exposeroient en comptant s'assurer dès aujourd'hui des biens qu'ils ne doivent attendre que du temps & de l'expérience. Ma politique pourra paroître timide, mais j'avouerai que je n'ai pas la tranquillité de ceux qui ne craignent pas de voir se prolonger notre situation actuelle. Une Nation sans Gouvernement national est à mes yeux un spectacle effrayant. L'établissement d'une Constitution au sein de la paix, par la volonté unanime du Peuple, est un prodige dont j'attends avec effroi l'accomplissement. Abandonner l'espoir que nous donne déjà le consentement de sept Etats sur treize, & recommencer cette pénible carrière après en avoir parcouru un si long espace, seroit l'excès de l'imprudence. Je tremble pour le succès d'une nouvelle tentative, parce que je sais que l'établissement d'un Gouvernement national, sous quelque forme que ce puisse être, est combattu dans cet Etat & dans les autres par des individus puissans.

FIN.

TABLE
DES CHAPITRES
Contenus dans ce second Volume.

Fin de la Table.

BIBLIOTHÈQUE DE L'ARSENAL

www.ingramcontent.com/pod-product-compliance
Lightning Source LLC
LaVergne TN
LVHW011255110826
845149LV00001B/140

* 9 7 8 2 0 1 1 3 3 1 7 8 6 *